Markus Dederich, Heinrich Greving,
Christian Mürner, Peter Rödler (Hg.)

Inklusion statt Integration?

»edition psychosozial«

Markus Dederich, Heinrich Greving,
Christian Mürner, Peter Rödler (Hg.):

Inklusion statt Integration?

Heilpädagogik als Kulturtechnik

Psychosozial-Verlag

Die Herausgeber

Markus Dederich, Dr. phil., ist Professor für die Theorie der Pädagogik und Rehabilitation bei Behinderung an der Universität Dortmund.
Heinrich Greving, Dr. phil., ist Professor für Allgemeine und Spezielle Heilpädagogik an der Katholischen Fachhochschule NW.
Christian Mürner, Dr. phil., arbeitet als freier Publizist und Behindertenpädagoge.
Peter Rödler, Dr. phil., ist Professor für Allgemeine Behindertenpädagogik an der Universität Koblenz-Landau und Direktor des Instituts für Wissensmedien.

Bibliografische Information der Deutschen Nationalbibliothek
Die Deutsche Nationalbibliothek verzeichnet diese Publikation
in der Deutschen Nationalbibliografie; detaillierte bibliografische
Daten sind im Internet über <http://dnb.d-nb.de> abrufbar.

2. Auflage 2010
© 2006 Psychosozial-Verlag
E-Mail: info@psychosozial-verlag.de
www.psychosozial-verlag.de
Alle Rechte vorbehalten. Kein Teil des Werkes darf in irgendeiner Form (durch Fotografie, Mikrofilm oder andere Verfahren) ohne schriftliche Genehmigung des Verlages reproduziert oder unter Verwendung elektronischer Systeme verarbeitet, vervielfältigt oder verbreitet werden.
Umschlagabbildung: Klaus Struve, Ohne Titel, 1999, 46 x 56 cm
© Freunde der Schlumper e.V. Hamburg
Umschlaggestaltung nach Entwürfen des Ateliers Warminski, Büdingen.
Printed in Germany
ISBN 978-3-89806-507-8

Inhalt

Vorwort der Herausgeber
Markus Dederich, Heinrich Greving, Christian Mürner, Peter Rödler 7

I. Entwicklungslinien

Markus Dederich
Exklusion 11

Emil E. Kobi
Inklusion: ein pädagogischer Mythos? 28

Judith Hollenweger
Der Beitrag der Weltgesundheitsorganisation zur Klärung konzeptueller Grundlagen einer inklusiven Pädagogik 45

Swantje Köbsell
Im Prinzip: „Jein" – Zum Verhältnis der deutschen Behindertenbewegung zur Integration behinderter Menschen 62

II. Handlungsfelder

Heinrich Greving
Kann man Inklusion lernen? – Fragen an eine didaktisch-methodische (Un-)Möglichkeit 73

Anne-Dore Stein / Willehad Lanwer
Von der Möglichkeit zur Wirklichkeit – Anmerkungen zum Studium „Inclusive Education" 86

Monika Seifert
Inklusion ist mehr als Wohnen in der Gemeinde 98

Barbara Vieweg
Arbeit und Inklusion 114

III. Spielräume

Hans-Uwe Rösner
Inklusion allein ist zu wenig! Plädoyer für eine Ethik der Anerkennung 126

Sigrid Graumann
Biomedizin und die gesellschaftliche Ausgrenzung von Menschen mit Behinderung 142

Ursula Stinkes
Skizzen zum Auseinanderdriften von ökonomischer Entwicklung und sozialer Integration – mit solidarisch-kritischen Anfragen an eine (Inklusions)Pädagogik 157

Christian Mürner
Keiner ohne Mangel – Alle sind behindert, Sprichwort und Slogan als verbale Inklusion 180

Autorinnen- und Autorenangaben 191

Vorwort

Seit einigen Jahren zeichnet sich in der deutschsprachigen Fachdiskussion in der Behindertenpädagogik die Tendenz ab, den Begriff der Integration durch den der Inklusion zu ersetzen. Hieraus entsteht gelegentlich der Eindruck, alte Bekannte in einem neuen semantischen Gewand wieder zu treffen. Manchmal aber werden die Begriffe auch in eine gewisse Opposition gebracht: Integration steht dann für bestehende Organisationsformen und Strukturen, für das, was bis heute pädagogisch und bildungspolitisch etwa bezüglich der gemeinsamen Beschulung behinderter und nichtbehinderter Kinder und Jugendlicher erreicht wurde – mitsamt all der Hindernisse und Probleme bei der Verwirklichung. In dieser Diktion spiegelt Integration die nackte, oftmals unbefriedigende, enttäuschende, die ursprünglichen Ideen gelegentlich sogar pervertierende Realität. Demgegenüber gilt Inklusion als eine positive Vision, als das Vorstellbare und in Zukunft erst noch Kommende. In diesem Lichte erscheint sie als der normative Vorausentwurf einer besseren Schule, der angemesseneren Assistenz von Menschen, welche als „behindert" bezeichnet werden, ja sogar einer perfekteren Gesellschaft. Insofern könnte man Inklusion auch als eine quasi evolutionäre und historisch notwendige Weiterentwicklung des Integrationsgedankens verstehen. Es stellen sich also viele Fragen:

Ist das Projekt der Durchsetzung der Integration mit der Einführung ‚der Inklusion', indem jene in dieser aufgehoben wurde, erfolgreich beendet? Was ist überhaupt, neben dem Begriff selbst, neu an der Inklusion? Bezeichnet sie eine neue Aufgabe, ein neues Ziel, eine neue Organisationsform von Pädagogik oder eine neue Methode, eine neue Theorie oder eine neue Praxis? Hat sich mit der Einführung des Begriffes etwas an der Situation von Menschen, die in unserer Gesellschaft vielfältigen Behinderungen unterliegen, geändert? Konnte ein Teil dieser Realität verbessert oder zumindest besser beschrieben werden? *Wenn diese Fragen nicht positiv zu beantworten sind, was macht den Erfolg dieses Begriffes aus, der heute wie kein anderer allgemein anerkannt das Ziel und den Gegenstand von Heil-, Sonder- und Behindertenpädagogik zu beschreiben scheint?*

Einen Hinweis auf eine mögliche Antwort auf diese Frage gibt uns der Beginn der Verbreitung dieses Begriffes aus dem angloamerikanischen Raum in Deutschland: Es war die Zeit, in der die Integrationsbewegung sich in der Vielfalt der Maßnahmen konventionalisierte, der prinzipielle Anspruch auf Integration politisch durchgesetzt war, ohne dass man sich allerdings auf die Bereitstellung eventuell notwendiger gesellschaftlicher Leistungen verpflichtete.

In dieser Situation beschrieb das neue Ziel der Inklusion zwar theoretisch folgerichtig den nächsten Schritt: Nämlich separierte und isolierte Situationen gar nicht erst entstehen zu lassen, Pädagogik grundsätzlich nur in *inklusiven* Settings *für alle* anzubieten.

So ist es bemerkenswert, dass die Vehemenz mit der im Bereich der Heil-, Sonder- und Behindertenpädagogik in den letzten Jahren um die politisch korrekten Begriffe gestritten wurde und wird im umgekehrten Verhältnis zu der, zumindest öffentlichen, Auseinandersetzung um die weiterhin behindernde und zunehmend schwierigere Lage im Sozial- und Bildungsbereich für die so tatsächlich Behinderten steht. Bezeichnend hierfür ist auch, dass das Ergebnis der PISA Studie für Deutschland, das eigentlich als ein einziger Appell für Pädagogik in heterogenen Gruppen und Inklusive Pädagogik gelesen werden kann, von wenigen Ausnahmen abgesehen, weder von der Integrationsbewegung, noch von dem Fach Heil-, Sonder- und Behindertenpädagogik, noch von bildungspolitisch engagierten Gruppen (Gewerkschaft) zum Anlass einer neuen bildungspolitischen Kampagne für die Integration der schon Behinderten und Inklusive Pädagogik für alle genommen wurde.

Der Verdacht der Funktion der Befriedung, den Begriffe und die um sie stattfindenden Diskussionen im aufgezeigten Kontext gewinnen, lässt sich vor diesem Hintergrund schlecht von der Hand weisen. Die einzige Möglichkeit *an dieser Stelle* der Verantwortung gerecht zu werden besteht darin, die verhandelten Begriffe zu schärfen, ihnen eine fachliche Bedeutung zu verleihen, die die realen Spannungen und Widersprüche erkennbar werden lässt und damit dem fachlichen wie bildungspolitischen Diskurs wieder aufnötigt.

So gilt es im Zusammenhang mit dem Begriff der Inklusion, die ihm inhärente Forderung ernst zu nehmen, aber gegen den Strich eines freundlich unverbindlichen Zeitgeistes zu bürsten. Dieser Weg ersetzt den verengten Fokus auf das Individuum und sein Verhalten bzw. den Blick auf frei schwebende praktisch ‚monadische Beziehungen' durch den Blick auf den Zwischenraum, auf das was die Menschen real verbindet, eben die sie bildenden wie durch sie gebildeten Verhältnisse. Heil-, Sonder- und Behindertenpädagogik wird so zur Kulturtechnik, zu dem Bereich der Pädagogik, der das Bestimmen, Aufweisen und Ermöglichen menschlicher Verhältnisse in, an und mit den Grenzen und Kontingenzen aller Beteiligten im Kontext der je aktuellen gesellschaftlichen und historischen Bedingungen und Bedingtheiten zum Ziel hat. Unter Kulturtechnik versteht man gewöhnlich das Beibringen von Rechnen, Lesen und Schreiben. Dieses Bemühen hat selbstverständlich auch für die Heil-, Sonder- und Behindertenpädagogik Bedeutung. Im Spannungsfeld der kulturwissenschaftlichen Forschung und in der Nachfolge des von uns vor zwei Jahren herausgegebenen Sammelbandes „Zeichen und Gesten – Heilpädagogik als Kulturthema" (Gießen 2004) wird jedoch „Heilpädagogik als Kulturtechnik" umfassender begriffen. „Kulturtechnik" heißt in einem komplexen Sinn der Versuch einer Konkretisierung des Arbeits- und Umfeldes an einer aktuellen Debatte zur Inklusion zu entfalten (siehe die folgenden Beiträge). Es ist einige Jahre her, als man dabei noch von „Sozialtechnologie" sprach, aber auch schon damals deutete sich an, dass eine methodische Sinndiskussion unumgänglich sein wird. Gerade in Bezug auf eine partizipatorische Zusammenarbeit trotz unterschiedlicher theoretischer Modellannahmen scheinen eine kulturanalytische Auseinandersetzung und kulturwissenschaftliche Perspektiven angebracht.

Der vorliegende Sammelband versucht in diesem Zusammenhang dem Begriff der Inklusion in drei Schichten zu entsprechen:

Zuerst werden die historischen und fundamentalen Entwicklungslinien zwischen Integration und Inklusion aufgezeigt. Nach der Problematisierung des „Gegenbegriffs" der Exklusion (*Markus Dederich*) wird der Fokus auf den pädagogischen Diskurs zur Inklusion gelegt (*Emil E. Kobi*). Im Anschluss hieran wird das ICF-Modell der Weltgesundheitsorganisation im Kontext des Phänomens Behinderung diskutiert (*Judith Hollenweger*), zudem die Positionen der deutschen Behindertenbewegung zur Integration nachgezeichnet (*Swantje Köbsell*).

In einem zweiten Schritt wird die Relevanz des Diskurses der Inklusion für einige exemplarische heilpädagogische Handlungsfelder vorgestellt. Die Frage „Kann man Inklusion lernen?" (*Heinrich Greving*) wird an den Aufgabenkreisen der Ausbildung und des Studiums der Heilpädagogik (*Anne-Dore Stein / Willehad Lanwer*) sowie der Wohnsituation (*Monika Seifert*) und der Arbeitsbedingungen (*Barbara Vieweg*) behinderter Menschen ausgeführt.

Die abschließenden Beiträge beschäftigen sich mit möglichen weiteren thematischen Schwerpunkten, Sprach- und Spielräumen dieses Diskurses. Dabei werden die Themen der Ethik der Anerkennung (*Hans-Uwe Rösner*) und der Biomedizin (*Sigrid Graumann*), aber auch das Verhältnis von ökonomischer und sozialer Integration (*Ursula Stinkes*) sowie die Verbalisierung des Inklusionsgedankens (*Christian Mürner*) erörtert.

# I. Entwicklungslinien

Markus Dederich
Exklusion

In der behindertenpädagogischen Diskussion zeichnet sich seit einigen Jahren eine begriffliche Umstellung von ‚Integration' auf ‚Inklusion' ab. Ob mit der terminologischen Umstellung auch theoretische und konzeptuelle Perspektivwechsel und Veränderungen verbunden sind, ist ebenso umstritten wie die Frage, ob Integration und Inklusion für klar unterscheidbare Formen der Praxis stehen. Während die einen eine reine Umetikettierung am Werk sehen, ist die begriffliche Umstellung für die anderen eine notwendige konzeptuelle Weiterentwicklung des Integrationsgedankens oder Ausdruck einer Evolution des Systems der schulischen Bildung überhaupt. Diese pädagogische und bildungstheoretische Diskussion soll hier nicht weiter verfolgt werden. Sie bildet vielmehr den Hintergrund für eine anders gelagerte Fragestellung, die gleichwohl für die gesellschaftliche und spezifisch pädagogische Inklusionsdebatte von erheblicher Relevanz ist. Es ist die Frage: Was ist eigentlich Exklusion?

Während in der (Sonder-)Pädagogik ein Anschwellen der Literatur zur Inklusion zu verzeichnen ist (das mit einer auffälligen Zurückhaltung gegenüber Exklusionsphänomenen gekoppelt ist), lässt sich innerhalb der Sozialwissenschaften ein zunehmendes Interesse am Thema Exklusion beobachten. Die Exklusionsdebatte rückt eine in sich heterogene, wachsende Zahl von Menschen in den Blick: Verlierer der Modernisierung, Gruppen, die am Rande der Gesellschaft leben und aus gesellschaftlichen Funktionssystemen herausfallen, Arme bis hin zu gesellschaftlich und ökonomisch ‚Überflüssigen' und ‚Entbehrlichen'. In der Sonderpädagogik und den Sozialwissenschaften werden demzufolge scheinbar gegenläufige Fragestellungen fokussiert. Geht man jedoch von der Annahme aus, dass Inklusion und Exklusion *relative* Begriffe sind, die jeweils ohne ihren Gegenbegriff gar nicht sinnvoll denkbar sind, wird die Notwendigkeit deutlich, Inklusion und Exklusion als unlösbaren Zusammenhang zu reflektieren.

Bevor ich mich dem Begriff der Exklusion zuwende, soll zunächst das prekäre Verhältnis von Behinderung und Inklusion / Exklusion betrachtet werden. Die nachfolgende, sehr knapp gehaltene Skizze soll exemplarisch deutlich machen, mit welchen Schwierigkeiten und paradoxen Effekten die Inklusion zu rechnen hat.

Behinderung und Exklusion

Wer von Inklusion spricht, muss auch von Exklusion reden. Betrachtet man die pädagogische Inklusionsdiskussion, so zeigt sich, dass diese vor allem auf normativ-konzeptueller Ebene geführt wird. Inklusion wird als Alternative zur realexistierenden Integrationspraxis mit ihren Unvollkommenheiten und Widersprüchen verstanden. Der Inklusionsgedanke wird von seinen Befürwortern deshalb als notwendige Weiterentwicklung gesehen, weil die schulische Integration von Kindern und Jugendlichen mit Behinderungen die strukturell im deutschen Bildungssystem angelegte Separation bis heute nicht überwinden konnte. Im Brennpunkt der Kritik steht dabei nicht ein Ausschluss Behinderter aus der Gesellschaft überhaupt, sondern die institutionelle Separation infolge funktionaler Differenzierung, die anhand der Leitdifferenz ‚behindert' / ‚nichtbehindert' erfolgt. Aus dieser Kritik folgt, dass die Realisierung einer ‚inklusiven Schule' die Überwindung der Leitdifferenz fordert, die zu Separation führt.

Dies aber ist bis heute nicht gelungen. Einer der Gründe hierfür soll nachfolgend anhand einer These von Fuchs (2002) skizziert werden. In Anlehnung an Luhmann entwickelt er folgende systemtheoretische Überlegung: Das Problem der Inklusion Behinderter in die Gesellschaft erzeugt statt Integration eine „Welt der Besonderung" (1). Dies ist in behindertenpolitischer und pädagogischer Hinsicht ein unangenehmer Befund. Zum einen führt die Fokussierung auf Inklusion zu einer Ausblendung ihrer unvermeidbaren ‚Rückseite', zum anderen widerspricht Exklusion einem zentralen moralischen Gebot der Pädagogik und damit einem Herzstück ihrer Selbstbeschreibung. Zum ethisch-normativen Kernbestand der Sonderpädagogik gehört das Gleichheitspostulat, das durch die in den letzten Jahren geforderte Anerkennung von egalitärer Differenz weiterentwickelt wurde. Das ethisch-normative Gebot steht aber vielfach quer zur gesellschaftlichen und damit zur pädagogischen Praxis. Nach Fuchs ist Inklusionsgleichheit nicht automatisch Gleichheit der Inkludierten – Inklusion hebt gesellschaftliche Ungleichheit nicht auf. Vielmehr schärft sie (gerade im Lichte des Gleichheitsgebotes) den Blick für solche Ungleichheiten, mit der Folge, dass faktische Ungleichheiten in Ansprüche umgemünzt werden, die dann beispielsweise in sozialen Bewegungen artikuliert und deren Erfüllung eingefordert wird. Zumindest historisch ist der paradoxe Effekt des Inklusionsgebots gegenüber Behinderten die Ausbildung eines sich zunehmend differenzierenden Systems von spezialisierten Hilfsangeboten und Institutionen. Demzufolge ist Inklusion de facto Inklusion in Exklusionsbereiche, sie ist „Simulation von Inklusion" (3). Dieser Blick impliziert aber auch, dass Separation gerade nicht Exklusion ist, sondern Inklusion – eben Inklusion in ausdifferenzierte Sub- oder Sondersysteme (wobei Anhänger der pädagogischen Inklusion genau diese Inklusion in Exklusionsbereiche als Skandal ansehen und somit als Exklusion beschreiben).

Wie kommt es hierzu? Laut Fuchs strapaziert Behinderung soziale Systeme, und zwar dann, wenn die Bedingungen der Möglichkeit von Kommunikation berührt werden, wenn also verbalsprachliche Kommunikation durch Störungen des Hörens und / oder Sprechens, der Wahrnehmungsverarbeitung sowie der Sinnverarbeitung erschwert ist, die zeitliche Synchronisation der beteiligten psychischen Systeme nicht hinreichend gelingt und Routinen sozialer Systeme stark gestört werden. In diesem Sinne ist Behinderung dann keine individuelle Eigenschaft, sondern ein beobachtbarer Prozess bzw. das Resultat eines interaktiven Prozesses. Beobachtbar ist, dass etwas erwartungswidrig verläuft und ‚nicht geht' (vgl. Weisser 2005). Solche Behinderungen führen in den Umwelten, in denen sie auftauchen, zu Einschränkungen von Freiheitsgraden der Akteure. Sie schränken beispielsweise bei Eltern, Erziehern oder Lehrern Optionen ein und binden Aufmerksamkeiten. Diese müssen dann umdirigiert werden, Zeitverluste müssen toleriert und Probleme oder gar die Unmöglichkeit der Ausräumung von Missverständnissen hingenommen werden (vgl. Fuchs 2002, 6). Hinzu kommt die häufig offen bleibende Frage, ob und wie Kommunikationen durch den anderen verstanden wurden.

„Umgekehrt strapazieren soziale Systeme genau die Individuen besonders stark, deren Konstellation von Einschränkungen (…) jene Bedingungen der Möglichkeit von Kommunikation berührt" (8). Solche Belastungen erzeugen eine Exklusionsdrift, die unterschiedlichste Formen annehmen kann, von der Tötung über die räumliche Trennung bis hin zu pädagogischen oder therapeutischen Spezialmaßnahmen. Solche Prozesse der Exklusion werden aber erst dann sozial auffällig, „wenn die Differenzierungsform der Gesellschaft ein Exklusionsverbot bzw. ein Inklusionsgebot mit sich bringt, das die Exklusionsdrift stoppen oder umkehren muss, obgleich die Gründe für diese Drift sich selbstläufig reorganisieren" (8).

In der Folge erscheint das Misslingen der Inklusion als Unrecht, verstößt es doch gegen das Inklusionsgebot, das sich u. a. im deutschsprachigen Raum seit der Zeit der Aufklärung schrittweise entwickelt hat. Genau an diesem Punkt setzt die Spezialisierung ein, eine Ausfächerung von speziellen Institutionen und Einrichtungen, die an den Gründen, die die Exklusionsdrift in Gang halten, durch spezielle Hilfe ansetzen: „Das Exklusionsverbot steigert die Komplexität der Gesellschaft durch die Notwendigkeit, an der Exklusionsdrift Institutionen zu installieren, die differenzieren, Exklusionsbereiche aufspannen, abweichende Karrieren produzieren und dagegen wieder Vorkehrungen treffen müssen, die wiederum Differenzierungen darstellen" (9). Dies produziert einen folgenreichen paradoxen Effekt. Die Pädagogik, von ihrem Selbstverständnis her ohne Zweifel dem Gebot der Inklusion verpflichtet, differenziert sich aus: hier die ‚Regelpädagogik', dort die Heil- und Sonderpädagogik, die sich, trotz mancher Querverbindungen, zu eigenständigen Systemen ausformen. Wenn die Pädagogik intern bemerkt, „dass sie damit desintegriert (desinkludiert), wird sie genötigt, eine integrative Pädagogik zu bauen, die mehr emphatisch als analytisch verfährt und auf Humanität setzt (…) gegen die Drift der Exklusion, die sie nicht vermeiden kann" (9).

In diesem Lichte betrachtet treten die Integrations- bzw. Inklusionspädagogik nicht nur an, das Bildungssystem, sondern eine historisch recht stabile Konstellation zu verändern, die sie selbst mit hervorgebracht und über Jahrzehnte und Jahrhunderte stabilisiert hat. Fuchs' These macht deutlich, weshalb Inklusion ein vorrangiges Problem der Sonderpädagogik ist, beleuchtet aber auch die fundamentale Schwierigkeit, die Dynamik der Verbesonderung durch Systemdifferenzierung zu überwinden. Realgeschichtlich gesehen besteht bis in die Gegenwart hinein ein enger Zusammenhang zwischen dem Aufmerksamwerden der Gesellschaft für ‚Behinderung' und der Verbesonderung und Separierung von Menschen mit Behinderungen.

Vor dem Hintergrund dieser Überlegungen soll nun der Frage nachgegangen werden, was in den gegenwärtigen sozialwissenschaftlichen Debatten unter Exklusion verstanden wird.

Exklusion: Eine begriffliche Schablone?

Was bedeutet Exklusion? Diese Frage ist, wie die nachfolgenden Ausführungen zeigen werden, nicht leicht zu beantworten. Bei einer Durchsicht der einschlägigen Literatur zeigt sich eine höchst uneinheitliche und in der Folge unscharfe Verwendungsweise des Begriffs (einen Überblick gibt Kronauer 2002). Während Inklusion in ihrer allgemeinsten Fassung „die Form der Berücksichtigung von Personen in Sozialsystemen" (Stichweh 2005a, 46) meint, hat der Exklusionsbegriff (lat. *exclusio*: Ausschließung), wieder in seiner unspezifischsten soziologischen Bedeutung verwendet, „eine Population von Entheimateten und Abgeschriebenen im Blick" (Bude 2004, 7). Solche weiten und unspezifischen Verwendungsweisen rufen jedoch auch scharfe Kritik auf den Plan. So handelt es sich nach Castel (2000) beim Begriff der Exklusion um ein „Allzweckwort" (11), eine Art begriffliches Passepartout, „mit dem sich alle Varianten des Elends der Welt durchdeklinieren lassen" (ebd.).

Von Exklusion wird heute häufig im Kontext einer Analyse der „sozialen Frage" gesprochen. Entsprechend wird der Terminus überwiegend dann verwendet, wenn es gilt, so heterogene Phänomene wie Ausgrenzung, Marginalisierung, „neue Armut", „underclass", Anerkennungsdefizite, Entrechtung, Ausschluss aus gesellschaftlichen Funktionssystemen u. a. m. zu thematisieren. Dies geschieht häufig in einem weitergefassten Kontext, etwa mit Blick auf den Abbau des Wohlfahrtsstaates, die Globalisierung, durch neoliberale Tendenzen angefeuerte Deregulierungsprozesse und eine zunehmende Individualisierung in der Gesellschaft. Aufgrund der Heterogenität der analysierten Phänomene erweist es sich als schwierig, sie an einheitlichen und theoretisch konsistenten Kriterien festzumachen. Ebenso droht die pauschale Verwendung des Oberbegriffs Exklusion zu einem Verlust an analytischer Klarheit zu führen. Diese Klarheit geht auch dann verloren (oder stellt sich erst gar nicht ein), wenn er zu polemischen Zwecken verwendet wird. Tatsächlich birgt der Begriff ein beachtliches Empörungspotenzial, während sein Analysewert gering bleibt, wenn eine Spezifizierung und Klärung nicht gelingt.

Exklusion als Innen-Außen-Differenz und interne Diskriminierung

Nach geläufiger Auffassung verweist Exklusion im Kontext der Diskussion über die soziale Frage auf den Zustand all derer, „die sich außerhalb der lebendigen sozialen Austauschprozesse gestellt sehen" (Castel 2000, 13). Der Exklusionsbegriff ist somit ein sozial-topologischer, d. h. ein räumlicher Begriff. Er scheint nicht nur klar zwischen einem ‚Hier' und ‚Dort' zu unterscheiden, sondern auch zwischen einem ‚Innen' und ‚Außen': Exkludiert sind die, die ‚draußen' sind. Im Sinne eines an die Innen-Außen-Logik gebundenen Exklusionsbegriffs lassen sich dann zwei Typen unterscheiden: „Man kann aufgrund prinzipieller Kriterien des Ausschlusses, die mit dem Legalitätsstatus, der Sozialkompetenz, dem Bildungsabschluss oder der Kulturaffinität zusammenhängen, gar nicht erst ins Spiel kommen, man kann andererseits aber auch durch bestimmte Umstände der Stigmatisierung, Degradierung und Ignorierung aus dem Spiel fallen" (Bude 2004, 10f).

Durch eine solche Verwendung des Begriffs wird der Kritik von Castel (2000) zufolge die Aufmerksamkeit einseitig auf den *Rand* der Gesellschaft gelenkt, folglich von bedeutsamen Prozessen in ihrem *Inneren* abgezogen. Dort aber, im Inneren der Gesellschaft, haben Exklusionsprozesse ihren Ursprung. Daher gilt es, ‚Innen' und ‚Außen' zusammen zu denken. Eine eher prozessorientierte Sichtweise verweist darüber hinaus aber auch darauf, dass eher von einem Kontinuum von Positionen zwischen ‚Innen' und ‚Außen' ausgegangen werden muss. Die entscheidende Frage der Exklusionsdiskussion müsste nach Castel sein: Nach welcher im Inneren der Gesellschaft operierenden Logik wird dieses Kontinuum von Positionen konstruiert?

Zur Beantwortung dieser Frage rückt Castel die Diskriminierung in den Mittelpunkt seiner Überlegung. Er entwickelt die These, eine wie auch immer geartete offizielle *Diskriminierung* – etwa durch die Vorenthaltung von Rechten oder Anerkennung – bestimmter Personen sei zentral für Exklusion. Seinem Zugang gemäß gibt es in der gegenwärtigen Gesellschaft eine Reihe von Entwicklungstendenzen, auf die ein die Innen-Außen-Logik fokussierender Exklusionsbegriff nicht zutrifft, weil sie eben nicht nur den Rand der Gesellschaft betreffen, sondern in ihrem Inneren geschehen. Hierzu zählt Castel Phänomene wie die Massenarbeitslosigkeit, die sog. „neue Armut" oder herumstreunende, häufig wohnungslose Jugendliche. Diese und andere Phänomene verweisen auf eine allgemeine Destabilisierung im *Inneren* der Gesellschaft. Daher spricht Castel von zwei Logiken: „Die eine, die Logik der Exklusion, verfährt über offizielle Diskriminierung. Die andere besteht in einem Prozess der Destabilisierung, wie die

Degradierung der Bedingungen der Erwerbsarbeit oder das Abbröckeln der Stützen der Soziabilität" (22). Castel vertritt die Ansicht, dass die allgemeine Destabilisierung der Gesellschaft, eine „Prekarisierung, Verwundbarkeit, Marginalisierung" (ebd.) deutlich von Exklusion zu unterscheiden sei. „Man kann dementsprechend beobachten, dass sich die Bevölkerungsschichten vermehren, die unter einem *Integrationsdefizit* leiden, was Arbeit, Unterkunft, Erziehung, Kultur usw. betrifft, und von denen man sagen kann, dass sie *vom Ausschluss bedroht sind.* Diese Marginalisierungsprozesse können also in Exklusion im eigentlichen Sinne münden, das heißt in einer explizit diskriminierenden Behandlung dieser Bevölkerungsgruppen" (22f).

Nach Castel kann die Wiedergewinnung der analytischen Dimension des Begriffs nur gelingen, wenn die Tendenz in der Inklusion / Exklusion-Debatte überwunden wird, die Prozesshaftigkeit der Exklusion auszublenden. Es kommt darauf an, ein klares Verständnis der gesellschaftlichen Funktionslogik und Dynamik zu entwickeln, die Voraussetzung dafür sind, dass als Exklusion bezeichnete Vorgänge geschehen.

Inklusion, funktionale Differenzierung und Exklusion

Die vorab skizzierte Kritik Castels gewinnt vor dem Hintergrund an Bedeutung, dass die Inklusion / Exklusion-Debatte nicht nur durch Vielstimmigkeit geprägt ist, sondern auch durch widersprüchliche Auffassungen und unspezifische Begriffsverwendungen. Diese begrifflich und theoretisch unklare Lage ist auch auf die unterschiedlichen Entstehungskontexte und Theoriehorizonte ihrer Verwendung zurückzuführen. Besonders deutlich wird dies, wenn man sich Luhmann zuwendet, dem wohl wichtigsten Stichwortgeber der deutschen Inklusionsdebatte. Während der Begriff der Exklusion Mitte der 1980er Jahre zuerst in Frankreich im Kontext der Diskussionen über Arbeitslosigkeit und Armut entstanden war und somit „auf eine spezifische Konstellation des gesellschaftlichen Umbruchs" (Kronauer 2002, 27) verweist, bezieht sich der Exklusionsbegriff der Systemtheorie Luhmanns gerade nicht auf ein konkretes historisches Pro-blem moderner Gesellschaften. Vielmehr verweist er innerhalb der Theorie auf eine logische *Funktionsbedingung* der Gesellschaft überhaupt und ist somit (zunächst) frei von gesellschaftsdiagnostischen und kritischen Ambitionen.

Die Fassung der Systemtheorie, an der Luhmann bis Anfang der 1990er Jahre gearbeitet hat, schloss Exklusion praktisch aus. Nach der Logik funktionaler Systeme war für Luhmann eine Differenzierung innerhalb von Funktionssystemen nach systemeigenen Kriterien möglich, Exklusion jedoch nicht. Der Luhmannsche Exklusionsbegriff ließ sich gerade *nicht* für die Analyse von Marginalisierungs- oder Benachteiligungsprozesse oder für die Beschreibung der Herstellung sozialer Ungleichheit heranziehen (vgl. Nassedhi 2000). Denn es ist gerade seine Attraktivität – nämlich: durch die Herstellung der Binarität von ‚Innen' und ‚Außen' Eindeutigkeit herzustellen –, die ihn diesbezüglich problematisch macht. Der Begriff operiert mit einem klaren Entweder-Oder-Schematismus, der Prozesse der Marginalisierung, der Armut, der Zugangsbeschränkungen zu Bildungsabschlüssen usw. nicht angemessen erfassen kann. Mehr noch: Der Systemtheorie zufolge handelt es sich bei solchen Prozessen keineswegs um Exklusion, sondern um Inklusion, und zwar dann, wenn Menschen durch Systeme wahrgenommen und bezeichnet werden (z. B. als Arbeits- oder Obdachlose) und in deren Relevanzraum treten. Hierzu ein Beispiel: „*Bildungsnachteile* bekommt man explizit nur als Operation des Bildungssystems bescheinigt, etwa in Form fehlender Abschlüsse oder schlechter Noten, und von Leistungen des Funktionssystems sozialer Hilfe kann man nur ausgeschlossen werden, wenn man potenziell Klient sein könnte" (Nassehi 2000, 21).

In diesem Sinn ist der Besuch einer Sonderschule funktionale Inklusion. Gleiches gilt für all jene Menschen, die zur Klientel der Jugendhilfe oder anderer Agenturen des Sozialsystems werden. Die Exklusion aus dem ersten Arbeitsmarkt wird durch eine Inklusion in ein – zunehmend ausgedünntes – System der sozialen Hilfe (die oftmals kaum über eine Dokumentation des ‚Falles' in Akten hinausgeht), notdürftig kompensiert. Noch einmal: Systemtheoretisch gesehen handelt es sich dabei auf gesellschaftlicher Ebene um Inklusion, genauer: um eine Teilinklusion in Teilsysteme.

In Widerspruch zu dieser älteren Theoriefassung steht die Neuausrichtung der Theorie – manche reden sogar von einem Bruch – seit 1994. Durch eigene Erfahrung und Anschauung drängte sich Luhmann auf, was er vorher theoretisch nicht wahrgenommen hatte, was im Horizont seiner Theorie auch gar nicht zu denken war: Exklusion als gesellschaftliche Realität. In seinem letzten Werk spricht Luhmann (1997) einerseits von Formen der Systemdifferenzierung und der Unterscheidung von Inklusion und Exklusion. Systemdifferenzierung ist die wechselseitige Verweisung und Kontrolle von Teilsystemen. Inklusion hingegen bezeichnet „die Chance der sozialen Berücksichtigung von Personen" (620). Dies ist in gewisser Weise die Innenseite der Inklusion. In diesem nun veränderten Sinn bedeutet Exklusion nach Luhmann, „dass eine Person keine Teilhabe an den Leistungen hat, die ein bestimmtes Teilsystem seinem Publikum gewährt" (Schimank 2000, 135). Die Existenz ausgeschlossener Menschen, ja ganzer Populationen, zwang Luhmann dazu, sein Denksystem zu erweitern bzw. neu zu gewichten.[1] Der Besuch Brasilianischer Favelas lehrte Luhmann, dass Exklusion im Sinne des Ausschlusses von Menschen aus weiten Teilen der Gesellschaft und ihre Abkoppelung von Funktionssystemen keineswegs nur eine marginale Anzahl von Menschen betreffe, sondern „riesige Menschenmengen" (Luhmann 2000, 392). Luhmann sah sich vor die Frage gestellt, ob sich die Unterscheidung von Inklusion und Exklusion in seiner Theorie vor die funktionale Differenzie-

---

[1] Kritiker Luhmanns, etwa Kronauer (2002), behaupten, Luhmanns Theorie sei eigentlich unter der Last der neuen empirischen Erkenntnisse zusammengebrochen, weil diese Erkenntnisse nicht mit Grundannahmen seiner Theorie in Einklang zu bringen seien.

rung zu schieben beginnt (vgl. Schroer 2004a, 237). So schrieb er: „In dem Maße, in dem die Inklusionsbedingungen als Form sozialer Ordnung spezifiziert werden, lässt sich aber auch der Gegenfall der Ausgeschlossenen benennen" (Luhmann 1997, 621). Inklusion und Exklusion verweisen nun wechselseitig aufeinander und machen erst gemeinsam die soziale Kohäsion und ihre Bedingungen sichtbar. Inklusion gibt es nur, „wenn Exklusion möglich ist" (ebd.). Wie Kronauer (2002) konstatiert, weist dieser neue Exklusionsbegriff, „Ähnlichkeiten zum Exklusionsbegriff in der Armuts- und Arbeitslosigkeitsforschung" (127) auf.

Luhmann beschreibt seine neue Einsicht wie folgt: An den Rändern der Systeme bilden sich „Exklusionseffekte, die auf dieser Ebene zu einer negativen Integration in die Gesellschaft führen. Denn die faktische Ausschließung aus einem Funktionssystem – keine Arbeit, kein Geldeinkommen, kein Ausweis, keine stabilen Intimbeziehungen, keinen Zugang zu Verträgen und gerichtlichem Rechtsschutz, keine Möglichkeit, politische Wahlkampagnen von Karnevalsveranstaltungen zu unterscheiden, Analphabetentum und medizinische wie auch ernährungsmäßige Unterversorgung – beschränkt das, was in anderen Systemen erreichbar ist und definiert mehr oder weniger große Teile der Bevölkerung, die häufig dann auch wohnmäßig separiert und damit unsichtbar gemacht werden" (Luhmann 1997, 630f).[1] In der funktional differenzierten Gegenwartsgesellschaft bestehen Mehrfachabhängigkeiten von Funktionssystemen, und solche Mehrfachabhängigkeiten verstärken die Exklusionseffekte (vgl. 631). Inklusion in der modernen Gesellschaft ist ein kumulativer Prozess von Teilintegrationen in Teilsysteme. Diese Logik der Inklusion hat auch eine spiegelverkehrte Gegenseite: eine Logik der Exklusion. Entsprechend gibt es, wie Luhmann am Beispiel brasilianischer Favelas zeigt, eine wechselseitige Verstärkung von Exklusionen aus einzelnen Funktionssystemen, ohne dass es eine gesellschaftlich zentrale Exklusions- und Inklusionsinstanz gäbe. Es kommt zu einer multiplikatorischen Exklusion (vgl. Schroer 2004a, 237), durch die Individuen mehr und mehr von kommunikativen Bezügen abgekoppelt werden. Obwohl Luhmann (2000) nicht von einer prinzipiellen Exklusion aus Funktionssystemen ausgeht, kommt es über negative Interdependenzen doch „zu einer mehr oder weniger effektiven Gesamtexklusion aus der Teilnahme an allen Funktionssystemen" (303).

An diesem Punkt geht die Analyse Luhmanns über die klassischen Themen der Ungleichheitsforschung hinaus, denn hier greifen die alten Begriffe – Aus-

---

[1] In diesem Zusammenhang ist Bourdieus Theorie von der politischen Konstruktion des Raumes interessant (Bourdieu 1997, 167). Diese Formulierung verweist auf die sozialtopologische Konturierung des Begriffs der Exklusion. So werden exkludierte Bevölkerungsteile von den anderen häufig auch räumlich getrennt, so dass exterritoriale Räume entstehen. Es erfolgt eine Strukturierung des sozialen Raumes, die auf Seiten der Individuen ein kognitives Gegenstück hat, so dass Exklusion (ebenso wie Inklusion) zu einer sozial-kognitiven Geographie führen (vgl. Bauman 1995).

beutung, Unterdrückung, Klassenherrschaft – nicht mehr oder nur noch bedingt. Luhmanns Beispiel der Favelas macht dies auf exemplarische Weise deutlich. Für große Teile der Weltbevölkerung zeichnet sich eine fundamentale Veränderung ab: von der Ausbeutung und Unterdrückung hin zu funktionaler Irrelevanz. Diese geht weit über strukturelle Exklusion, etwa den Ausschluss vom Arbeitsmarkt und einen erheblichen Mangel an ökonomischem Kapital, hinaus. Es vollzieht sich ein Ausschluss, der die ganze Person umfasst, ein Ausschluss, der „in der Erfahrung gipfelt, nicht dazuzugehören, überflüssig zu sein, nicht mehr vorzukommen" (Schroer 2004a, 238). Ein Beispiel für diese Veränderung: Waren Arme früher so etwas wie eine industrielle Reservearmee, können diese unter den heutigen Bedingungen und Funktionsweise des Wirtschaftssystems gerade nicht mehr darauf hoffen, später wieder gebraucht zu werden. „Die heutigen Armen sind nicht mehr die ‚Ausgebeuteten', die den Warenüberschuss produzieren, der später in Kapitel verwandelt wird; sie bilden auch nicht mehr die ‚stille Arbeitsreserve', die beim nächsten Wirtschaftsaufschwung erneut in den kapitalbildenden Prozess eingegliedert wird" (Bauman 1999, 107). Wenn Exklusion als Kontinuum von Positionen zwischen Innen und Außen aufgefasst wird, bilden diese Personen den äußersten Rand: gesellschaftlich überflüssig, ohne irgendeinen Nutzen für gesellschaftliche Funktionssysteme. Sie bilden das, was Bauman in seinem Buch „Verworfenes Leben" (2005) neuerdings unverblümt den ‚Müll' nennt.[1]

Neben den Extremen einer weitgehenden Exklusion gibt es aber auch menschliche Existenzen, die, systemtheoretisch gesprochen, teilweise inkludiert und teilweise exkludiert sind. Empirisch sind viele Menschen zumindest zeitweise Grenzfälle, „in denen trotz Exklusionserfahrungen zumindest der Bezug zu einem oder einigen wenigen Funktionssystemen noch aufrechterhalten bleibt. Der totale Ausschluss bleibt die Ausnahme" (Schroers 2004a, 243). Es sind gerade diese Mischformen, die es gestatten, trotz aller Unterschiede die Gemeinsamkeiten zwischen Systemtheorie und soziologischer Ungleichheitsforschung herauszustellen.

Vor dem Hintergrund dieser ersten differenzierenden Überlegungen lassen sich in Anlehnung an Castel (2000) drei Formen der Exklusion unterscheiden, die in einem Verhältnis gradueller Abstufung zueinander stehen: a) die Totalexklusion, b) die räumliche Exklusion und c) die Teilinklusion bzw. Teilexklusion. Die ersten beiden Formen verweisen auf eindeutige Exklusionsphänomene,

---

[1] Anders als Luhmann analysiert Bauman die Entwicklung nicht nur aus der Perspektive des soziologischen Beobachters und Theoretikers, sondern auch politisch. Daher kommt bei ihm in den Blick, was in der Systemtheorie unterbelichtet bleibt: die Momente struktureller und symbolischer, oftmals lautloser Gewalt, die der Exklusionsdynamik eingelagert sind. Die Lebensräume der Marginalisierten, das Scheitern an den Zugangsbedingungen zu den Funktionssystemen und die funktionale Irrelevanz sind nicht naturwüchsig, sondern der Effekt politischer Entscheidungen und gesellschaftlicher und ökonomischer Entwicklungen, etwa der Globalisierung.

während die dritte Form einen Mischtypus bildet: „eingeschlossen und doch ausgeschlossen, drinnen und doch draußen, zugelassen und doch abgewiesen" (Schroer 2001, 39).

Ein Klärungsversuch

In den beiden vorangehenden Abschnitten dürfte deutlich geworden sein, dass Exklusionsbegriffe mit deutlich unterschiedlichen theoretischen Zuschnitten kursieren. Zugleich deutete sich bereits an, dass es durchaus Überschneidungen und Kongruenzen gibt. Trotz der Heterogenität der Verwendungsweisen und -kontexte lässt sich Kronauer (2002) zufolge bei den unterschiedlichen Verwendungsweisen des Begriffs ein gemeinsamer Kern feststellen. Von Exklusion wird in der Regel dann gesprochen, „wenn *eine marginale Position am Arbeitsmarkt*, bis hin zur dauerhaften Erwerbslosigkeit, mit dem *Verlust sozialer Einbindung* einhergeht. Verlust sozialer Einbindung bedeutet dabei, zunehmend aus der Wechselseitigkeit sozialer Nahbeziehungen herauszufallen und unterstützende soziale Netze zu verlieren" (Kronauer 2002, 72). Daher betont Kronauer auch die Notwendigkeit, die Begriffe der Exklusion und der sozialen Ungleichheit zusammen zu denken. Um jedoch nicht das – noch zu bestimmende – Spezifische des Exklusionsbegriffs einzubüßen, kommt es darauf an, Exklusion als eine abgrenzbare und extrem ausgeprägte Form sozialer Ungleichheit zu fassen.

Nach Stichwehs Auffassung hingegen tritt Exklusion in systematischer Hinsicht an die Stelle einer „Begrifflichkeit, die soziale Ungleichheit in Termini von Schichtung beschrieb" (Stichweh 2005a, 49). Entgegen der früheren Perspektive, die Gesellschaft als vertikal organisierten Raum mit der entscheidenden Differenz von ‚oben' und ‚unten' dachte, fokussiert Exklusion die Frage, ob „Sachverhalte des Ausschlusses aus der Gesellschaft beobachtbar sind, die nicht mehr als soziale Ungleichheit und Schichtung – im Sinne eines mehr oder weniger der Teilhabe an sozialen Gütern – beschrieben werden können, die vielmehr eine innergesellschaftliche Trennlinie schaffen, die ein ‚innen' und ein ‚außen' deutlich voneinander unterscheidet" (49). Während das alte Schichtungsmodell, bei dem Geld eine zentrale Variable darstellte, mit einem Kontinuum und feinen Abstufungen arbeiten konnte, operiert der Begriff der Exklusion theorielogisch mit einem Entweder-Oder-Schema, also mit Diskontinuitäten. Hier jedoch gilt es genau zu differenzieren. Wie weiter oben skizziert, ist in der neuen Theorie Luhmanns (1997) gesellschaftliche Exklusion beschreibbar geworden. In funktional hochdifferenzierten Gesellschaften sind systemtheoretisch gesehen Mischformen von Inklusion / Exklusion eher die Regel. Das bedeutet: Individuen in prekarisierten Lebenslagen sind in manche Teilsysteme inkludiert, aus anderen aber ausgeschlossen. So entsteht, trotz der Entweder-Oder-Logik, ein gesellschaftliches Kontinuum von Positionen zwischen innen und außen, das als Beschreibungsmodell für soziale Ungleichheit herangezogen werden kann. Entgegen des früheren Schichtungsmodells, das eine Oben-Unten-Metaphorik impliziert, ist das Inklusions-Exklusions eher horizontal angelegt.

Verknüpft man den Prozesscharakter der Exklusion, gegenwärtige und qualitativ neuartige Veränderungen im Inneren der Gesellschaft sowie Prozesse der Herstellung und Stabilisierung von sozialer Ungleichheit durch ein Kontinuum von Positionen zwischen Innen und Außen, ergibt sich eine anspruchsvolle theoretische Aufgabe der Exklusionsforschung. Sie besteht darin, das ‚Innen' und das ‚Außen' wieder zusammenzudenken, ohne dabei den Gedanken einer auf neue Weise gespaltenen Gesellschaft aufzugeben. Genauer: Es geht um die Rückbindung des Exklusionsbegriffs an die internen gesellschaftlichen Ungleichheiten und zugleich darum, Exklusion als eine besondere Form der Ungleichheit zu verstehen" (Kronauer 2002, 139). Darüber hinaus muss der Begriff es erlauben, „rechtliche und institutionelle Einschließung und soziale Ausgrenzung zusammenzudenken" (146). Die systemtheoretische Perspektive ist in diesem Zusammenhang insofern von besonderer Bedeutung, als sie „immer Relationen und Interaktionsbeziehungen" (Stichweh 2005a, 51) in den Blick nimmt. Hierdurch wird die analytische und theoretische Aufmerksamkeit auch auf die Frage gelenkt „wie und durch wen Exklusion vollzogen wird und wie sich soziale Beziehungen dadurch ändern" (ebd.).

In einem erfahrungsorientierten Zugang arbeitet Kronauer (2002) eine Reihe von Modi heraus, die ein zumindest heuristisch interessantes Spannungsfeld zwischen Ausgrenzungserfahrungen und gesellschaftlicher Zugehörigkeit markieren. Dabei geht er von zwei Eckpfeilern der Soziabilität der Menschen aus, nämlich Interdependenz und Partizipation. Demzufolge werden soziale Ungleichheit, Marginalisierung und Ausgrenzung durch Einschränkungen oder Verlust von Interdependenz und Partizipation hergestellt. Kronauer nennt folgende Modi:
1. Ausschluss aus der gesellschaftlichen Arbeitsteilung. Hier bedeutet Ausgrenzung, „in der Gesellschaft keinen anerkannten Ort zu haben" (156).
2. Ausschluss aus sozialen Netzen. Hier bedeutet Ausgrenzung soziale Isolation (168).
3. Ausschluss von materieller Teilhabe. Hier bedeutet Ausgrenzung, „nicht mithalten zu können" (175).
4. Ausschluss von politisch-institutioneller Teilhabe. Hier bedeutet Ausgrenzung „Macht und Chancenlosigkeit" (183).
5. Ausschluss von kultureller Teilhabe. Hier bedeutet Ausgrenzung, „von gesellschaftlich geteilten Lebenszielen abgeschnitten zu sein" (193).

In diesen fünf Modi ist der Zusammenhang zwischen Innen und Außen gewahrt und klar ersichtlich. „Ausgrenzung kann nur dem widerfahren, der sich auf dieselben sozialen Institutionen, Erfahrungen und Wünsche bezieht wie diejenigen, die ihm den Zugang verweigern oder die Erfüllung versagen" (204).

Individualisierung, Exklusionsrisiken und Ressourcen

In der Literatur zur Exklusionsthematik besteht trotz aller Differenzen Einigkeit darüber, dass gegenwärtige gesellschaftliche Probleme und Krisenlagen mit der Zunahme von Exklusionsrisiken verbunden sind. Für die westlichen Industrienationen ist nicht nur eine zunehmende Öffnung der Einkommensschere zwischen verschiedenen Bevölkerungsgruppen zu konstatieren, sondern auch eine Zunahme an Armut, etwa an Kinderarmut. Wenn man einen weiten Armutsbegriff an die Stelle des ausschließlich ökonomischen Verständnisses von Armut setzt und „die Erfahrung der Machtlosigkeit und den Ausschluss von Handlungsmöglichkeiten" (Stichweh 2005b, 184) mit bedenkt, wird die enge Beziehung zur Exklusionsdebatte deutlich. Im Hintergrund der zunehmenden Armut stehen globale gesellschaftliche und ökonomische Veränderungen, die nicht nur zu einer auf Dauer gestellten Arbeitslosigkeit auf prozentual hohem Niveau führen, sondern auch die Erwerbsarbeit selbst sowie deren Stellenwert in den Lebensläufen von Grund auf verändern. Diese fordert den Menschen immer mehr Flexibilität in Bezug auf die Art der Arbeit, aber auch die Arbeitszeiten und -orte ab. In der Folge kann es zu biografischen Diskontinuitäten bzw. Brüchen sowie zu einer Erosion stabiler sozialer Netzwerke kommen. Obwohl hier keine Zwangsläufigkeiten vorliegen, können solche Prozesse eine Dynamik von Exklusionsverkettungen anstoßen, eine „Kumulation von verschiedenen Ausschlüssen" (193).

Für die betroffenen Menschen wird diese Situation dann besonders brisant, wenn in der Gesellschaft Entsolidarisierungsprozesse und Bestrebungen zum Abbau sozialer Sicherungssysteme zu beobachten sind. Es ist zu vermuten, dass Entsolidarisierung eine der Negativfolgen der Individualisierung und Pluralisierung der Lebensstile und Lebenswelten darstellt. Diese führen einerseits zu einer Auflösung bzw. Diffusion gesellschaftlicher Normen- und Wertekonsense, andererseits zu einem Rückzug aus integrativ wirksamen Institutionen wie der Familie und den Kirchen. In wirtschaftlich stabilen Zeiten können solche Verluste durch staatliche Sicherungssysteme zumindest notdürftig abgefedert werden. Mit dem Abbröckeln wohlfahrtsstaatlicher Sicherungen entfaltet der Prozess der gesellschaftlichen Veränderung seine für viele Menschen bedrohliche Dynamik. Denn der Wohlfahrtsstaat hatte die Funktion, Schwierigkeiten der Inklusion in gesellschaftliche Funktionssysteme durch staatliche Interventionen und Angebote aufzufangen. „Wenn aber die Globalisierung der Funktionssysteme sowohl die (fiskalische) Leistungsfähigkeit des Wohlfahrtsstaates wie seine Interventionskapazitäten in andere Funktionssysteme verringert, ist darin einer der Gründe zu sehen, warum die Kontrollpotenziale des Wohlfahrtsstaates, die beginnende Exklusionen unterbrochen haben, an Eingriffsfähigkeit verloren haben" (Stichweh 2005b, 195). Diese Lage spitzt sich noch weiter zu, wenn sich die wirtschaftliche und soziale Destabilisierung und Verunsicherung bis in die Mitte der Gesellschaft hinein auszuwirken beginnt. So stellt Heitmeyer in seiner neuen empirischen Untersuchung zu den „Deutschen Verhältnissen" fest: „Wenn die Desintegrationsgefahren bei der Mehrheit und in der Mitte zunehmen, so der Befund, reduziert sich die Anerkennung schwacher Gruppen. Die Bereitschaft, für sie Integrationsgelegenheiten offen zu halten, könnte zurückgehen" (Heitmeyer 2005, 24). Diese Dynamik fördert das, was Heitmeyer „gruppenbezogene Menschenfeindlichkeit" nennt: „Fremdenfeindlichkeit, Antisemitismus, Islamophobie, Abwertung von Obdachlosen, Homosexuellen und Aversionen gegen weitere Gruppen" (ebd.). Hieraus wird geschlussfolgert, die ‚Mitte' der Gesellschaft sei „ähnlich feindselig geworden wie Personen, die ihre Position rechts verorten. Man kann sagen: Die Mitte wird ‚normal feindselig'" (ebd.). Dieser neue, empirisch abgestützte Befund deckt sich mit der theoretisch formulierten Einsicht Castels (2000), dass Exklusionsprozesse im Inneren der Gesellschaft ihren Ursprung haben. Gerade die aktuellen Entwicklungen machen deutlich, dass eine einseitige Fokussierung auf die Prozesse am Rand der Gesellschaft den Blick auf interne Destabilisierungs- und Erosionsprozesse verstellt, durch die individuelle und gruppenbezogene Exklusionsrisiken ansteigen.

Die gesellschaftlichen Prozesse und Dynamiken, die in diesen Entwicklungen zur Entfaltung kommen, werden bereits seit den 1980er Jahren in der Soziologie erforscht und diskutiert. Eine für die Exklusion von Menschen mit Behinderungen bedeutsame Theorie ist die Individualisierungsthese von Ulrich Beck (1986), die er im Kontext seiner Arbeit zur Risikogesellschaft entwickelt hat. Diese These besagt im Kern: Mit zunehmender Individualisierung steigen nicht nur die individuellen Chancen, sondern unter bestimmten Umständen auch die biografischen Risiken und mit ihnen die Exklusionsrisiken. Beck zufolge meint Individualisierung die Herauslösung der Biografie des Individuums aus vorgegebenen gesellschaftlichen Mustern und Fixierungen. Solche Muster sind ambivalent, da sie einerseits individuelle Optionen einschränken, andererseits aber auch Orientierung und Sicherheit bieten können. Gleiches gilt für den Aspekt der Befreiung, den die Individualisierung mit sich bringt – einerseits ist sie eine Errungenschaft, andererseits sind die Chancen, sie zu nutzen, an gesellschaftlich ungleich verteilte Ressourcen gebunden. Im Zuge der Individualisierung öffnet sich die Biografie des Individuums, sie wird „entscheidungsabhängig und als Aufgabe in das Handeln jedes Einzelnen gelegt (...). Die Anteile der prinzipiellen entscheidungsverschlossenen Lebensmöglichkeiten nehmen ab, und die Anteile der entscheidungsoffenen, selbst herzustellenden Biografie nehmen zu. Individualisierung von Lebenslagen und -verläufen heißt also: (...) sozial vorgegebene wird in selbst hergestellte und herzustellende Biografie transformiert" (Beck 1986 216). Die Brisanz bzw. Prekarität der Individualisierung liegt in dem mit ihr untrennbar verbundenen Zwang „zur Herstellung, Selbstgestaltung, Selbstinszenierung nicht nur der eigenen Biografie, sondern auch ihrer Einbindungen und Netzwerke und dies im Wechsel der Präferenzen und Lebensphasen und unter dauernder Abstimmung mit anderen und den Vorgaben von Arbeitsmarkt, Bildungssystem, Wohlfahrtsstaat usw." (Beck / Beck-Gernsheim 1994,

14). Dieser Zwang ist gesellschaftlicher Art. Deshalb ist Individualisierung „Ausdruck einer späten, geradezu paradoxen Form der Vergesellschaftung" (Beck 1997, 11). Das Leben der Individuen wird durch gesellschaftliche, ökonomische und politische Rahmenbedingungen geprägt, die sich weitgehend ihrer Kontrolle entziehen. Sie sehen sich mit Konflikt-, Risiko- und Problemlagen konfrontiert, „die sich ihrem Ursprung und Zuschnitt nach gegen jede individuelle Bearbeitung sperren" (Beck 1986, 211). Die Konflikte, Risiken und Probleme entsprechen zwar nicht mehr den alten Klassenlagen und Strukturen sozialer Ungleichheit, bringen aber neue Ungleichheiten hervor. Risiken treffen nämlich ebenso wenig alle Menschen im gleichen Maße, wie die Chancen zu ihrer Bewältigung gleich verteilt sind. In diesem Zusammenhang kann der Rückgriff auf Bourdieus Kapitelsortentheorie (1997) den Blick für die Ressourcenabhängigkeit der Chancen schärfen, die Individuen haben, um die auf sie zukommenden individualisierten Risiken zu bewältigen. Soziale Unterschiede führen zu Risikohäufungen in Teilen der Gesellschaft, während andere eher von neu entstandenen Chancen profitieren. Zugleich sind die zur Risikobewältigung und Risikobearbeitung benötigten Ressourcen ungleich verteilt. Subjektive Chancen und Risiken hängen von objektiven Faktoren ab, die sich ihrerseits in spezifischen individuellen Ressourcenlagen niederschlagen. Folgt man Bourdieus Kapitalbegriff, gibt es folgende Ressourcen: die materiellen Ressourcen, das kulturelle Kapital (etwa das individuelle Bildungsniveau, verbriefte Bildungsabschlüsse, Fähigkeiten und Fertigkeiten), dessen Erwerb u. a. wiederum von ökonomischen Bedingungen abhängig ist, das soziale Kapital (d. h. die Eingebundenheit in soziale Netzwerke, die Verfügbarkeit tragfähiger Beziehungen und die Erfahrung wechselseitiger Anerkennung) sowie das symbolische Kapital, (etwa das individuelle Ansehen und Prestige sowie der soziale ‚Kredit', der dem Einzelnen aufgrund dessen gewährt wird). Im pädagogischen Kontext ist das zum kulturellen Kapital gehörende Bildungskapital von besonderer Bedeutung. Dessen Verteilung ist, wie die neue Armutsforschung deutlich macht, wesentlich von ökonomischen Ressourcen abhängig (vgl. dazu aus sonderpädagogischer Perspektive Weiß 2001). Im Unterschied zum ökonomischen Kapital, das auf andere Individuen übertragbar ist, ist Bildung als kulturelles Kapital an den individuellen Körper und an die Person gebunden. Sie muss individuell angeeignet werden. Dies gilt sowohl für Bildung im Sinne individueller Fähigkeiten, Fertigkeiten und Schlüsselkompetenzen wie im Sinne institutionalisierter Bildungsabschlüsse. So ist die Zulassung zu den meisten Berufen an verbriefte Schul-, Berufs- und Bildungsabschlüsse gebunden, die als Legitimitätsnachweise fungieren. Dies wiederum ist die Voraussetzung dafür, das erworbene kulturelle Kapital in ökonomisches Kapital umzuwandeln. Jedoch hat sich die Situation in den vergangenen zwei Jahrzehnten dahingehend verschärft, dass Bildungsabschlüsse nicht mehr allein Zugänge eröffnen, sondern diese umgekehrt sogar verschließen. Vor genau diesen Problemen stehen sozial benachteiligte junge Menschen heute, etwa wenn sie die Haupt- oder Sonderschule besucht haben. Nach Beck (1986) hat das Bildungssystem seit Ende der 1970er Jahre nicht mehr nur die Funktion der Zuteilung von Statuschancen, sondern auch die der „Negativauswahl der Nichtteilnahmeberechtigten am Konkurrenzkampf um Status" (244). Abgänger von Hauptschulen bleiben ebenso wie Abgänger von Sonderschulen, selbst wenn sie den jeweiligen Bildungsabschluss erworben haben, sehr häufig ohne Berufsausbildung: „Hauptschüler werden zu Ungelernten, finden einen vernagelten Arbeitsmarkt vor. Der Gang durch die Hauptschule wird zur Einbahnstraße in die berufliche Chancenlosigkeit" (245). Entsprechend verfügen sozial benachteiligte Jugendliche und junge Erwachsene häufig über keine gesicherten Zugänge zum Beschäftigungssystem: „Ihre wirtschaftliche Situation ist unsicher, die finanziellen Verhältnisse häufig chaotisch; die Formen, in denen sie am Markt der Dienstleistungen, Güter und Unterhaltung teilzunehmen versuchen, führen sie nicht selten in den Ruin; ihre sozialen Beziehungen sind wenig tragfähig und häufig genug problematisch und gefährlich; den bürokratisch-rechtlichen Anforderungen von Seiten der Institutionen, der öffentlichen Kontrolle und Beratung, aber auch der sozialen Fürsorge sind sie in der Regel ausgeliefert" (Schroeder / Storz 1994, 10).

So kann man festhalten, dass die geforderte Eigeninitiative, dem eigenen Leben Richtung und Gestalt zu geben und notwendige Entscheidungen zu treffen, etwa bezüglich der Berufs- oder Partnerwahl, diejenigen begünstigt, die „über ein gewisses Maß der genannten Kapitelsorten verfügen. Während sich für sie Individualisierung als ein Optionsgewinn darstellt, die Befreiung aus ehemaligen Verpflichtungen ermöglicht, stellt sich der gleiche Prozess für andere mit weniger Kapitalsortenbesitz eher als Verlustrechnung heraus" (Schroer 2004b 156f.).[1]

Ein verhaltenes Fazit

Vieles deutet darauf hin, dass die Produktion eines gesellschaftlichen Innen und Außen (sowie eines Außen im Innen), die Erzeugung von Ausgeschlossenen, Überflüssigen „eine Konstante innerhalb der Gesellschaft auszumachen scheint" (Schroer 2001, 43). In Geschichte und Gegenwart hat nach meinem Wissen noch keine Gesellschaft existiert, die ganz ohne solche Mechanismen ausgekommen wäre. Obwohl sich die Geschichte der Moderne auch als Inklusionsgeschichte erzählen ließe (die zum Beispiel durch Emanzipationsbewegungen vorangetrieben wurde, etwa die US-amerikanische ‚Black-Power'-Bewegung oder die Frauen-, Schwulen- und Behindertenbewegungen), zogen neue Einschlüsse

---

[1] Diese Entwicklung hat, wie Stichweh (2005a) konstatiert, auch gesellschaftsstrukturelle Gründe, denn „Exklusionsrisiken steigen in der Gegenwartsgesellschaft auch durch die fortschreitenden Differenzierung des Schulwesens" (54). Diese Differenzierung läuft immer Gefahr, systemexterne Trennlinien zu übernehmen und damit Ungleichheiten zu verstärken, die ihren Ursprung in anderen Funktionskontexten haben.

häufig neue Ausschlüsse nach sich. Gelegentlich verschieben sich die gesellschaftlichen Koordinaten und mit ihnen die Grenzen zwischen Innen und Außen, zwischen Zugehörigkeit und Nicht-Zugehörigkeit, zwischen Wertschätzung, Toleranz und Diskriminierung. Die prinzipielle Trennung von Innen und Außen – und der Erzeugung eines Außen im Innen – jedoch ist bis heute nicht nur nicht unangetastet, sondern sie spitzt sich erneut zu. In der Gegenwart verschärft sich die Situation für beträchtliche Teile der Bevölkerung, als die ökonomisch motivierte Entwicklung der Gesellschaft neue Ungleichheiten und höchst prekäre Lebenslagen hervorbringt. Insgesamt, so scheint es, müssen wir gegenwärtig eher von einer desintegrativen als von einer integrativen Entwicklungstendenz ausgehen. Dies ist das fundamentale Problem, mit dem auch die Debatte um die gesellschaftliche, politische und schulische Inklusion von Menschen mit Behinderungen konfrontiert ist.

Das Bildungssystem ist ein Teilsystem der Gesellschaft. Die gesellschaftlichen Wandlungsprozesse sowie die Probleme und Verunsicherungen, denen die Menschen ausgesetzt sind, diffundieren unweigerlich in die Schulen und andere Bildungsanstalten. Die Debatte über die schulische Inklusion muss dies ernst nehmen und reflektieren. Ob es allerdings einen Ausweg aus der Dynamik von Inklusion und Exklusion gibt, wird die Zukunft erweisen müssen. In der Gegenwart jedenfalls deutet wenig darauf hin.

Literatur

Bauman, Z.: Postmoderne Ethik, Hamburg 1995.
Bauman, Z.: Unbehagen in der Postmoderne, Hamburg 1999.
Bauman, Z.: Verworfenes Leben. Die Ausgegrenzten der Moderne, Hamburg 2005.
Beck, U.: Risikogesellschaft, Frankfurt 1986.
Beck, U. u. a.: Eigenes Leben, München 1997.
Beck, U. / Beck-Gernsheim, E.: Individualisierung in modernen Gesellschaften, Perspektiven und Kontroversen einer subjekt-orientierten Soziologie, in: Dies. (Hg.): Riskante Freiheiten. Frankfurt 1994.
Bourdieu, P.: Die verborgenen Mechanismen der Macht, Hamburg 1997.
Bude, H.: Das Phänomen der Exklusion, in: Mittelweg 36, 4/2004.
Castel, R.: Die Fallstricke des Exklusionsbegriffs, in: Mittelweg 36, 3/2000.
Fuchs, P.: Behinderung und soziale Systeme, Anmerkungen zu einem schier unlösbaren Problem, in: Das gepfefferte Ferkel 2002. http://www.ibs-networld.de/altesferkel/fuchsbehinderungen.shtml (10.8.2005).
Heitmeyer, W.: Die verstörte Gesellschaft, in: Die Zeit Nr. 51, 15. Dezember 2005.
Kronauer, M.: Exklusion, Die Gefährdung des Sozialen im hoch entwickelten Kapitalismus, Frankfurt / New York 2002.
Luhmann, N.: Die Gesellschaft der Gesellschaft, Frankfurt 1997.
Luhmann, N.: Die Religion der Gesellschaft, Frankfurt 2000.
Nassehi, A.: ‚Exklusion' als soziologischer oder sozialpolitischer Begriff?, in: Mittelweg 36, 5/2000.

Schimank, U.: Ökologische Gefährdungen, Anspruchsinflationen und Exklusionsverkettungen – Niklas Luhmanns Beobachtung der Folgeprobleme funktionaler Differenzierung, in: Schimank, U. / Volkmann, T. (Hrsg.): Soziologische Gegenwartsdiagnosen, Opladen 2000.

Schroeder, J. / Storz, M.: Alltagsbegleitung und nachgehende Betreuung, Umriss eines Konzeptes zur präventiven Kooperation mit jungen Menschen in erschwerten Lebenslagen, in: Dies. (Hrsg.): Einmischungen, Alltagsbegleitung junger Menschen in riskanten Lebenslagen, Langenau-Ulm 1994.

Schroer, M.: Die im Dunkeln sieht man doch, Inklusion, Exklusion und die Entdeckung der Überflüssigen, in: Mittelweg, 36, 5/2001.

Schroer, M.: Zwischen Engagement und Distanzierung, Zeitdiagnose und Kritik bei Pierre Bourdieu und Niklas Luhmann, in: Nassehi, A. / Nollmann, G. (Hrsg.): Bourdieu und Luhmann, Ein Theorienvergleich, Frankfurt 2004a.

Schroer, M.: Gewalt ohne Gesicht, Zur Notwendigkeit einer umfassenden Gewaltanalyse in: Heitmeyer, W. / Soeffner, H.-G. (Hrsg.): Gewalt, Frankfurt 2004b.

Stichweh, R.: Inklusion / Exklusion, funktionale Differenzierung und die Theorie der Weltgesellschaft, in: Ders.: Inklusion und Exklusion, Studien zur Gesellschaftstheorie, Bielefeld 2005a.

Stichweh, R.: Inklusion und Exklusion: Logik und Entwicklungsstand einer gesellschaftstheoretischen Unterscheidung, in: Ders.: Inklusion und Exklusion, Studien zur Gesellschaftstheorie, Bielefeld 2005b.

Weiß, H.: Armut und soziale Benachteiligung, Was bedeuten sie für die Heil- und Sonderpädagogik?, in: Die neue Sonderschule, 46. Jg., Heft 5/2001.

Weisser, J.: Behinderung, Ungleichheit und Bildung, Eine Theorie der Behinderung, Bielefeld 2005.

E. E. Kobi
Inklusion: ein pädagogischer Mythos?

Alles Erziehen ist ein wenig Donquixoterie
(Willi Schohaus)

L'enfer ce sont les autres
(Jean-Paul Sartre)

1. Traum und Skepsis

Dann wohnt der Wolf beim Lamm, der Panther liegt beim Böcklein. Kalb und Löwe weiden zusammen, ein kleiner Knabe kann sie hüten. Kuh und Bärin freunden sich an, ihre Jungen liegen beieinander. Der Löwe frisst Stroh wie das Rind. Der Säugling spielt vor dem Schlupfloch der Natter, das Kind streckt seine Hand in die Höhle der Schlange. Man tut nichts Böses mehr und begeht kein Verbrechen auf meinem ganzen heiligen Berg.
Jesaja (8. Jh. vor Chr.), Prophet

Eine Gesellschaft Stachelschweine drängte sich, an einem kalten Wintertage, recht nahe zusammen, um durch die gegenseitige Wärme, sich vor dem Erfrieren zu schützen. Jedoch bald empfanden sie die gegenseitigen Stacheln; welches sie dann wieder einander entfernte. Wann nun das Bedürfnis der Erwärmung sie wieder näher zusammen brachte, wiederholte sich jenes zweite Übel; so dass sie zwischen beiden Leiden hin und her geworfen wurden, bis sie eine mäßige Entfernung von einander herausgefunden hatten, in der sie es am besten aushalten konnten.
  So treibt das Bedürfnis der Gesellschaft, aus der Leere und Monotonie des eigenen Innern entsprungen, die Menschen zu einander; aber ihre vielen widerwärtigen Eigenschaften und unerträglichen Fehler stoßen sie wieder von einander ab. Die mittlere Entfernung, die sie endlich herausfinden, und bei welcher ein Beisammensein bestehn kann, ist die Höflichkeit und feine Sitte. Dem, der sich nicht in dieser Entfernung hält, ruft man in England zu: *keep your distance!*
– Vermöge derselben wird zwar das Bedürfnis gegenseitiger Erwärmung nur unvollkommen befriedigt, dafür aber der Stich der Stacheln nicht empfunden. –
Wer jedoch viel eigene, innere Wärme hat, bleibt lieber aus der Gesellschaft weg, um keine Beschwerden zu geben, noch zu empfangen.
Arthur Schopenhauer (1788-1860), Philosoph

2. Profanmythologie

Inklusion erscheint zunächst als eine der zahlreichen säkularisierten Varianten des Urmythos von der Transmission des Individuums aus kalter, feindseliger Alleinheit in die wärmende All-Einheit des Kreatürlichen (Bargatzky 1997, 80ff). Inklusion ist noch einmal eine der „Großen Erzählungen" vom Zusammensein Aller in Allem, wie sie im 20. Jahrhundert in verschiedenen Farbvarianten vorgetragen wurden: Als Utopien beflügelnd –, in erzwungenen Realisationen zerstörerisch!

Profane Mythen sind in weiten Teilen strukturidentisch mit ihren religiösen Verwandten, auch wenn in ihnen überhöhte innerweltliche Instanzen an die Stelle transzendentaler Gottheiten treten:
- Als solche figurieren installierte Gremien (UNO, UNESCO, WHO u. a.), Politvereinigungen (z. B. Gewerkschaften), desgl. Akademien oder abstrahierte Lichtgestalten (Forscher, Wissenschafter) und deren je neuesten Erlasse („Amerikanische Studien haben ergeben, dass ..."), allenfalls auch lediglich virtuelle Gebinde („Staatengemeinschaft")
- Auch weltliche Mythen sind somit nicht „von unten" gewachsen, sondern „von oben" inspiriert und konzipiert: durch Kongregationen internationalisierter Eliten, die ihrerseits je aus den Teppichetagen ihrer nationalen Herkünfte stammen
- Im Unterschied zu einem wissenschaftlichen Austausch werden allerdings kaum je die personelle Autorenschaft, geschweige denn die (relativierenden) Rahmenbedingungen (Fragestellung, sample, Methoden etc.) vermerkt. Die Botschaften werden vielmehr wie mosaische Gebotstafeln vom Hl. Berg zu Tale getragen
- Dem entsprechen sodann die top-down-Verfügungen, die vor Ort oft zu Zwängeleien / Zwängereien ausarten, dann freilich auch an basalen Ablehnungen der nicht Bekehrungswilligen auflaufen oder im breiten Desinteresse versickern
- Virtualität und Realität kontrastieren somit nicht minder als der Verkündigungseifer religiöser Gemeinschaften zur Zahl ihrer aktiven Mitglieder und führt desgleichen zur bekannten Sektentragödie: Die Insider sind randvoll schlechthinniger Wahrheit und blicken von ihren Höhen bereits ins Gelobte Land. Doch sind sie umringt von einer erdrückenden Mehrheit „Verstockter", wie es in der Sprache Kanaans heißt
- Unversehens wandelt sich dann an dieser Schnittstelle das Inklusionsbemühen zur Exklusion der eben noch Umworbenen. Desgleichen kann aus dem pazifistischen Wortmantel plötzlich ein (un-)ausgesprochen militantes Verhalten hervorbrechen (wie z. B. in der seinerzeitigen Krüppelbewegung) und die gepredigte Allmenschlichkeit in Aggressivität kippen nach der Devise: Und willst Du nicht mein Bruder sein, schlag' ich Dir den Schädel ein!

- Daher kann die Moral der verkündeten Moral fragwürdig, gelegentlich sogar existenzbedrohlich sein. Spätestens dann, wenn sie „Amok läuft", wie der Wiener Satiriker Karl Kraus zu sagen pflegte, sich totalisiert, keine Relativität, Relationalität und Alternative mehr zulässt und sich an die Verfolgung von Dissidenten macht
- Integration / Inklusion sind aktuell allerdings auch im größeren Zusammenhang des allgemeinen Globalisierungstrends zu sehen, der weltweit praktisch alle Lebensbereiche erfasste. Es handelt sich um eine Art emergentes (Schwarm-)Verhalten, das sich, im Einzelnen und situativ nicht mehr begründbar / begründungsbedürftig, als das an sich Notwendige, zielführend Fortschrittliche, generell Erstrebenswerte ausbreitet. Kultur- und standortabhängig relationale Normen und Ideale werden uniformiert und kanonisiert zu global verbindlich erklärten sozialpolitischen Din-Formaten, Standards (SZH 2004) und Indices (Hinz 2004)
- Oft schaukelt sich eine derartige Bewegung innerhalb einer Generation auf zu einer Klimax, nach der sie, oft ebenso unerwartet-unverständlich, erlahmt und allenfalls in der Art der Heraklit'schen Enantiodromie durch eine andere, nicht selten auch konträre, abgelöst wird. Die Spezialisierungen im Sonderschulwesen, welche Ende der 1960er Jahre ihre Spitzen erreicht hatten, kontrastierten seinerzeit zur Integrationswelle, die in den 1970ern einsetzte und die gegenwärtig ihrerseits wieder durch die Inklusionswelle überrollt wird
- Auch pädagogische Mythen begnügen / bescheiden sich nicht damit, an konkreter Stelle eine / ihre Idealwelt zu realisieren und damit mustergültig, d. h. als *Muster* gültig zu sein und allenfalls zur Nachahmung anzuregen. Missionarischer Eifer kann nicht an sich halten, drängt inkontinent über sich hinaus. Die Ansprüche sind von Anbeginn weg global, transkulturell, totalisierend bis totalitär (vgl. btr. Inklusion die Autorenlisten bei Hinz 2003, 2004, 2005)
- Die Verlautbarungen sind mehrheitlich appellativ und finden heute zeitgemäß auch im Internet eine vieltausendfache Verbreitung. Im Stil von Besinnungsaufsätzen abgefasst, bestechen manche durch der Worte Schönheit und die Erhabenheit der Aussagen. Das macht sie scheinbar moralisch impermeabel, und Misanthropie ist das Mindeste, was kritischem Nachfragen unterstellt zu werden pflegt
- Dem missionarischen Bestreben nach Internationalisierung nachkommend, stützt sich Profanmythologie ferner vorzugsweise auf (scheinbar) problemlos zu übersetzende „Plastikwörter" (Pörksen 1992) – wie z. B. Integration / Inklusion –, die für viele westliche Sprachen gleichlautend sind, spätestens im Moment praktischer Umsetzungsversuche dann aber doch mit großer Regelmäßigkeit kulturelle Konnotationsdifferenzen offenbaren und regionale Exegesen erfordern (Kobi, 2006a)
- Als heikel erweist sich auch das Operieren mit unterschiedlichen Abstraktions- bzw. Konkretisierungsgraden sowie wechselnden Begriffsweiten: vgl. den Begriff „Schule", der z. B. in der für Heilpädagogik verbindend / verbindlich

erklärten Salamanca-Resolution (1994) die ganze Spannweite von „Bildungswesen" bis hin zur einzelnen „Schulklasse" umfasst
- Da das Noch-nicht der Zukunft nur seherisch (visionär) erfassbar ist, sind die Deklarationen freilich auch, der Beweisnot gehorchend, „an-empirisch" (‚unerfahren'). Die Argumentation bleibt vorwiegend idealistisch, allenfalls bereits kompakt ideologisch, ausgerichtet auf einen ethischen Rigorismus und radikalisierten Humanismus
- Diese buchstäbliche „Rücksichtslosigkeit" wird ferner ermöglicht durch Ahistorizismus. Die Erkenntnis, dass Hinkunft der Herkunft bedarf (Marquard 2001) ist visionärer Weltenverbesserung fremd. Vergangenheit ist dem „Blick nach vorn!" lastend lästig, futurismuswidrig. Geschichte ist, da ohnehin vorbei, unerheblich, uninteressant oder lediglich, um des Kontrastes willen, Mangelhaftes und Inhumanes erinnernd: So, wenn ein offizieller Redner auf der Tagung des RennerInstituts (2003, 6) seine rhetorische Frage: „Warum passiert so wenig Integration?" simpel damit beantwortet, „dass noch vor 60 Jahren behinderte Menschen getötet wurden"
- Moderne Mythen präsentieren sich denn auch, zumal in der westlichen Hemisphäre, als fortschrittlich, neologistisch: Sie stellen sich appellativ an den Beginn eines angeblich Neuen Denkens eines Neuen Menschen. Zum chiliastischen Anspruch des Paradies' auf Erden (Kobi 2000) gehört auch der des Unikats und der Alternativlosigkeit: es gibt nur dieses eine, erstmalige, solitär Gute und Richtige. Es fehlen Gegenthesen, relativierende Einwände, desgleichen (finanzielle, personale, zeitliche, räumliche, ideelle, motivationale ...) Aufwandberechnungen
- Ein ethischer Dynamismus, verstanden als Streben nach zunehmend dichterer Passung, gemahnt an gnostische Stufenlehren, wie sie von Plotinos (205-270) bis neuzeitlich zu Hegel und Marx über eine Rangordnung von Seinssphären zum Überguten und endlich zur (Wieder-)vereinigung mit Gott oder dem in der Geschichte waltenden, einenden Weltgeist geleiten. Die totalitär angelegten Inklusionen sozialistisch-kommunistischer oder faschistischer Konvenienz – vgl. z. B. die zum Nationalsozialismus führende Stufenleiter nach Petersen, 1934 (Kobi 2000) – weisen Strukturkongruenzen auf bis hin zu „Heilserwartungsbewegungen", wie sie hundertfach auch in afrikanischen und polynesischen Kulturräumen lebendig sind (Bargatzky 1997, 81ff).
- Profanmystiker achten freilich weniger auf eigene Vollkommenheit durch (Selbst-)Erkenntnis, als auf die Installation des Richtigen Bewusstseins beim Andern und zielen drum vorab auf Haltungs- und Einstellungsänderungen (Knauer 2005) ab. Eine zentrale Rolle spielen dabei ein linguistischer Determinismus und Wortmagie. Durch Orwell'sche Sprachversäuberung (Kobi 2006a) sind dementsprechend Vorstellungen, Wahrnehmungen, Denkformen und endlich auch Handlungsweisen neu zu formatieren. Zurückhaltender Skepsis begegnet man mit Wahrnehmungs- und Erfahrungsentwertung des Dialogpartners.

Diesem werden ostinat „Vorurteile", ein „falsches Bewusstsein", eine antiquierte Denkweise unterschoben

- Dieser Moralismus trägt ausgeprägt manichäischen Züge all da, wo er kontingente Verhältnisse (der Unentschiedenheit, Ambivalenz, Ambiguität, Polyvalenz) zu einem Entweder-Oder dichotomisiert und Paradoxien und Antinomien sich unbesehen einverleibt, (die ihm dann allerdings schwer auf dem Magen liegen, Abschnitt 4)
- Eine zentrale Rolle spielen in diesem Zusammenhang auch Tabuisierungen, und zwar sowohl in Richtung des Tabu Brechens als auch der Errichtung neuer Tabus. Sie betreffen Prämissen ebenso wie Ableitungen und in erheblichem Maße (in Form einer political correctness) auch die Sprache (Kobi 2006a). Wer sich dagegen oder auch nur Fragen stellt, ist nicht lediglich anderer Meinung, sondern ein irregeleiteter Mensch, bei Hartnäckigkeit ein Dissident der Humanität
- Das Gewissen haben wandelt sich so zum Gewissen sein (Marquard 2004), das hinfort als Tribunal fungiert, vor welchem die Rück- und Unanständigkeiten der Andern periodisch geprangert werden können (vgl. z. B. die pauschalen Disqualifizierungen des angeblich fußlahmen Sonderschulwesens)

Ein thematisches Exempel und formelles Glaubensbekenntnis liefert die Erklärung von Salamanca (1994), welche die *generelle* Zielsetzung einer „Bildung für Alle" unter eine unilaterale integrationistische Ideologie stellt und von Politikern verlangt, diese „sollten regelmäßig ihre Verpflichtung zur Integration bekunden". Ähnlich bei Tervooren (2003): niemand kommt an einem „Bekenntnis" zur Integration vorbei.

Eine weitere Salamanca-Taktik besteht darin, schulleistungs- bzw. -anforderungsrelevante Parameter (Lernmotivation, -fähigkeit, -willigkeit, -stand, Bildbarkeit in der Gruppe, kognitive Ressourcen, Interessen und Ziele) zu *vermischen* bzw. *gleichzusetzen* mit schulisch-unterrichtlich irrelevanten Kriterien (wie Geschlecht, ethnische Zugehörigkeit, Hautfarbe, soziokultureller Hintergrund, materielle Ressourcen, religiöses/weltanschauliches Bekenntnis). Wer daher nicht willens ist, gleich die gesamte Inclusio herunterzubeten, darf denn auch nicht einmal A sagen. Und steht damit unter dringendem Rassismusverdacht.

3. Inklusion im Diskurs

3.1 Wort und Begriff

Bereits das Wort kann klaustrophobe Gefühle auslösen: Inclusio (lat. Einschließung; includo einschließen, einsperren, einengen, zurückhalten; ,inclusa', Nonne); Inclusion (frz. Einschließung, Einschluss; engl. Einbeziehung, Einschluss, Zugehörigkeit). Doch das Wort ist international zeitwindschlüpfig, tönt weltenläufig egal-global-pauschal-legal (im Sinne von: „alles inbegriffen").

Gegenwärtig wird der pädagogische Inklusionsbegriff mit schwankender Präferenz folgenden Bedeutungsschattierungen nach verwendet:
- Als Synonym zu Integration bzw. als deren Reanimation und Redesign
- Als Weiterentwicklung, Intensivierung und Totalisierung von Integration
- Als ein, im Unterschied zum nachrangig integrativen, vorrangiges Konzept. Alle sind von vorneherein und bleibend mit dabei und werden nicht erst, nach vorangegangener Separation und Tauglichkeitsprüfung, nachträglich integriert
- Inklusion taucht ferner auf mit dem Zielort einer „Internationalisierung der Bildung" bzw. als Kampfbegriff gegen Privatisierungstendenzen im Bildungswesen (so in Verlautbarungen der „Bildungsinternationale", BI und der „Gewerkschaft Erziehung", GEW) und hat im sozialistischen Umfeld einen renoviert-miniaturisiert (schul-)klassenkämpferischen Unterton
- Als eine Utopie, die in letzter Konsequenz sämtliche Lebensbereiche der ganzen Menschheit umfassen soll (Stichweh 2005), wodurch Inklusionismus als „kollektiver Lösungsversuch" zu einer Heilserwartung wird (Bargatzky 1997, 82). So findet Inklusion im Zuge einer gewissen Re-Theologisierung (in) der Heilpädagogik denn auch in religiösen Kreisen ein Echo (Nipkow 2005), da sie christliche Gedanken der Gottebenbildlichkeit und Gotteskindschaft neu zu beleben scheint
- Einhellig wird Inklusion ferner, wie vorgängig bereits Integration („... ist Menschenpflicht!"), aus einem Struktur- in einen Wertbegriff verwandelt und als Positivum tantum den Negativa von Exklusion, Homogenität, Differenzierung, entgegengestellt

Dieser schillernde Begriffsinhalt (Liesen / Felder 2004) hat allerdings auch Auseinandersetzungen zwischen mittlerweile in die (Wechsel-)Jahre gekommenen Integrationisten der 1960er / 70er Szene und jüngeren, seit den 90er Jahren aktiv gewordenen Inklusionären zur Folge. Die Erstgenannten möchten sich verständlicherweise nicht durch „Glasperlenspiele", wie Preuss-Lausitz (2005, 76) sagt, um die Erfolge ihrer Pionierarbeit bringen lassen, während die Nachgenannten die bloß nachschüssige Integration als widersprüchlich, als verflacht und versandet (Biewer 2005) qualifizieren und mit Blick auf die „Zwei-Gruppen-Theorie" (Integranden vs. Integratoren), das ihr zu Grunde liegende „Tüchtigkeits(readiness)-Modell" und die damit verbundenen normalisierungsorientierten Förderungsbemühungen überdies als zu wenig radikal einstufen und durch Inklusion zu toppen trachten: Wo von vorneherein alle inkludiert sind und bleiben, wird Integration schließlich hinfällig.

3.2 Rück- und Ausblicke
Umfassend thematisiert wurde das Inklusions-Konzept in der deutschsprachigen Sonderpädagogik bereits im letzten Jahrhundert durch Jülich (1996): seinerzeit noch vor dem zeitgeschichtlichen Hintergrund seiner us-amerikanischen Herkunftskultur, speziell der Bürgerrechtsbewegung, in welcher der American dream vom „Melting pot" den emotionalen Grund bildet(e).

Unterdessen erreichte die Flaschenpost auch den alten kontingenten Kontinent, doch Jülichs seinerzeitige Warnung, die Botschaft nicht unbesehen zu übernehmen und nicht denselben Fehlern zu verfallen, wurde in den Wind geschlagen und Jülichs Schrift findet in der aktuellen Literatur kaum Beachtung.

Jülich benennt in ihrer Analyse der schulpraktischen Auswirkungen des intergrations- / inklusionsorientierten Public Law 94-142: „Education for All Handicapped Children Act" von 1975 praktisch alle entscheidenden Umsetzungsprobleme, die sich gegenwärtig auch hierzulande abzeichnen oder noch zu befürchten sind:

- Generelle Probleme der Umsetzung eines Bundersgesetzes auf der lokalen Ebene. „It takes more than legislation to create a social revolution in the school" (243, 311)
- In föderalistischen Staaten stoßen (zu) zentralistische Regelungen auf Widerstand (244, 314). Die „full inclusion" war denn auch in den USA von Anfang an als „one-size-fits-all-approach" sowohl bei Lehrerverbänden als auch unter Eltern heftig umstritten (303f.)
- Regelschullehrkräfte sind zwar durchaus reformwillig (267), doch verlangen sie, von Beginn weg in die jeweiligen Entwicklungsarbeiten miteinbezogen, auf die neuen Aufgaben vorbereitet und mit den notwendigen Mitteln ausgestattet werden. Wo dies vernachlässigt wird (268), regt sich Widerstand, insonderheit da, wo Reformen zeitgleich noch von finanziellen Restriktionen begleitet werden (269)
- Es waren / sind gesellschaftliche Minderheiten (247), die mehrheitlich von außen das traditionell prioritär der Tradition verpflichtete Schulsystem grundlegend und zügig in Richtung Inklusion / mainstreaming verändern woll(t)en
- Solange jedoch lediglich (teils fanatisierte) Visionäre einer neuen Schule und Gesellschaft erfüllt sind von ihren Fortschrittsideen, die Basis („das Volk") sowie die unmittelbar betroffenen bzw. ausführenden Organe sich aber nur zögerlich dafür begeistern (lassen), droht die Bewegung zu versanden oder lediglich wieder von einer neuen „wave of reform" (251) abgelöst zu werden. Eine allen gerecht werdende Regelung kann es vermutlich gar nicht geben (323)
- Qualifizierte Integration / Inklusion sind nicht ohne erhebliche Zusatzkosten zu realisieren, da z. B. Doppelbesetzungen von Lehrstellen unabdingbar sind (306) und eignet sich jedenfalls nicht als Sparkonzept. (320) Diese Finanzierung erfolgte oft jedoch nicht oder nur unzureichend; auch die von President Bush (sen.) 1990 verabschiedeten „National Education Goals" (262) strotzten zwar vor nationalistischem Bildungsstolz; finanzielle Unterstützung wurde jedoch nicht in Aussicht gestellt (263), und Behinderte waren darin ohne hin nicht mitgemeint
- Zentralistische Top-down-Erlasse haben einen enormen Regelungs-, Vollzugs- und Kontrollbedarf (319), was die Übersicht erschwert. Gesetzesimmanente Widersprüche (244) und mangelhafte Eindeutigkeit (245), desgleichen (zu) starre Regelungen, die regional keine flexible Lösungen mehr zulassen, zie-

hen unterschiedliche Auslegungen nach sich, die sich bis in Rechtshändel hinein steigern können. So beispielsweise von Eltern, die sich für behinderte Kinder Regelschulzulassungen erstreiten (302)
- Umwandlungsphasen sind mit einem bedeutenden logistischen / bürokratischen Aufwand verbunden (247) und bedürfen einer umfänglichen personalen Begleitung mit zusätzlichen Zeitgefäßen (z.B. für Fort- und Weiterbildungen).
- Soziale Organismen können sich nur langsam wandeln; Forschheit bewirkt Brüche, Verwerfungen, Widerstände. (Staats-)Schulreformen sind demgemäß langwierige Prozesse (248). So sind Reformbereitschaft und -fähigkeit des Regelschulwesens durch eine Vielzahl von Faktoren – Organisationsformen und Strukturen, Ausstattung (räumlich, zeitlich, materiell, personell, finanziell ...), Zielvorgaben (Lehr-/Lernpläne), durch Tradition und Identitätsviskosität beschränkt (246)
- Verschiedentlich erfolgten die Inklusions-Bestrebungen in einem Zeitpunkt, zu welchem das Regelschulsystem bereits durch die allgemeinen gesellschaftliche Wandlungen (Traditionsbrüche, Migration, neue Unterrichtstechnologien, gewandelte Lehrplananforderungen und Unterrichtsinhalte, diverse sozialpädagogische Zusatzaufgaben etc.) arg strapaziert wurde (248f)
- Die im Zuge der P.L. 94-142 forcierten Integrationsbestrebungen hatten „eine explosionsartig gestiegene Zahl der Kinder mit „specific learning disability", ein „mushrooming of special education services" (260) zur Folge (316). Förderangebote hatten offensichtlich die Bandbreite der Normalität in den Normal-Klassen verschmälert (261, 317)
- Der inklusionistische Vorschlag, die für behinderte Schüler ad personam erbrachten Sonderleistungen künftig im Interesse einer verbesserten Förderung aller Schüler dem ganzen Schulsystem zukommen zu lassen, weckte Befürchtungen des Inhalts, behinderte Kinder könnten mit dem Behindertenstatus zugleich der persönlich adressierten Kostengutsprache für eine spezifizierte Förderung verlustig gehen
- Dazu kamen seit der Reagan-Ära sowohl von Regierungsseite als auch aus Kreisen der Elternschaft, Forderungen, das Leistungsniveau der Regelschulen anzuheben und regelmäßig überprüfen zu lassen, wodurch selektive Tendenzen verstärkt wurden. Die Konzentration auf „equity" hatte nämlich den Verdacht genährt, diese sei mit eine Ursache der sinkenden Leistungsfähigkeit der Schulen und Schüler (257f, 281)
- Integrierte Schüler waren fortan auch von derartigen Regelschulreformen tangiert (320), und die sog. „excellence"-Bewegung hatte den (schul)systemischen Nebeneffekt, dass mehr Schulleistungsschwache als „Behinderte" identifiziert wurden und / oder Leistungsstarke in leistungsorientierte Privatschulen abwanderten (305), wodurch sich die Gräben zwischen Regel- und Sonderpädagogik verbreiterten
- Die auf den Grundlagen von P. L. 94-142 erreichten Reformresultate sind nach Jülichs Einschätzung insgesamt enttäuschend (307). Es gelang auch nicht,

die Barrieren zwischen Regel- und Sonderpädagogik abzuschaffen (288). Am ehesten findet eine pragmatische Handhabung des „least restrictive environment"-Konzepts (so wenig Sonderung wie möglich, 312) in Verbindung mit „tailor-made" (maßgeschneidert flexiblen) Integrationsmaßnahmen Anerkennung Integration und Inklusion lassen sich *nicht* oder *nur* erzwingen!

4. Skeptische Näherung

4.1 Pädagogische Perspektiven
Dass auch eine aufgeklärt, gar wissenschaftlich!, sein wollende Pädagogik immer wieder und von Neuem Mythen (der „Gemeinschaft" in den 1920er, des „Völkischen" in den 1930er, der „Gesellschaft" in den 1970er, der „Solidarität" in den 1980er Jahren), seifenblasengleich, aufpustet, könnte mit ihrer theologischen Herkunft zu tun haben, auf Grund derer man sich nicht zufrieden geben mag mit „Erde auf Erden" (Marquard 1995, 27) in banaler Alltäglichkeit, sondern mit entsprechendem Zungenschlag Enderlösungen in Richtung „Himmel auf Erden!" visioniert (Kobi 2000; Reichenbach 2004).

Speziell die deutsche, hauptsächlich in Idealismus und Romantik wurzelnde Pädagogik, lässt Pädagogen mit epochaler Regelmäßigkeit auf Heilspfaden fürbass gehen: Sei's mit der Klampfe in der Hand oder dem geschulterten Spaten über blondem Schopf und braun gebrannter Männerbrust, sei's lang geschweift und kachektisch-dröge im Hippielook. Und immer wieder gerät auch die Heilpädagogik: sei's leicht scharlatanhaft à la J. J. Guggenbühl (1816-1863), dem vorgeblichen Heiler der Kretinen auf *Heilungs-*, sei's ekklesial mit dem Freiburger Priester-Heilpädagogen Linus Bopp (1887-1971) auf *Heils*pfade (Kobi 1999b).

Chiliasmus mit gestufter Enderlösung in der Perspektive war desgleichen – bei allen inhaltlichen Divergenzen! – eine kräftige Triebfeder sowohl des faschistischen als auch des kommunistischen Menschheitsbeglückungseifers, und die „Treue zum Mythos" (Friedländer) hat im Herzen Europas ihr lebendigstes Ressort (Kobi 2000).

Pädagogik muss zweifellos über sich hinaus fühlen, denken und handeln, hat sie doch etwas vor mit ihrem Zögling. Pädagogik benötigt Zielvorstellungen und Ideale und so auch immer wieder eine zeitgemäße Geschichte vom guten Menschen, der lebenslang lehrend und lernend um eine bessere Welt ringt. Auch eine konservative oder gar restaurative Pädagogik lebt aus Zukunftsbezügen, indem sie danach strebt, Zukunft als fortgesetzte Gegenwart bzw. als Wiederbelebung einer „Guten alten Zeit" zu gestalten. Wer der Pädagogik die Zukunft nimmt, zerstört sie in ihrem Wesenskern.

Weder einzelne Mythen noch eine „mythische Ontologie" (Bargatzky 1997, 36f, passim) sind daher in toto als irrational abzulehnen oder als erfahrungslos zu disqualifizieren. Sie sind jedoch als solche zu orten und zu identifizieren sowie von einem dualistischen Wissenschaftskonzept zu unterscheiden. Dies spätestens dann und da, wo die (cartesianische) Trennung von Begriff und Gegenstand in Wortmagie, Teil und Ganzes in Totalität, Innen und Außen in eine unio mystica verschwimmen und allein noch Visionen realitätsbestimmend werden.

4.2 Versäuberte Welt
Gefährlich, mitunter existenzbedrohlich wird die Lage, wenn Pädagogik sich mit der Rute in der Hand auf die Suche nach der Blauen Blume macht, Don Quixote den Sancho Pansa verlässt und die Missachtung von Vergangenheit und Gegenwart sich im transzendentalen Wahn zur aktiven Zerstörung des geschichtlich Gewachsenen und Hiesigen steigert.

Auch Euthanasie und Eugenik unseligen Angedenkens waren in ihren Anfängen im 19. Jahrhundert zunächst Produkte der Euphorie ob der schönen, neuen Welt, die zu erschaffen man sich, züchtig züchtend, anheischig machen wollte. Ihnen zu Gevatter standen durchaus nicht Hass und Mordlust, sondern Dekadenzängste (Herman 1998), Höherentwicklungsstreben, Säuberungswille und unablässig der perfektionierte Mensch (Kobi 2002).

Vor der Enderlösung steht denn auch regelmäßig die Vernichtung der miesenfiesen Gegenwart an: der Feinde und Widersacher, der Lästerer und Skeptiker, der Kulturhindernder und Volksschädlinge. Erst ist das Böse zu benennen, begrifflich zu bannen und auszurotten, bevor man sich durch die Inklusion der Willigen auf Noahs Arche vor dem Untergang zu retten anschickt oder an die Installation des Paradise now! machen kann. So bereits bei Jesaja und seinen zahllosen spätern Visionsverwandten. An der Paradiesespforte ist sodann die neue Carte d'identité vorzuweisen: Jesajas Stroh fressender Löwe firmiert nun als Mähnenrind, und die Natter ist zur Blindschleiche entgiftet.

Hier finden denn auch die vorerwähnten Stufenlehren Platz und Bedeutung, wie sie auch innerhalb der Inklusionsideologie – ohne epochalen, kontextuellen Bezug und unter Missachtung der jeweils hoch kontingenten, kulturabhängigen Verhältnisse – simplifiziert herumgereicht werden: Exklusion → Selektion → Integration → Inklusion bis ins Elysium einer → „Allgemeinen Pädagogik" (vgl. Hinz 2003; Sander 2004), wiewohl eine solche dortselbst eigentlich verzichtbar sein müsste.

4.3 Egalitäre Verschiedenheit
Inklusionismus geht von der trivialen Feststellung aus, dass Menschen – und so auch Kinder in ihrer Rolle als Schüler – verschieden sind. Es ist normal, verschieden zu sein! Ja. Allerdings hat Verschiedenheit unterschiedliche Qualitäten: Die Verschiedenheiten von „existenzbedrängend arm" und „luxuriert reich", von „Lebensqualität beschränkend behindert" und „beschwerdefrei nicht behindert" auf die Stufe artüblicher Verschiedenheit von Blau- und Braunäugigkeit

z. B. zu stellen, entbehrt daher nicht eines naiven Zynismus. Kommt dazu, dass die distanzierende Verschiedenheit von einem Behinderten hin zu einem Nichtbehinderten wesentlich andere Ausmaße und Gewichte haben kann als in umgekehrter Richtung.

Pädagogischer Egalitarismus vermag sich denn auch nur nach der paradoxen Maxime jenes „Wunderlandes" von *Lewis Carroll* (1865) auszurichten, in das sich *Alice* verirrte: „*Everybody* has won, and all must have prizes", wodurch diese von vorneherein zunichte gemacht werden.

4.4 Kategoriale Dekategorisierung

Da alle Menschen, qua Menschen, je den gleichen Wert verkörpern, verbietet die Inklusionsdoktrin, Verschiedenheit zum Anlass zu nehmen, Menschen z. B. nach Behinderungsart zu kategorisieren und dies schon gar nicht mit Blick auf eingeschränkte Leistungs- und Lernfähigkeit. Kategorisierungen, wie sie die traditionelle (differenzielle!) Heilpädagogik – wie sämtliche Wissenschaften! – vornimmt und wie sie dieser für spezialisierte Bildungsbemühungen um Blinde, Taube, Idioten, Krüppelhafte, Sprachgestörte ... seit je auch zugeschoben wurden (Kobi 2004) – sind zu „überwinden". In *Jesse'*scher Manier wird in weiterer Perspektive die randlose Gesellschaft restlos stigmafreier Unbenachteiligter angestrebt. „Behindertsein ist schön!", „Geistig Behinderte gibt es nicht!", „Celebrate diversity!", „Wir alle sind behindert!" so die Interjektionen der Verzückung im Ausblick auf das belobigte Land. Derweil freilich, nach Abschaffung traditioneller Behinderungskategorien, im dialektischen Gegenschlag, Diagnostikern zeitgleich globale Verortungssysteme von DSM- über ICD- bis hin zu ICF-Checklisten aufs Auge gedrückt werden (Kobi 2006b).

4.5 Homogenisierte Heterogenität

Das inklusive Egalitätsprinzip verbietet desgleichen Differenzierungen nach (homogenisierten) Leistungsgruppen, wie sie die (säkularisierte) Staatsschule im Zuge der allgemeinen Schulpflicht aus dem 19. Jh. heraus und vornahm und damit frühere Gliederungen (nach Ethnie, Stand, Geschlecht, Konfession, Beruf ...) in den Hintergrund drängte.

Inklusivität lehnt nicht nur behinderungsspezifische Sonderinstitutionen und nach individuellem Förderbedarf kategorisierende Integrationsbemühungen ab, sondern auch das sich am Alter der jeweiligen Schülerschaft orientierende dreigliedrige (Eingangsstufe – Sekundarstufe – Abschlussstufe) Regelschul-System. Angestrebt wird „Eine Schule für alle!". Inklusionismus gibt vor, diese als „bereichernd" (wen?) gelobte Heterogenität allein binnenorganisatorisch und didaktisch-methodisch dadurch bewältigen zu können, dass die Lehrkräfte sich auf die Funktion „limnaler Assistenz" (Kobi 1999a), d. h. im mainstream mitfließender Begleitpersonen beschränken: zumal ja auch die Hierarchie zwischen Lehren und Lernen zu minimieren ist (Abschnitt 4.6). Die dazu in Vorschlag gebrachten vagen Konzepte und „alternativen" Lehrformen sind allerdings altbekannte Usanz „Peer collaboration" und „Peertutoring" (Biewer 2005, 104) z. B. tönt zwar betörend modern, wurde de facto jedoch schon von Pestalozzi unter seinen Waisenkindern in Stans praktiziert (Stanserbrief 1799) und ist jedem Lehrer, der einmal an einer Dorfschule unterrichtete, bekannt.

Vielleicht kommt hier *in concreto* aber auch jene „Inkompetenzkompensationskompetenz" zum Zuge, „die unterwegs ist vom Fachidioten zum integrierten Gesamtidioten", wie Marquard (1991, 23ff, 34), unter Missachtung geziemender pedagogiocal correctness, unschön sagt.

Homogenität und Heterogenität sind keine Werte „an sich", sondern Strukturen und Verteilungen. Völlige Homogenität bzgl. schulisch relevanter Ressourcen und Potenzen ist weder psychologisch erreichbar noch pädagogisch erstrebenswert. Extreme Heterogenität andrerseits verunmöglicht oder zerstört kommunikatives Lehren und Lernen. Kohärentes Lernen erfordert sowohl einen Rahmen, als auch ein interpersonelles Gefälle. Das Verhältnis von Homogenität und Heterogenität ist demzufolge situationsgemäß zu optimieren und permanent zu justieren.

Ideell gepriesene Heterogenität wird de facto denn auch quantitativ via reduzierte Schülerzahlen pro Klasse in Grenzen und qualitativ durch extreme Homogenisierung in Form ambulanter Einzelförderung in Balance gehalten. Diese affirmative „Institutionalisierung der Dissimulation" (Fuchs 2002) erweist sich nicht nur als systemerhaltend (a. a. O.), sondern sogar – wie unentwegt wachsende integrations-begleitende „Sonderbedürfnisse" therapeutischer und schulischer Art zeigen (Sturny 2004; u. v. a.) – als ausgesprochen systemfördernd. – Wo die Dissimulation nicht gelingt, können auch Schulausschlüsse die Folge sein (Biewer 2005), womit sich der Staat aber offensichtlich aus seiner Schul(ungs)-pflicht stiehlt und gepredigte Integrations- / Inklusionskonzepte ad absurdum führt. Überstrapazierte Heterogenität kann überdies eine integrierte lern- und sozialpsychologische Vereinsamung einzelner Schüler zur Folge haben (Biewer, 2005), womit dann tatsächlich eine ‚Privatisierung' des Lernens stattfindet, die (politischer) Inklusionismus programmatisch zu überwinden trachtet. Liegt doch die viel beschworene Gemeinsamkeit eines „gemeinsamen Lernens" nur randlich im Umstand, dass wir demselben Kollektiv angehören und nur indirekt darin, dass wir uns, (wie Feuser immer wieder betont, z. B. 2005) mit dem gleichen (was ja nicht gleich bedeutend ist mit demselben!) Gegenstand beschäftigen, sondern darin, dass wir uns „dialogisch" in etwa demselben Lern-Setting und -prozess auf einem vergleichbaren Interessen-, Motivations- und Lernniveau auszutauschen vermögen.

4.6 Autokratische Demokratie
Politisch argumentiert Inklusionismus gerne mit dem Begriff der Demokratie und übersieht dabei, dass eine Einheits-Schule kein demokratisches Gebilde mehr wäre, das sich wesensmäßig aus Vielheiten, auch gegensätzlicher Art, zu-

sammensetzt. Dasselbe gilt bezüglich der über dieser Einen Schule schwebenden „Allgemeinen Pädagogik" (sensu Feuser 2005), die sämtliche Partial-Pädagogiken in sich aufsog und als Mandatärin in eigenem (?) Auftrag waltet. Es gehört allerdings zur Crux einer Demokratie, dass sie die Freiheit und die Eigenwilligkeit *auch der Andern*, (die auch die Andern bleiben wollen), ins Bedenken zu nehmen und zu schützen hat. „Celebrate diversity!" Ja, aber bitte auch die Meinige! Freiheitlich angelegte demokratische Strukturen vertragen sich nicht mit ekklesialen Alleinseligmachungsansprüchen. Inklusivismus verheddert sich andererseits im eigenen Seemannsgarn, wo er, um der Demokratie willen, auch komplementäre Exklusivität anerkennt oder, in Demokratur umschlagend, Ungläubige diffamiert, diskreditiert (vgl. z. B. Ziemen 2004) und – horribile dictu! – exkludiert.

Missbrauch wird desgleichen mit der Bezeichnung „legitim" getrieben: Differenzierungen, Kategorisierungen, Leistungsvergleiche, Sonderklassen, Diversifikation von Schultypen ..., so die flapsige Behauptung, seien „nicht legitim", zu deutsch: „unrechtmäßig" (so z. B. bei Hinz 2003a). Legitim ist in einer Demokratie jedoch allein ein durch den Souverän (diesfalls das Volk) zum Gesetz erhobenes (legalisiertes) Tun und Lassen. So im konkreten Fall ein mehrheitlich gutgeheißenes (gegliedertes) Schulsystem. Die in der Literatur genannten Integrations-Quoten von 5-10 Prozent nehmen sich nach mehr als dreißig Jahren lautstarken Integrationismus' denn auch recht bescheiden aus. Schulen sind Orte gemeinsamen (strukturierten, programmatischen) Lehrens und Lernens –, und nicht bloß Ansammlungen von Personen, die egozentrisch je nach Gusto, Tempo, Programm, Interesse, Thema, Anspruchsniveau, aktueller Disponiertheit und in Ausrichtung auf individuelle Bedürfnisbefriedigung nebeneinander her lernen. Sie sind kennzeichnet durch gesellschaftlich und kulturell verbindliche Lehr- und Lernziele –, und keine exklusive (!) Privatangelegenheit. Eine exklusive Pädozentrik, wie sie auch Salamanca (1994) vertritt, ignoriert, dass Erziehung und Bildung – sei's einem afrikanischen Kral oder in Eton, im antiken Gymnasion oder in einer sowjetischen Produktionsschule – stets einer gesellschaftlichen und ideellen Trägerschaft bedarf und dass Pädagogen in geschichtlicher Tradition daher praktisch durchweg als Kulturbeauftragte eines um seine Fortexistenz bemühten Gesellschaftssystems amteten: eines Stammes, eines Clans, einer Kirche, eines Staates ... (Kobi 2002), die denn auch auftragsgemäße Transfer-Leistungen erwarten. In einer modernen Demokratie mit kulturell unterschiedlichen, teils sogar konträren Erwartungen sind daher entsprechend viele Varianten von Schule zuzulassen: inklusive und exklusive, integrative und separative sowie partielle und passagere Mischformen hiervon. Schulen sollen „Attraktoren" (Anziehungspunkte) sein, Biotope, die um ihrer artgemäßen (diesfalls zweifellos human kindgemäßen, aber auch ideell und kulturell stimmigen) Lebensqualität wegen aufgesucht werden. Der Frosch im Einweckglas ist eingebracht, inkludiert, jener im Biotop zugewandert, attachiert. Ein Inklusions-Konzept, das nicht in den Ruch einer „Totalen Institution" geraten will oder aber, auftragsgemäß, ein Gefängnis betrifft, hat stets auch die Möglichkeit zur Selbst-Exklusion offen halten. Eine umfassende Realisation von Inklusion ist dann allerdings nicht mehr allein vom ungehinderten Zugang Aller zur Einheitsschule, sondern auch vom Verbleib Aller in der „Schule für alle" abhängig. Schule bedarf, gerade für Behinderte, der Wahl- und Wechselmöglichkeiten.

4.7 Ungedeckte moralische Checks (Berührungen) und Checks (Wechsel)

In prioritär ökonomisch orientierten kapitalistischen Gesellschaftssystemen etablierte sich im und gegenüber dem Sozialbereich die „Capping"-Methode, wie sie bereits im Zuge der us-amerikanischen Reaganomics praktiziert wurde (Kuhse / Singer 1985; 1993, 54, 235; Jülich 1996). Diese besteht in der gleichzeitigen oder nachträglichen Deckelung der zur Realisation offiziell propagierter ethischer Standards erforderlichen Mittel. Capping hat unter dem Einfluss ökonomischer Doktrinen auch in unsern Schulen Schule gemacht:

Die Verordnung zum neuen Volksschulgesetz des Kanton Zürich, das 2006 / 2007 in Kraft treten soll, sieht eine „Plafonierung" für sonderpädagogische Therapien vor. „Auf der Vorschulstufe sollen danach höchstens 15 Prozent der Kinder eine Therapie erhalten, auf der Primarschulstufe sind es 12 und auf der Sekundarstufe 2 Prozent" (ZS Tagesanzeiger, Zürich vom 27.07.2005). Ähnlich Basel-Stadt (Lerch 2005) und andere.

Da Forderung und Kappung meist an voneinander abliegenden Stellen und Stufen des politischen Systems, zu verschiedenen Zeiten und Anlässen (Wahlpropaganda vs. Etatberatung) und überdies durch verschiedene Politrepräsentanten erfolgen, ist das Manöver aus dem Blickwinkel einer konkreten Praxis auf Anhieb oft nicht zu durchschauen: Als modern, fortschrittlich, menschenwürdig, als Standortvorteil unverzichtbar ... geltende Schul- und Sozialreformen werden resolutioniert, offiziell propagiert, von Vollzugsorganen auch gefordert und kontrolliert –, die damit verbundenen Kosten jedoch nicht budgetiert oder an anderer Stelle eingespart, in Aussicht gestellte Spenden nicht frei gegeben, Personalbestände nicht aufgestockt, zusätzliche Raumbedürfnisse und Zeitgefäße nicht anerkannt, erfolgreiche Pilotprojekte nicht in Usanz überführt ..., was insgesamt dann den so genannten „Reformstau" zur Folge hat. Das zwar handlungsverantwortliche, aber nicht handlungsfähige „Bodenpersonal" gerät durch die Paradoxie – „Wir fordern die Einhaltung höchster Ansprüche, versagen jedoch die dazu notwendigen Mittel!" – in eine enervierende Zwickmühle, die ihrerseits zu lähmender Katatonie und innerer Kündigung führen kann (dazu auch Ortmann 2003). Wird's deswegen politisch mal eng, kann ja ein weiteres „ergotherpeutisches" Pilotprojekt in Auftrag gegeben werden ...

Die Ausgangsfrage hat unter dem zeitgeistigen Ökonomismus ehrlicherweise denn auch nicht mehr idealistisch-ethischer, sondern ökonomischer Art zu sein: Wieviel möchten Sie denn auslegen für eine anspruchsvollere Ethik? – Was darf die umzusetzende Moral kosten? Und: Auf wessen Kosten darf sie kosten? –

Und schließlich politsystemisch konkret: Soll der artgerechte (diesfalls humane) Ausbau des Altenheims in X zurück gefahren werden zugunsten des Qualitäts-Rasens im Fußball-Stadion selbigen Orts?
Ohne Wechsel keinen Wechsel!

Inklusion inkludiert somit zwangsläufig auch „stachelschweinische Widersprüche": So ist leistungs- und normorientiertem, fachspezifischem Lernen eine permanente Progression durch Selektion inhärent.
Sprachschulen z. B. pflegen ihr Klientel seit je via Eingangstests in den für den Einzelnen optimalen Niveau-Kurs einzuweisen. Dasselbe gilt für den sich nach Effektivität und Effizienz ausrichtenden Weiterbildungsbereich.
Nicht zu reden vom Sportgeschehen, wo (Dis-)Qualifizierungen, Ausscheidungen, Ligen-Bildungen, Wettkämpfe, Ranglisten, Siegerehrungen mit Treppchensteigen und der belobigenden Vergabe imposanter Trink- und Essgeschirre an der rings applaudierten Tagesordnung sind –, die menschenfreundliche Integration eines Drittligisten in die Nationalliga hingegen einen Proteststurm auslösen würde.

Dies hat, wie bereits bei Integrationisten so neuerdings auch bei Inklusionisten, eine ambivalente Haltung einer pleonastisch so genannten „Lernschule" gegenüber zur Folge: Einesteils gilt ihnen fortgesetzter Wettbewerb und Konkurrenzverhalten als unsittlich, readiness-orientierte Forderung/Förderung als ausbeuterisch –, auf der andern Seite wird dennoch mit dem Argument gefochten, inklusive Schul- und Unterrichtsmodelle würden zur Steigerung der Leistungsfähigkeit beitragen (Biewer 2005; Sander 2001; u. a.).
Unklar bleiben schließlich Umfang und Nachhaltigkeit der Inclusio. Meist ist nur vage von einer „Allgemeinen Schule" die Rede, von „möglichst langer gemeinsamer Beschulung" (Biewer 2005, 101), von deren mainstream sich dann aber doch eines Tages die sidestreams der Höheren Schulen selektiv verabschieden. Die Einbehaltung der Schwachen findet ihr Komplement offenbar in der Auslese der Starken. Nicht einmal die utopische Total-Inklusion reicht jedenfalls bis in die universitären Gefilde ihrer dort ansässigen Fürsprecher, (die eifersüchtig über die nachhaltige Einhaltung der Diskrimination von C3- und C4-Professuren wachen!). Desgleichen liegt nicht allein die Vision einer „Schule für Alle!", sondern auch jene von Sport-Gymnasien und Elite-Universitäten im roten Bereich des ideologischen Bildungsspektrums. Was in concreto erneut bedeutet: Nicht: Eine Schule für Alle! Sondern: Alle Schulen für Einen!

Literatur

Arbeitsgemeinschaft für Rehabilitation und Entwicklungszusammenarbeit an der Humboldt Universität zu Berlin: Inclusion oder auch Inklusion. Bauchdefinitionen, 2003, www.rezag.de (03.09.2005).

Bargatzky, T.: Ethnologie, Hamburg 1997.

Biewer, G.: „Inklusive Education" – Effektivitätssteigerung von Bildungsinstitutionen oder Verlust heilpädagogischer Standards?, in: ZS f. Heilpäd. 3, 2005, 101-108.

Feuser, G.: Von der Integration zur Inclusion, „Allgemeine (integrative) Pädagogik" und Fragen der Lehrerbildung, 2005, http://alf.zfn.uni-bremen.de/~gfeuser/texte/

Fuchs, P.: Behinderung und Soziale Systeme – Anmerkungen zu einem schier unlösbaren Problem, o. J., http://www.fen.ch/texte/ (08.09.2005).

Herman, A.: Propheten des Niedergangs, Berlin 1998.

Hinz, A.: Vom sonderpädagogischen Verständnis der Integration zum integrationspädagogischen Verständnis der Inklusion!?, 2003a, http://www.gew-nds.de/sos/Vortrag-hinz.doc. (09.09.2005).

Hinz, A.: Die Debatte um Integration und Inklusion, in: ZS Sonderpäd. Förderung 4, 2003b, 330-347.

Hinz, A.: Entwicklungswege zu einer Schule für alle mit Hilfe des ‚Index für Inklusion', in: ZS für Heilpäd. 5, 2004, 245-249.

Hinz, A.: Inklusion – mehr als nur ein neues Wort?, 2005, http://www.gemeinsamleben-rheinpfalz.de pdf. (28.08.2005).

Jülich, M. (1996): Schulische Integration in den USA, Bisherige Erfahrungen bei der Umsetzung des Bundesgesetzes „Public Law 94 – 142" – dargestellt anhand einer Analyse der „Annual Reports to Congress", Bad Heilbrunn 1996.

Knauer, S.: Zu einem integrationspädagogischen Aufgabenverständnis und erforderlichen Ausbildungsschwerpunkten, 2005, http://www.kiwif.de; Vorträge (14.09.2005).

Kobi, E. E.: Zukunft der Heilpädagogik – Heilpädagogik der Zukunft, in: Sturny, G. et al.: Zukunft Heilpädagogik, Luzern 1999a.

Kobi, E. E.: Heilpädagogisch-theologisches Denken, in: Blickenstorfer, J. / Dohrenbusch, J.: Allgemeine Heilpädagogik, Luzern 1999b.

Kobi, E. E.: Der Plan von der Abschaffung des Dunkels, in: Bürli, A.: Voneinander lernen, Luzern 2000.

Kobi, E. E.: Die Verbesserung des Menschen: Auftrag und Versuchung für die Pädagogik, in: Mürner, C. (Hrsg.): Die Verbesserung des Menschen – Von der Heilpädagogik zur Humangenetik, Luzern 2002.

Kobi, E. E.: Grundfragen der Heilpädagogik, Berlin 2004.

Kobi, E. E.: Sprachmatt!?, in: Gruntz-Stoll, J.: Verwahrlost, beziehungsgestört, verhaltensoriginell, Bern 2006a.

Kobi, E. E.: Skeptische Diagnostik, 2006b [im Druck].

Kuhse, H. / Singer, P.: Muss dieses Kind am Leben bleiben?, Erlangen 1985; 1993.

Lerch, B.: Sonderpädagogische Maßnahmen Basel-Stadt 1994-2004 (Diplomarbeit, Institut für Spezielle Pädagogik, Basel) 2005.

Liesen, C. / Felder, F.: Bemerkungen zur Inklusionsdebatte, in: ZS Heilpädagogik online Nr. 3, 2004, 3-29.

Nipkow, K. E.: Menschen mit Behinderung nicht ausgrenzen! Zur theologischen Begründung und pädagogischen Verwirklichung einer „Inklusiven Pädagogik", in: ZS f. Heilpäd. 4, 2005, 122-131.

Ortmann, G.: Regel und Ausnahme, Paradoxien sozialer Ordnung, Frankfurt a. M. 2003.

Pörksen, U.: Plastikwörter, Die Sprache einer internationalen Diktatur, Stuttgart 1992.
Preuss-Lausitz, U.: Entwicklungslinien und Zukunftsperspektiven der Integrationspädagogik, in: ZS Sonderpäd. Förderung 1, 2005, 70-80.
Reichenbach, R.: Aktiv, offen und ganzheitlich. Überredungsbegriffe – treue Partner des pädagogischen Besserwissens, in: ZS parapluie, Elektronische Ztschr. Kulturen – Künste – Literaturen, Nr. 19, 2004 (http://parapluie.de/archiv/Worte/paedagogik/).
Reiser, H.: Vom Begriff Integration zum Begriff Inklusion, in: ZS Sonderpäd. Förderung 4, 2003, 305-312.
Renner-Institut: Get on Board: Mehr Chancen für Menschen mit Behinderungen in Ausbildung und Beruf, Bericht zur Diskussionsveranstaltung vom 19.11.2003, Wien, http://www.renner-institut.at (03.09.2005).
Sander, A.: Von der integrativen zur inklusiven Bildung, http://www.bidok.uibk.ac.at/library/sander-inklusion.html, 2001.
Sander, A.: Von der Integrationspädagogik zur Inklusionspädagogik, in: ZS Sonderpäd. Förderung 4, 2003, 13-329.
Sander, A.: Konzepte einer Inklusiven Pädagogik, in: ZS für Heilpäd. 5, 2004, 240-244.
Schega, M.: Inklusion als Konzept, 2004, http://www.lehrer-online.de/url/inklusion (07.09.2005).
Schultz Stout, K.: Special Education Inklusion, http://www.weac.org, 2001.
Schweiz. ZS für Heilpäd.: Sonderheft Standards, Luzern 2004, Juli/August.
Stichweh, R.: Inklusion / Exklusion, funktionale Differenzierung und die Theorie der Weltgesellschaft, http://www.uni-bielefeld.de/soz/iw/pdf/stichweh_6.pdf, 2005.
Sturny, G.: Wenn Schule Heterogenität wegorganisiert, http://www.luzern.phz.ch, 2004.
Tervooren, Anja: Pädagogik der Differenz oder differenzierte Pädagogik?, in: Fritzsche, Jutta et al. (Hrsg.) Dekonstruktive Pädagogik, Opladen 2003, 201-216.
UNESCO: Die Salamanca-Erklärung und der Aktionsrahmen zur Pädagogik für besondere Bedürfnisse, angenommen von der Weltkonferenz „Pädagogik für besondere Bedürfnisse: Zugang und Qualität", Salamanca, Spanien, 7.-10. Juni 1994.
Ziemen, Kerstin: Inklusion: Herausforderung an Schule, Gemeinschaft und Gesellschaft, http.//bidok.uibk.ac.at/library/ziemen-inklusion.html, 2004.

Judith Hollenweger
Der Beitrag der Weltgesundheitsorganisation zur Klärung konzeptueller Grundlagen einer inklusiven Pädagogik

1. Einleitung

Inklusive Pädagogik hat eine gesellschaftliche Vision: die Schule soll gut und gerecht sein und keine Kinder mehr ausgrenzen. Die Sprache der Inklusion ist die Sprache internationaler und insbesondere europäischen Deklarationen und Aktionspläne, die den heutigen Marginalisierungstendenzen in zunehmend pluralistischen und ökonomisch geprägten Gesellschaften entgegenwirken wollen. Da ist die Rede von sozialer Kohäsion, Partizipation, Chancengleichheit, Nachhaltigkeit; und der Bildung wird in der Sicherung dieser sozialen Ziele eine wichtige Rolle beigemessen. Es erstaunt deshalb wenig, dass angesichts der offensichtlichen Diskriminierungstendenzen unserer Bildungssysteme die Frage nach sozialer Gerechtigkeit von Bildungsangeboten und -prozessen heute intensiv diskutiert wird.[1] Soziale Gerechtigkeit muss von der Gesellschaft gewährleistet werden; sie ist ein öffentliches Gut. Es wäre unsinnig, nur einzelne Menschen dafür verantwortlich zu machen, dass sie andere sozial gerecht behandelt oder selber gerecht behandelt werden. Es ist deshalb einsichtig, dass inklusive Pädagogik sich vor allem für Systeme interessiert – mit der Vision, diese zu verändern.

„Inklusion" will jedoch nicht nur Vision sein, sondern auch ein neues Paradigma zur Analyse gegenwärtiger Verhältnisse und die Grundlage für umfassende Reformprogramme. Von der gesellschaftlichen Vision zu einer wissenschaftlichen Theorie ist es allerdings ein weiter Weg und deren Umsetzung in praktische Maßnahmen alles andere als trivial (vgl. Armstrong 2005). Bis heute fehlen gemeinsam geklärte konzeptuelle Grundlagen, auf denen die unterschiedlichen Vorstellungen, Modelle und Begriffe sichtbar gemacht werden könnten. Die bisherigen Beiträge der verschiedenen Vertreter und Vertreterinnen einer inklusiven Pädagogik haben hierzu leider kaum einen Beitrag geleistet. Den heutigen Stand der Arbeiten fasst Wilson wie folgt zusammen: „Unfortunately, almost all of this is either vacuous or mistaken, where it is intelligible at all"

---

[1] vgl. hierzu etwa dem Thema „Social Justice" gewidmete Sondernummern der Zeitschriften „International Journal of Inclusive Education" (Vol. 5, Nr. 2 – 3, 2001), „British Educational Research Journal" (Vol. 31, Nr. 4, 2005), „Equity & Excellence in Education" (Vol. 38, Nr. 3, 2005) oder „International Review of Education (Vol. 52, Nr.1, 2006).

(2000, 298).[1] Eine vertiefte Auseinandersetzung mit den zu klärenden Fragestellungen führt zur Einsicht, dass man bei der Einführung einer inklusiven Pädagogik mit einigen schwer zu lösenden Problemen konfrontiert wird (vgl. Dyson 2001, Norwich 2002, Wedell 2005).

Insbesondere drei Fragenkomplexe sind noch immer ungeklärt:
(1) Soll die Gruppe der behinderten Kinder jetzt eine besondere Zielgruppe sein oder nicht? Gibt es Kategorien von Kindern und Jugendlichen, welche besonders von Ausschluss und Marginalisierung bedroht sind? Oder können wir uns damit begnügen festzustellen, dass das Besondere auch normal und jeder Mensch etwas Besonderes ist? Wen haben wir im Blick, wenn wir uns eine inklusivere Schule wünschen? Welche Unterschiede zwischen Schülerinnen und Schülern nehmen wir wahr und wie argumentieren wir bezüglich der Verursachung dieser wahrgenommenen Differenz? Das Problem, das sich uns hier stellt, ist folgendes: je stärker man sich auf das konzentriert, was Lernende gemeinsam haben, umso mehr übersieht man, was sie unterscheidet und je mehr man sich auf die Unterschiede konzentriert, umso eher vergisst man, was Lernende gemeinsam haben. Laut Cremin (2005) liegt bereits im Vergleich zwischen Schülerinnen und Schülern die Ursache für Differenzierung und Segregation. Doch bringt somit die absolute Gleichheit auch die absolute Gerechtigkeit? Oder ginge es nicht darum, die von uns starr gedachten Kategorien aufzulösen – soweit, dass jedes Kind nur noch seine eigene Kategorie – seine Person – ist?
(2) Sollen einzelne Schülerinnen oder Schüler eine besondere Unterstützung erhalten oder genügt es, eine gute Schule für alle zu gestalten? Sind die Maßnahmen beim Kind oder beim System anzusetzen? Ist die Grundprämisse, dass jede gesonderte Maßnahme ein sozialer Ausschluss sein muss in dieser Verkürzung haltbar? Dahinter steckt ein tiefer Glaube, dass die bloße Anwesenheit des „Andersartigen" und die dadurch erwirkte Auseinandersetzung mit diesem die notwendigen Prozesse der Akzeptanz, Unterstützung und Ermächtigung ermöglicht. Sollen wir den betroffenen Kindern zusätzliche Maßnahmen und spezifische Unterstützung anbieten oder ist gerade dieses Angebot diskriminierend? Doch wenn eine Schule zu jedem Zeitpunkt allen Bedürfnissen gerecht werden will, bietet sie dann noch einen gemeinsamen Rahmen für die Bildung aller? Kann ein Bildungssystem gleichzeitig absolut individualisierend und inklusiv sein[2]? Oder ginge es nicht darum, ein differenzierteres Bild davon zu erhalten, wo Partizipation höher gewertet werden muss und effizienter ist als individuelle Sonderangebote?
(3) Bereitet man Kinder und Jugendliche mit Behinderungen unter der Perspektive zukünftiger Inklusion in die Gesellschaft auf die kompetitive, konsum-

---
[1] Leider ist das meiste davon entweder nichts sagend oder falsch, wenn es überhaupt verständlich ist (Übersetzung der Autorin).
[2] additionality for the individual child vs. inclusivity of the system, vgl. Norwich (2002, 492f.).

orientierte und auf perfektem Funktionieren des Individuum aufbauende Welt der Erwachsenen vor oder lässt man sie im Kontext schützender Beziehungen und einem von sozialer Gerechtigkeit geprägtem Umfeld partizipieren? Können wir sicher sein, dass wen behinderte Kinder inkludiert sind, alle gut für sie wird als Erwachsene? Wissenschaftlich diskutiert werden diese Fragen heute nicht, vielmehr werden implizite Schuldzuweisungen vorgenommen. Doch sind Lehrpersonen und ihre negative Einstellung wirklich für Marginalisierungsmechanismen des Schulsystems verantwortlich? Garantiert eine „Inkludierung" in einen bestimmten Kontext (Regelklasse) wirklich eine umfassende soziale Partizipation? Oder ginge es nicht viel eher darum, die Wirkung der Umweltfaktoren auf die Funktionsfähigkeit – und insbesondere auf die Partizipation – besser zu untersuchen und aktiv zu gestalten?

Inklusion ist das Programm, ja die Sehnsucht nach der Auflösung dieser Probleme: wie schön wäre es, wenn es eine Schule gäbe, die alle gleich wahrnimmt, behandelt, fördert und gleich gut auf das Erwachsenenleben vorbereitet. Leider gibt es im deutschsprachigen Raum bis heute noch kaum Beiträge, die sich nicht nur mit dem politischen Programm und der sozialen Vision, sondern auch mit der pädagogischen Realität in realen Gesellschaften auseinandergesetzt hätten. Ein wichtiger Grund dafür ist das Fehlen von wissenschaftlichen Begriffen, auf welche sich alle Vertreterinnen und Vertreter einer inklusiven Pädagogik einigen könnten. Die Anforderungen an eine neue Terminologie sind hoch: sie muss inklusiv sein – also keine besondere Sprache für Kinder mit Behinderungen haben, aber doch beweisen können, dass besondere Kinder und Jugendliche inkludiert sind. Sie muss die Sicht des Individuums und des Kontexts – zu dem auch die Lehrperson selber gehört – kohärent darstellen können; nicht nur mit Blick auf Mikrokontexte, sondern auch deren Interaktion mit Makrokontexten.

Die Internationale Klassifikation der Funktionsfähigkeit, Behinderung und Gesundheit (ICF, WHO 2001) ist das Ergebnis eines langen Klärungsprozesses, in dem diese drei Fragen von einem internationalen und interdisziplinären Team von Experten – in ständiger Auseinandersetzung mit verschiedenen Organisationen und Interessensgruppen – diskutiert und die notwendigen Grundbegriffe geklärt und definiert wurden. Die Frage nach der Konzeptualisierung menschlicher Eigenschaften oder Besonderheiten im Spiegel der für eine Gesellschaft bedeutsamen Dimensionen, kann an der Geschichte der ICF und der ICD-10 (Internationale Klassifikation der Krankheiten, WHO) nachgezeichnet werden.

Offizielle Dokumente, Deklarationen und Gesetzestexte sind Kulminationspunkte von Entwicklungsprozessen und machen Veränderungen in der Konzeption eines bestimmten Problems sichtbar. Die Entwicklung von der Absichtserklärung für die Herstellung von Chancengleichheit für Menschen mit Behinderungen (vgl. Standardregeln der Vereinten Nationen, 1993) hin zur Internationalen Klassifikation der Funktionsfähigkeit, Behinderung und Gesundheit illustriert, wie eine kollektive Vision zu einer gemeinsamen Sprache und diese zu einem wissenschaftlich verwendbaren Instrumentarium weiterentwickelt werden kann. Die ICF illustriert durch ihre Entstehungsgeschichte nicht nur die Entwicklung weg von kategorialen Zugängen zu Differenz, sondern bietet auch die Grundlage für ein neues Verständnis des Verhältnisses zwischen Individuen und Systemen, insbesondere bezüglich der Umwelt und ihrer Wirkung auf die Partizipationsmöglichkeiten einzelner Personen oder bestimmter Populationen. Die Entwicklungslinien hin zu einem neuen Verständnis von Behinderung, von Partizipation und von der Bedeutung der Umweltfaktoren sollen im Folgenden näher ausgeführt werden. Die während dieses langen Prozesses erfolgte Klärung der Begriffe und der Beziehungen zwischen diesen kann für eine Weiterentwicklung der inklusiven Pädagogik einen wichtigen Beitrag leisten.

2. Von einem kategorialen zu einem mehrdimensionalen Verständnis von Behinderung

Wo also liegen die Wurzeln der von der Staatengemeinschaft verabschiedeten heutigen Konzeption von Behinderungen und wie hat sich das Verständnis im Laufe der Zeit verändert? Gesellschaften und die Öffentlichkeit nehmen jene Dimensionen individueller Erfahrungen wahr, welche für sie relevant sind. Sie entwickeln einen öffentlichen Diskurs zu diesen Themen, verfolgen Entwicklungen und registrieren Veränderungen. Welche Informationen waren also früher und sind heute mit Blick auf Gesundheit, Krankheit und Behinderungen für Gesellschaften von Bedeutung? Heutige Gesellschaften beschäftigen sich mit den Kosten von Dienstleistungen und Angeboten im Gesundheitsbereich; mit Fragen zur gerechten Verteilung dieser und den Folgen von Gesundheitsproblemen auf die Lebensqualität von Einzelnen sowie mit der Gesundheit von immer älter werdenden Populationen. Im Zentrum stehen heute Fragen der Partizipation – doch wie war das vor hundert Jahren? Welche Aspekte der menschlichen Erfahrung waren damals für Gesellschaften von Bedeutung?

Im 19. Jahrhundert wuchs die Einsicht, dass die Ausbreitung von Infektionskrankheiten durch gesellschaftliche Maßnahmen kontrolliert werden kann. Ob jemand lebte oder starb wurde zu einer gesellschaftlichen Fragestellung, weil die verordnete Einführung bestimmter Praktiken Leben retten konnte. Diese Einsicht führte zur Verpflichtung aller Ärzte, ihre Instrumente vor ihrem Einsatz zu desinfizieren, um so den Tod ihrer Patienten zu verhindern. Gesellschaften entwickelten in dieser Zeit das Bedürfnis, Todesfälle und vor allem verschiedene Todesursachen zu registrieren und deren Entwicklung zu überwachen. Denn durch eine frühzeitige und systematische Erfassung der Todesursachen konnten Gesellschaften Vorkehrungen gegen die Verbreitung tödlicher Krankheiten treffen. Die vom internationalen statistischen Kongress vorangetriebenen Bemühungen führten zur Entwicklung und im Jahr 1893 zur Einführung des Internationalen Todesursachenverzeichnisses. Es folgten fünf Revisionen, die sich insbesondere nach Gründung des Völkerbundes mit der Frage auseinandersetzten, wie das internationale Todesursachenverzeichnis ausgeweitet und überarbeitet werden sollte.

Bald interessierte sich die internationale Gemeinschaft nicht mehr nur für einen Vergleich der Mortalität, sondern vermehrt auch der Morbidität. Das bessere Verständnis unterschiedlichster Krankheiten, ihrer Entstehung und ihres Verlaufs sowie medizinischer Behandlungsmöglichkeiten widerspiegelte sich in der Umbenennung der Klassifikation in die „Internationale Klassifikation der Krankheiten, Verletzungen und Todesursachen" (ICD). Diese Umbenennung markierte gleichzeitig den Zeitpunkt, als die eben gegründete Weltgesundheitsorganisation im Jahr 1948 die Verantwortung für die Weiterentwicklung der Klassifikation übernahm. Bis zur ICD-9 (1976) erfolgten ungefähr alle zehn Jahre Revisionen. Wegen der immer größer werdenden Anzahl beteiligter Länder und zunehmend komplexeren Prozessen zur Überprüfung der Validität der ICD verzögerte sich die Publikation der ICD-10 bis ins Jahr 1992. Bis heute ist diese Version der „Internationalen Klassifikation der Krankheiten und verwandter Gesundheitsprobleme" in Gebrauch geblieben. Sie wird nun jährlich von der WHO aktualisiert (vgl. ICD-10, 2006); eine ICD-11 ist vorläufig nicht geplant. Auch heute noch repräsentiert die ICD das gesellschaftlich relevante Wissen der Medizin, sie ist in allen europäischen Staaten die Grundlage für die Erstellung von Diagnosen und auf ihrer Basis werden auch heute noch die internationalen Statistiken zu den Krankheiten und Todesursachen erstellt.

Im Zusammenhang mit der heutigen Diskussion zur Inklusion interessiert das medizinische Verständnis von Krankheiten und Behinderungen insbesondere deshalb, damit es von sozialen Fragestellungen abgegrenzt werden kann. Die während hundert Jahren entwickelte ICD orientiert sich an Organsystemen und beschränkt sich auf die Sequenz „Ursache > Pathologie > Manifestation". Auf diesem Verständnis basiert das biomedizinische Modell, welches auch lange Zeit für das Verständnis von Behinderungen wegleitend war: Krankheiten, Verletzungen oder das Vorhandensein bestimmter Symptome werden im medizinischen Modell als Ausgangspunkt für Behinderungen verstanden. Manchmal wir die Behinderung sogar mit der Krankheit gleichgesetzt.

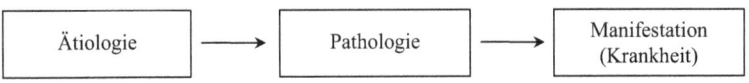

Abb.1 Konzept von Krankheiten in der ICD

Dieses lineare Verständnis ist verführerisch einfach: eine bestimmbare Ursache löst pathologische Prozesse aus, welche sich schließlich als eine bestimmbare

Krankheit manifestieren. Diese Krankheit oder Störung ist ihrerseits die Ursache für Behinderungen. Auf diesem Verständnis basieren letztlich als Syndrome verstandene Behinderungen wie Autismus, Dyslexie oder ADHD. Die Stärke dieses Zugangs liegt in der Möglichkeit, Krankheiten oder sogar Symptome ins Zentrum der Aufmerksamkeit zu stellen und Menschen nach ihnen zu gruppieren. Dadurch lassen sich Verläufe von Krankheiten studieren und Prognosen erstellen; was für Individuen und Gesellschaften von großer Bedeutung sein kann. Durch die Übertragung des biomedizinischen Modells auf pädagogische Kontexte wurde die Sequenz „Ursache > Pathologie > Manifestation" nicht mehr nur auf biomedizinische, sondern auch auf psychologische und pädagogische Phänomene angewendet.

Während nun in pädagogischen Kontexten das biomedizinische Verständnis von Behinderungen sogar für die Erklärung von primär sozialen Phänomenen (z. B. Verhaltensauffälligkeiten) herangezogen wurde und in Therapiemodellen und Interventionsstrategien ihre Anwendung fand, haben Wissenschafter im Kontext der WHO bereits in den 1960er Jahren eingesehen, dass theoretische Modelle, welche Krankheiten ins Zentrum stellen, für das Verständnis von Behinderungen untauglich sind. Behinderungen sind nicht nur durch das Ausmaß der Krankheitsfolgen (Schädigungen) bedingt, sondern werden auch maßgebend beeinflusst von der Reaktion und Einschätzung der Situation durch die Person selber und ihre Umwelt. Das Phänomen „Behinderung" ist vielschichtig und die Reduktion auf eine ICD-Diagnose hilft kaum für die Planung von komplexen Interventionen.

Diese Überlegungen waren die Grundlage für die Entwicklung der „International Classification of Impairments, Disabilities and Handicaps" (ICIDH) in den 70er Jahren. Die im Jahr 1976 als Entwurf (trial version) verabschiedete und 1980 publizierte Klassifikation integrierte verschiedene Erfahrungsebenen (planes of experience; vgl. WHO 1980) von Behinderungen in ein Modell: (1) die Manifestation einer Krankheit als eine psychologische, physiologische oder anatomische Veränderung, (2) die Beeinträchtigung der von einer Person erwarteten Aktivitäten im Sinne von Aufgaben, Fähigkeiten oder Verhaltensweisen und (3) einer Abweichung von den in einer Gesellschaft vorhandenen Erwartungen bezüglich Leistungsfähigkeit oder Status. Die ICIDH versuchte somit, die Folgen von Krankheiten als bio-psycho-soziale Erfahrung zu beschreiben. Die „List of Dimension of Handicaps" beschreibt sehr rudimentär sechs „Überlebensrollen" (vgl. Matthesius et al. 1995) und deren Beeinträchtigung.

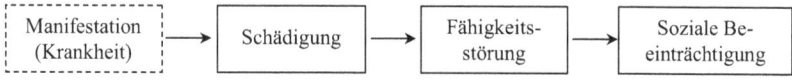

Abb.2 Folgen von Krankheiten als individuelle funktionelle Einschränkung (ICIDH)

Während die ICIDH als Klassifikation außerhalb der Rehabilitationsmedizin weitgehend unbekannt blieb, wurde das zugrunde liegende Modell von „Behinderung" auch in sonderpädagogischen Lehrbüchern relativ breit aufgenommen (vgl. etwa Jantzen 1987). Eine systematische Anwendung dieses Modells fand allerdings nicht statt. Die ICIDH wurde jedoch unmittelbar nach ihrer Publikation wegen der exzessiven Gewichtung individueller Erfahrung unter weitgehender Ausblendung sozialer Prozesse stark kritisiert. Zudem implizierte die ICIDH einen direkten kausalen Zusammenhang: Aus einer Krankheit oder einem Gesundheitsproblem ergab sich eine Schädigung, die zu einer Leistungsminderung und deshalb auch zu einem Problem bezüglich der gesellschaftlichen Teilnahme führte (vgl. auch nächstes Kapitel).

Die Dreidimensionalität der ICIDH als Grundlage für das Verständnis der individuellen Erfahrung des Phänomens Behinderung hat bis heute ihre Gültigkeit behalten. Sie wurde in der revidierten ICIDH, der Klassifikation der Funktionsfähigkeit, Behinderung und Gesundheit (ICF, WHO 2001), übernommen und als „Körperfunktionen und -strukturen", „Aktivitäten" der Person und soziale „Partizipation" abgebildet. Die ICF umschreibt sie heute als die Komponente der Funktionsfähigkeit und Behinderung:

Abb.3 Komponenten der Funktionsfähigkeit und Behinderung (ICF)

Stark verändert hat sich allerdings das Verständnis dazu, wie diese Komponenten sich gegenseitig beeinflussen. Mit der gedanklichen Loslösung von der linearen Verursachung von Behinderungen durch eine Krankheit wurde die Grundlage für neue Hypothesen und Forschungsfragen gelegt, die sich mit der Dynamik zwischen biologischen, psychologischen und sozialen Aspekten des Phänomens „Behinderung" beschäftigen.[1] Neu gedacht und untersucht werden kann nun etwa die Wirkung von Partizipationseinschränkungen auf den Erwerb von Aktivitäten (z. B. Wirkung schlechten Unterrichts auf Kompetenzerwerb) oder die Bedeutung der Ausübung von Aktivitäten für die Integrität von Körperfunktionen (z. B. Physiotherapie zur Erhaltung der Bewegungsfunktionen).

Neu gedacht werden können dank dieser Flexibilisierung zwischen den drei Konstrukten auch die Zusammenhänge zwischen Einschränkungen der Körperfunktionen, Problemen beim Ausüben von Aktivitäten und Einschränkungen der

---

[1] Zum Gebrauch dieser Aspekte in verschiedenen Behinderungsbegriffen der Sonderpädagogik, vgl. Hollenweger 2005.

Partizipation in einem ganz bestimmten Lebensbereich. Zur Beurteilung der „Inkludiertheit" von Schülerinnen und Schülern in ihrem gegenwärtigen schulischen Kontext wird es von Bedeutung sein, alle Aktivitäten und Partizipationsbereiche zu berücksichtigen. Wir wissen gegenwärtig noch viel zu wenig darüber, was wirklich einen Unterschied ausmacht und wie sich schulische Prozesse auf die Partizipation und den Erwerb von Kompetenzen auswirken. Die Komponenten der Funktionsfähigkeit und Behinderung bieten eine Fülle von Variablen an, welche für entsprechende Studien operationalisiert und mit einander in Beziehung gesetzt werden können.

Heute können viele durch Körperfunktionen bedingte Einschränkungen der Aktivitäten so kompensiert werden, dass eine volle Partizipation an Bildungsprozessen ermöglicht wird. Die individuellen Schädigungen und Funktionsbeeinträchtigungen wirken dort auf die soziale Teilhabe, wo die Gesellschaft trotz Anstrengungen keine volle Partizipation gewährleisten kann. Sie werden heute als Ausdruck des Versagens oder als Grenzen gesellschaftlicher Interventionen verstanden. Hier ist seit der ersten international vergleichbaren Erfassung von Todesfällen ein weiter gedanklicher Weg zurückgelegt worden. Bedeutsam an dieser über hundertjährigen Entwicklung ist die zunehmende Komplexität beim Verstehen des Phänomens „Behinderung": vom binären Verständnis zwischen Tod und Leben über die Differenzierung in verschiedene Kategorien von Krankheiten bis hin zum dynamischen Verständnis von Behinderungen, welches sich von der Eindimensionalität und dem kategorialen Denken gelöst hat. Im nächsten Abschnitt soll beim Nachzeichnen dieser Entwicklungen nicht mehr der Behinderungsbegriff im Zentrum stehen, sondern das sich verändernde Verständnis des „sozialen Daseins" von Menschen und die Bemühungen der WHO, dieses in einer Klassifikation zu repräsentieren.

3. Von „sozialen Rollen" zur „Partizipation"

Das Verständnis von „Behinderung" entwickelte sich von einer eindimensionalen Kategorie hin zu einem mehrdimensionalen, mehrkategorialen Phänomen, das nur verstanden werden kann, wenn alle Facetten ausgeleuchtet werden. Doch welche Aufgaben haben Gesellschaften beim Auftreten von Behinderungen, welche die Teilnahme am öffentlichen Leben einzuschränken bedrohen – etwa im Schulunterricht? Die Antwort auf dieses Frage wird stark vom Problemverständnis abhängen: liegt das Problem vor allem bei den betroffenen Individuen oder liegt das Problem bei der Gesellschaft, respektive bei der Schule? Das Nachzeichnen der Entwicklung von der Konzeptualisierung als individuelles Wahrnehmen sozialer Rollen bis hin zum heutigen Verständnis der Partizipation soll der zweiten der eingangs formulierten Fragen nachgehen.

Es ist kein Zufall, dass die großen Sozialwerke in der Schweiz ihren Ursprung in den 1950er Jahren haben; sie entstanden auf dem Hintergrund der sozialen

Umwälzungen am Anfang des letzten Jahrhunderts und den Erfahrungen der beiden Weltkriege. Auch in anderen Ländern führte diese kollektivierte Sorge um das Wohlbefinden des Einzelnen zum Aufbau der Wohlfahrtsstaaten. Das Gesetz über die Invalidenversicherung in der Schweiz trat am 1. Januar 1960 in Kraft. Im Zentrum der Gesetzgebung steht bis heute die Frage der Erwerbsfähigkeit, respektive der (Wieder-)Herstellung dieser durch entschädigte Eingliederungsmaßnahmen. Hiermit orientiert sich die Invalidenversicherung an der Fähigkeit des Individuums, eine zentrale soziale Rolle einnehmen zu können oder nicht. Die Sorge um den Einzelnen wurde damals zur Angelegenheit der Öffentlichkeit gemacht, doch nicht aus einem Verständnis einer gesellschaftlichen Schuld, sondern im Sinne eines Versicherungsvertrages. Im Falle eines Schicksalsschlags, der Individuen treffen kann, bietet der Staat Leistungen zur Minderung der Folgen an. Die Öffentlichkeit ist also nicht die Ursache, sondern die Lösung des Problems. In der Schweiz zumindest sind die Anfänge der öffentlichen Sonderschulung in den gleichen Entwicklungen und Überlegungen zu finden. Erst heute wird die Finanzierung der Sonderschulung aus der Verantwortung der Invalidenversicherung und somit aus der Logik einer Versicherungsleistung herausgelöst.

Das im Jahr 1965 veröffentlichte Modell von Saad Nagi beschrieb zum ersten Mal die soziale Dimension von Behinderungen als Einschränkungen bei der Ausübung von sozialen Rollen und Aktivitäten insbesondere bezüglich Arbeit, Familie oder einem unabhängigen Leben. Die 1980 veröffentlichte ICIDH der WHO baute auf diesem Verständnis auf. Das bereits ausgeführte lineare Verständnis der Entstehung von sozialen Benachteiligungen blendete allerdings die Tatsache aus, dass die Beteiligung an sozialen Prozessen nicht nur von den Fähigkeiten des Individuums abhängig ist, obwohl diese Zusammenhänge in den Arbeiten von Nagi bereits mitgedacht wurden. Die damalige Definition lautete entsprechend: „Benachteiligung ergibt sich aus der unzureichenden oder fehlenden Fähigkeit der Person, den Erwartungen oder Normen ihrer Umwelten zu entsprechen. Somit tritt eine Beeinträchtigung dann auf, wenn die Fähigkeit zur Aufrechterhaltung dessen, was als „Überlebensrollen" bezeichnet werden könnte, gestört ist." (Matthesius et al. 1995, 391) Diese „Beeinträchtigungen der Überlebensrollen" waren: (1) Beeinträchtigung der Orientierung, (2) Beeinträchtigung der physischen Unabhängigkeit, (3) Beeinträchtigung der Mobilität, (4) Beeinträchtigung der Beschäftigung, (5) Beeinträchtigung der soziale Integration und (6) Beeinträchtigung der ökonomischen Eigenständigkeit. Für jede dieser „Überlebensrollen" wurden jeweils unterschiedlich definierte Skalen zur Beschreibung der Ausprägung vorhandener Schwierigkeiten angefügt. Die Orientierung wird durch „Störungen der Orientierung", die physische Unabhängigkeit durch „Abhängigkeiten" und die Mobilität durch „Einschränkungen" qualifiziert. Interessant an dieser Stelle ist die Skala mit neun Ausprägungen für die Beeinträchtigung der sozialen Integration; sie reicht von „sozial integriert", über „gehemmte Beteiligung", „eingeschränkte Beteiligung", „verminderte Beteiligung", „verarmte Beziehungen", „reduzierte Beziehungen" bis hin zu „Entfremdung" und „sozial isoliert". Diese Skalenkategorien unterscheiden nicht zwischen der Einschränkung des Individuums und der Wirkung der Umwelt.

Die Konzeption von „sozialer Isolation" als eine individuelle Beeinträchtigung der sozialen Integration mag uns als theoretisches Konstrukt heute befremden. Bei der Beurteilung der Ansprüche für soziale Leistungen wird in den meisten Staaten aber auch heute noch dieses Denken angewendet. Zur Illustration soll hier die Umschreibung für „Verarmte Beziehungen" angefügt werden (Matthesius et al. 1995, 408): „Personen, die Schwierigkeiten bei der Aufrechterhaltung von Beziehungen im Sinne sekundärerer Kontakte, z.B. zu Freunden, Nachbarn und Kollegen, haben; sowie Personen, die in der physischen, psychischen oder sozialen Entwicklung retardiert sind und kein Anzeichen für Entwicklungsfortschritte zeigen." Beim näheren Betrachten fällt auf, dass die erste Hälfte der Beschreibung die Verursachung offen lässt und die zweite Hälfte sich auf eine implizierte Schädigung bezieht. Der gesellschaftliche Kontext wird als Hintergrund verstanden, vor dem die individuellen Einschränkungen bei der Ausübung von sozialen Rollen sichtbar werden. Dieses Verständnis bietet die Möglichkeit, die je nach Kultur und Gesellschaft unterschiedlichen Auswirkungen von Funktionsstörungen zu verstehen. Die jeweiligen sozialen Bedingungen werden als ein stabiler Kontext verstanden, der je nach Fähigkeiten des Individuums zu Verlust der sozialen Rollen führen kann. Die Gesellschaft wird hier also nicht als Akteurin und somit „Verteilerin" von sozialen Chancen verstanden, sondern als Anbieterin von kompensatorischen Maßnahmen.

Für die Schule als von Gesellschaften geschaffene Institution bedeutet dies, dass bei Problemen mit der Wahrnehmung der sozialen Rolle einer Schülerin oder einem Schüler, besondere Leistungen angeboten werden. Durch diese besonderen Leistungen soll den Betroffenen ermöglicht werden, wenigstens als Erwachsene ihre sozialen Rollen möglichst umfassend einnehmen zu können. Diese Annahme der einseitigen Anpassungsleistungen des Individuums an die gegebenen sozialen Realitäten ist auch heute noch weit verbreitet in der Sonderpädagogik. Sogar im Graubereich sonderpädagogischer Phänomene, wie etwa bei Verhaltensstörungen und Lernbehinderungen, besteht auch heute noch die Tendenz, die vorhandene Problematik als individuelles Problem beim Umgang mit sozialen Rollen zu definieren. Die Sonderpädagogik versteht auch heute noch ihre eigenen Angebote als Antwort auf eine Funktionsschwäche oder ein Förderbedarf. Diese selbstgefällige Sichtweise wird von den „Inklusionisten" heute hinterfragt.

Wie erwähnt, goss sich nur ein Jahr nach ihrer Publikation anlässlich des Internationalen Jahrs der Behinderten (1981) ein Schwall von Kritik über die I-CIDH. Die weltweit erstarkte und durch die Ausrufung der UN-Dekade für Menschen mit Behinderung politisch verankerte Behindertenbewegung wendete sich mit voller Vehemenz gegen das Verständnis von Behinderung als individuelles Problem einzelner Betroffener. Neben den politischen Aktivitäten, welche in der Verabschiedung der Standardregeln (UN 1993) kulminierten, begannen intensive Bemühungen, Behinderungen neu zu konzeptualisieren. „Behinderung" sollte nicht mehr als individuelles Problem verstanden werden. In den von Minaire (1992) und Fougeyerollas (1993, 2001) vorgeschlagenen Modellen, werden „Behinderungen" als eine Art Interface verstanden zwischen den Voraussetzungen der Person und der Umweltbedingungen. Behinderung wird nicht mehr als Eigenschaft der Person verstanden, sondern als Ergebnis der Interaktion zwischen Person und Umwelt. Das von Patrick Fougeyerollas entwickelte Verfahren wird auch heute noch von Selbsthilfeorganisationen und Zentren für Selbstbestimmtes Leben eingesetzt. Die Konzeptualisierung von Behinderung als etwas zwischen Mensch und Umwelt ist allerdings schwer verständlich und macht es schwierig das Individuum und die Umwelt unabhängig von einander zu beschreiben. Es erstaunt deshalb wenig, dass die Betroffenen und ihre Interessensvertreter, welche in den 1980er und 1990er Jahren vermehrt über Behinderung zu theoretisieren begannen, dieses konzeptuelle Problem wie folgt aufzulösen: Behinderungen werden zwar von Personen erfahren, aber sie sind ein durch soziale Prozesse bedingtes Phänomen.

Somit wurde die alte, kausale Linearität der ICIDH (vgl. Abb. 2) auf dem Kopf gestellt. Die „Disability Studies" basieren auf diesem sozialen Modell und gehen von einer gesellschaftlichen Konstruktion von Behinderungen aus. Dabei werden die Einschränkungen ausgeblendet, die sich direkt aus einer Krankheit oder Funktionsstörung ergeben. Das Grundverständnis der Disability Studies und die Beziehung zur Sonderpädagogik wurden bereits an anderer Stelle (Hollenweger 2003a, 2003b) ausgeführt. Diese Umkehrung der Linearität kann heute auch in der Argumentation von Vertreterinnen und Vertretern einer Inklusiven Pädagogik beobachtet werden. Wenn dieses Behinderungen banalisierende Modell nicht überwunden werden kann, droht der inklusiven Pädagogik das gleiche Schicksal, welches Shakespeare den Disability Studies voraussagt: „If disability studies is to survive and grow, it needs to open up to new perspectives, rethink orthodoxies, engage with critiques, and generate new and better accounts of disabled people's lives and the social exclusion they face. Otherwise it will become ghettoised and irrelevant, forfeiting power and influence in the wider world" (2005, 146). Die Tabuisierung aller Fragestellungen, die sich mit den biologischen Aspekten der Behinderung beschäftigen, hat dazu geführt, dass viele Probleme unangesprochen und ungelöst blieben. Tom Shakespeare etwa fordert eine aktive und konstruktive Auseinandersetzung mit neueren Konzeptionen, wie sie die WHO in den 1990er Jahren entwickelt hat und in der ICF inkorporiert wurden (ebd.).

Wie können Behinderungen des Eingebundenseins in gesellschaftliche Prozesse gefasst werden, ohne dies ausschließlich auf ein Problem des Individuums oder der Gesellschaft zu reduzieren? Mit der Lösung dieser Aufgabe wurde die WHO durch die Vereinten Nationen im Jahr 1994 beauftragt. Die Mitgliedstaaten hatten im Jahr zuvor die Standardregeln zur Herstellung der Chancengleichheit für Menschen mit Behinderungen (UN, 1993) verabschiedet, welche die Einführung eines Monitoringprozesses für die Verbesserung der Situation von Menschen mit Behinderungen in den Mitgliedstaaten forderte. Die WHO sollte ein Klassifikationssystem schaffen, das den Ländern für diese Aufgabe zur Verfügung gestellt werden könnte. Vor diesem politischen Hintergrund wurde mit dem Begriff der „Partizipation" das konzeptuelle Verständnis des Verhältnisses zwischen Gesellschaft und Individuum weiterentwickelt.

In der ersten überarbeiteten Fassung der ICIDH-2 wurde Partizipation als Oberbegriff für die Teilhabe an Lebensbereichen gewählt, in denen man Assistenz leicht anbieten kann oder an denen maßgebend andere Personen beteiligt sind. Unter dem Oberbegriff Aktivitäten wurden eher von der Person bestimmte Tätigkeiten gefasst. Während mehr als fünf Jahren bemühten sich die an der Revision beteiligten Experten zu einer klaren Abgrenzung zwischen Aktivitäten und Partizipation. Erst im Prefinal Draft der ICF wurde die diffus gebliebene Unterscheidung zwischen einer Klassifikation der Aktivitäten und der Partizipation aufgelöst – nach langen Diskussionen und gegen erheblichen Widerstand von verschiedenen Seiten. Letztlich konnten sich jedoch niemand nicht der Tatsache verschließen, dass alle menschlichen Aktivitäten eine soziale Komponente haben und vom kulturellen Umfeld mitgeprägt sind. In der Folge wurden die beiden Klassifikationen der Aktivitäten und Partizipation zu einer Domäne organisiert entlang der zentralen Lebensbereiche zusammengeführt. Aktivitäten und Partizipation werden heute als unterschiedliche Konstrukte oder zwei verschiedene Perspektiven verstanden, die zur Analyse menschlicher Tätigkeiten verwendet werden können.

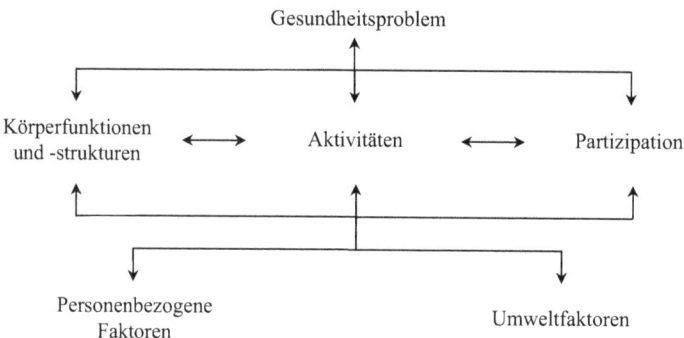

Abb.4   Interaktion zwischen den Komponenten der ICF

Die ICF geht davon aus, dass auch die Aktivitätseinschränkung – in Kombination mit personbezogenen Faktoren – die Partizipation ohne behindernden (oder trotz unterstützendem) Einfluss der Umwelt beeinträchtigen kann. Andererseits können Menschen auch unabhängig von individuellen Fähigkeitseinschränkungen eine Beschränkung ihrer Partizipationsmöglichkeiten erfahren – sei dies, weil sich in ihrer unmittelbaren Umwelt keine entsprechenden Möglichkeiten bieten, oder weil Faktoren in der unmittelbaren Umwelt diese Möglichkeiten beeinträchtigen. Die Partizipation gehört somit gemäß ICF zur Erfahrung des Individuums, die allerdings stark oder ausschließlich durch die Umwelt bedingt sein kann. Für eine inklusive Pädagogik würde dies also bedeuten, dass die Schule sowohl als Umwelt und als Lebensbereich, in dem Partizipation ermöglicht wird zu verstehen ist und dass auch die individuellen Voraussetzungen der Kinder und Jugendlichen als wichtige Faktoren für die Partizipation an Bildung berücksichtigt werden müssten. Das klassische Verständnis des Förderbedarfs einzelner Kinder, wie es sich seit den Anfängen der ersten Versicherungsleistungen der Invalidenversicherung kaum verändert hat, muss auf diesem Hintergrund überdacht werden. Partizipation zeichnet sich dadurch aus, dass Kinder an der Regelschule und ihren Angeboten partizipieren, besonderer Unterricht kann zwar eine Fähigkeit (ICF: Aktivität) verbessern, doch darf dies nicht zulasten des umfassenderen Zieles der sozialen Partizipation gehen. Die ICF bietet hier ein Rahmen, um diese manchmal sich widersprechenden Zielbereiche zu ordnen und in ihrer Bedeutung zu diskutieren. Dadurch können diese transparent gemacht und Alternativen abgewägt werden. Diese Demokratisierung von Bildungsentscheiden darf in seiner Wirkung nicht unterschätzt werden.

4. Entwicklung eines neuen Verständnis der Umweltfaktoren

Der Weg von der Verantwortung des Individuums für die Wahrnehmung sozialer Rollen bis hin zur gesellschaftlichen Verantwortung für die Teilhabe aller Menschen an den wichtigen Lebensbereichen war lang. Heute ist diese Verantwortung in zahlreichen Deklarationen festgehalten, doch ihre Umsetzung in die Praxis verlangt nicht nur ein klares Verständnis von dem was Partizipation ist, sondern auch von der Art und Weise, wie die soziale und materielle Umwelt auf Menschen wirkt. Diese Verschiebung von der Verantwortung des Individuums hin zur Verantwortung der Gesellschaft ist alles andere als banal und hat in der Sonderpädagogik noch nicht stattgefunden. Mit dieser Forderung sind wir im Kern der Anliegen der inklusiven Pädagogik: die Veränderung der Umwelt, so dass Menschen nicht mehr ausgegrenzt werden. Da die Umwelt erst spät in ihrer aktiven Rolle von Gesellschaften als relevant erfasst wurde, reicht die Entwicklung des Verständnisses, wie und wo diese auf Menschen wirkt, weniger weit zurück. Die Standardregeln (UN 1993) und die in ihrem philosophischen Fahrwasser entstandene Salamanca Erklärung (UNESCO 1994) sind politische Manifeste, welche klar fordern, dass die Umwelt sich verändern muss und dass die Länder verpflichtet werden sollen, diese Veränderung zu überwachen.

Da die Umweltfaktoren in der ICIDH fehlten, musste dieser Teil der ICF ganz neu gedacht werden. Es war klar, dass Definition der Umweltfaktoren nur gelingen konnte, wenn ihre Entwicklung unter Einbezug der Behindertenorganisationen und Interessensgruppen vorangetrieben würde. Rachel Hurst, damals die Präsidentin der Europäischen Region für Disabled Peoples International, war bereits seit längerem an der Revision der ICIDH beteiligt und übernahm schließlich die Leitung der WHO-Arbeitsgruppe, die mit der Definition der Umweltfaktoren für die überarbeitete Fassung der ICIDH auftragt worden war. Die Arbeitsgruppe führte eine umfassende Literaturrecherche[1] durch und stellte sowohl die theoretischen Grundlagen sowie die wichtigsten Studien zusammen, welche den Einfluss von Umweltfaktoren untersuchten. Die Konzeption der Umweltfaktoren wurde insbesondere durch die Arbeiten von Fougeyrollas (1993, 2001) und Bronfenbrenner (1981) stark beeinflusst. Konzeptuell wurden die Umweltfaktoren eingeteilt in Faktoren, welche die Mikro-Umwelt einer Person charakterisieren und solche, welche eher zur Makro-Umwelt (gesellschaftliche, kulturelle und ökonomische Bedingungen der Gesellschaft) gehören. Das heutige Modell der ICF bietet die Grundlage, unzählige Kontexte zu fassen und ihre Beziehungen untereinander zu prüfen. Die in der ICF enthaltene Klassifikation der Umweltfaktoren ist zwar eine gute Grundlage für die Anbindung dieser Faktoren an die Funktionsfähigkeit einzelner Menschen, doch sind diese für die Anwendung in einer ganz spezifischen Praxis zu wenig detailliert. Hier gilt es, in den verschiedenen Lebenswelten – also etwa im Bereich Schule – differenziertere

---

[1] vgl. http://www3.who.int/icf/icftemplate.cfm (Stand 31.03.2006)

Beschreibungen zu entwickeln, ohne dabei die Kompatibilität mit der ICF zu verlieren. Eine solche Beschreibung liegt mit dem Index for Inclusion (Booth et al. 2000) vor; eine weitere wurde kürzlich vorgeschlagen (Peters et al. 2005). Solche Indikatorensystem können auf dem Hintergrund der ICF (vgl. hierzu Hollenweger 2004) mit der Funktionsfähigkeit einzelner Kinder oder ganzer Populationen in Bezug gesetzt werden.

Seit der Verabschiedung der ICF sind einige Aufsätze zur Bedeutung von Umweltfaktoren publiziert worden (etwa Schneider et al. 2003; Wang et al. 2006). Der Einfluss der Umwelt auf die Funktionsfähigkeit einzelner Personen ist vielfältiger und viel komplexer, als uns die heutige Inklusionspädagogik glauben lässt. Aus vielen Studien ist bekannt, dass in einigen Bildungssystemen eine stärkere, in anderen eine schwächere soziale Selektivität beobachtet werden kann (vgl. z. B. Coradi Vellacott et al. 2003). Doch wie genau kommt diese Verteilung der Bildungschancen zustande? Weshalb werden Kinder mit Migrationshintergrund immer häufiger in sonderpädagogische Schulungsangebote segregiert? Weshalb werden Knaben signifikant häufiger sonderpädagogisch gefördert? Wir wissen fast nichts darüber, obwohl gerade Fragen zum positiven und negativen Einfluss von Umweltfaktoren für eine inklusive Pädagogik von größter Bedeutung sein müssten. Zwar wissen wir etwa schon seit den 1970er Jahren, dass negative Einstellungen eine große Bedeutung für die Funktionsfähigkeit des Individuums haben. In der ICF ist ein ganzes Kapitel der Umweltfaktoren den Einstellungen gewidmet. Doch wie genau wirken Einstellungen auf andere Menschen? Versteckt sich etwa hinter zu tiefen Kompetenzeinschätzungen bei fremdsprachigen oder behinderten Kindern eine negative Einstellung der Lehrperson? Oder sind es einfach schlecht ausgebildete Lehrpersonen, so dass sich ihre allgemein schlechten diagnostischen Kompetenzen leider gerade bei den Kindern stärker auswirken, die darauf angewiesen wären, richtig eingeschätzt zu werden? Die schlechte Akkuratheit des Lehrerurteils wäre also nicht nur auf einzelne Schülerinnen und Schüler limitiert, sondern sozusagen ein personenbezogener Faktor der Lehrperson. Können in diesem Fall durchwegs falsche Einschätzungen als negative Einstellung verstanden werden? Oder wirkt hier nicht einfach die mangelnde Kompetenz der Lehrperson dahin, dass eine ineffizientere Lernumwelt geschaffen wird? Diese Fragen sind alles andere als banal und es ist wichtig unterscheiden zu lernen, welche Faktoren eine moderierende Wirkung auf die Aktivitäten des Kindes haben und welche Faktoren unabhängig von allfälligen Aktivitätseinschränkungen auf alle Kinder wirken.

Genau hier steht die Diskussion rund um die ICF heute. In ihrer Anwendung in der Bildungsstatistik und durch die Verwendung ihrer Systematik als Pool von Variablen, die in verschiedenen Forschungsdesigns auf ihre Zusammenhänge und Wirkungen untersucht werden können, haben wir das Werkzeug erhalten, Bildungssysteme systematisch auf diskriminierende oder hemmende Faktoren und Abläufe zu untersuchen. Hier kann der Ausgangspunkt für eine Inklusive Pädagogik geschaffen werden, die sich zwar nicht von der Vision einer gerechten Schule für alle abwendet, aber sich daran macht, diese Umwelt und ihre Wirkung auf die Funktionsfähigkeit der einzelnen Person oder ganzer Populationen auch wirklich zu erforschen und zu verbessern.

Literatur

Armstrong, D.: Reinvention "inclusion": New Labour and the cultural politics of special education. Oxford Review of Education, 31 (1), 2005, 135-151.

Booth, T. / Ainscow, M. / Black-Hawkins, K. / Vaughan, M. / Shaw, L.: Index for Inclusion: Developing Learning and Participation in Schools, CSIE Centre for the Study of Inclusive Education 2000.

Bronfenbrenner, U.: Die Ökologie der menschlichen Entwicklung. Natürliche und geplante Experimente. Stuttgart 1981.

Coradi Vellacott, M. / Hollenweger, J. / Nicolet, M. / Wolter, S. Soziale Integration und Leistungsförderung. Thematischer Bericht der Erhebung PISA 2000. Neuchâtel 2003.

Cremin, H.: Maintaining underclasses via contrastive Judgement: Can inclusive Education ever Happen? British Jounral of Educational Studies, 53 (4), 2005, 431-446.

Dyson, A.: Special needs in the twenty-first century: where we've been and where we're going. British Journal of Special Education, 28 (1), 2001, 24-29.

Fougeyrollas, P.: Le processus de production culturelle du handicap: contextes sociohistoriques du développement des connaissances dans le champ des différences corporelles et fonctionnelles, Québec 1993, Département d'anthropologie, Université Laval.

Fougeyrollas, P.: Le Processus du production du handicap: l'expérience québécoise. In de Riedmatten, R. de (Ed.) Une nouvelle approche de la différence. Comment repenser le "handicap". Genève 2001.

Hollenweger, J.: Behindert, arm und ausgeschlossen. Bilder und Denkfiguren im internationalen Diskurs zur Lage behinderter Menschen, in: Cloerkes, G. (Ed.): Wie man behindert wird. Texte zur Konstruktion einer sozialen Rolle und zur Lebenssituation betroffener Menschen. Heidelberg 2003a, 141-164.

Hollenweger, J.: Une autre pédagogie pour les enfants et adolescents avec un handicap est-elle nécessaire? Le discours international entre Special Needs Education et Disability Studies. In Chatelanat, G. / Pelgrims, G. (Ed.) : Education et enseignement spécialisés: ruptures et intégrations. Bruxelles 2003b, 57-76.

Hollenweger, J.: Integration: mehr als ein Programm? Perspektiven einer auf integrative Prozesse ausgerichtete Sonderpädagogik, in: Kummer Wyss, A / und Walther-Müller, P. (Hrsg.): Integration: Anspruch und Wirklichkeit. Luzern 2004, 17-39.

Hollenweger, J.: Die Relevanz der Internationalen Klassifikation der Funktionsfähigkeit, Behinderung und Gesundheit (ICF) für die Sonderpädagogik. Sonderpädagogische Förderung 50 (2), 2005, 150-168.

Jantzen, W.: Allgemeine Behindertenpädagogik. Band I Sozialwissenschaftliche und psychologische Grundlagen. Weinheim und Basel 1987.

Matthesius, R.-G. / Jochheim, K.-A. / Barolin, G. S. / Heinz, C.: ICIDH Teil 1: Die ICIDH – Bedeutung und Perspektiven. Teil 2: Die Internationale Klassifikation der Schädigungen, Fähigkeitsstörungen und Beeinträchtigungen. Genf: WHO und Berlin 1995.

Minaire, P.: Disease, illness and health. Theoretical models of the disablement process. Bulletin of the world Health Organisation, 70 (3), 1992, 373-379.

http://www.whqlibdoc.who. int/bulletin/1992/Vol70-No3/bulletin_1992_70(3)_373-379.pdf (31.03.06)
Norwich, B.: Education, Inclusion and Individual Differences: Recognising and Resolving Dilemmas. British Journal of Educational Studies, 50 (4), 2002, 484-502.
Nagi, S.Z.: Some conceptual issues in Disability and Rehabilitation. In Sussman, M. (Ed.) Sociology and Rehabilitation. Washington, DC: American Sociological Association, 1965, 100-113.
Peters, S. / Johnstone / C. Ferguson, P.: A Disability Rights in Education Model. For evaluating inclusive education. International Journal oft Inclusive Education, 9 (2), 2005, 139-160.
Schneider, M. / Hurst, R. / Miller, J. / Üstün, B.: The role of Environment in the International Classification of Functioning, Disability and Health (ICF). Disability and Rehabilitation, 25 (11-12), 2003, 588-595.
Shakespeare, T.: Review Article: Disability Studies Today and Tomorrow. Sociology of Health and Illness, 27 (1), 2005, 138-148.
UNESCO: Salamanca Declaration and Framework for Action on Special Needs Education. Paris 1994.
United Nations: The Standard Rules on the Equalization of Opportunities for Persons with Disabilities. New York 1993.
Wedell, K.: Dilemmas in the quest for inclusion. British Journal of Special Education. 32 (1), 2005, 3-11.
Wang, P.P., Bradley, E.M., Gignac, M.: Exploring the role of contextual factors in disability models. Disability and Rehabilitation, 28 (2), 2006, 135-140.
WHO: International Classification of Impairments, Disabilities and Handicaps. Geneva 1980
WHO: International Classification of Functioning, Disability and Health. Geneva 2001.
WHO: International Classification of Health Interventions. Beta Version. Geneva 2005.
WHO: International Classification of Diseases and Related Health Problems. Geneva 2006.
Wilson, J.: Doing Justice to Inclusion. European Journal of Special Needs Education. 15 (3), 2000, 297-304.

Swantje Köbsell
Im Prinzip: „Jein"
Zum Verhältnis der deutschen Behindertenbewegung zur Integration
behinderter Menschen

Behindertenbewegung

Die deutsche Behindertenbewegung – oft auch emanzipatorische Behindertenbewegung genannt – entstand Ende der 70er / Anfang der 80er Jahre des letzten
Jahrhunderts. In ihr kamen Gruppierungen mit unterschiedlichsten Ansätzen zusammen: Da waren zum einen die Cebeefs (Clubs Behinderter und ihrer Freunde), in denen sich jüngere behinderte und nichtbehinderte Menschen trafen, um
in partnerschaftlichem Zusammenwirken Vorurteile abzubauen und gegenseiti-
ges Verständnis zu fördern (Waldschmidt 1984, 31) und eher freizeitorientiert
waren. Des weiteren waren es Teilnehmende der Volkshochschulkurse „Bewältigung der Umwelt", auch hier arbeiteten Behinderte und Nichtbehinderte zusammen und rückten – mit für die Zeit höchst provokanten Aktionen – architek-
tonischen Barrieren zuleibe (Steiner 2003). Ein noch stärker politisiertes Heran-
gehen an das Thema „Behinderung" hatten die ab 1978 um Franz Christoph und
Horst Frehe gegründeten Krüppelgruppen. Christoph und Frehe entwickelten
den sog. Krüppelstandpunkt: Behinderung wurde als das Unterdrückungsver-
hältnis Behinderter durch Nichtbehinderte definiert. Angestrebt wurde die Entwicklung eines „Krüppelbewusstseins", dies sollte nicht durch „die Partnerschaft mit Nichtbehinderten, sondern die Konfrontation mit unseren Unterdrückern" (Frehe 1997, 14) erreicht werden. Die Wahl des Namens „Krüppel" war
bereits Teil dieser Konfrontation,[1] Nichtbehinderte waren von der Teilnahme an
den Krüppelgruppen ausgeschlossen, was Horst Frehe 1984 so begründete: „Die
Zusammenarbeit mit Nichtbehinderten setzt primär Gleichberechtigung voraus,

---

[1] „Immer wieder werden wir danach gefragt, warum wir uns als Krüppel bezeichnen (...) Der
Begriff Behinderung verschleiert für uns die wahren gesellschaftlichen Zustände, während der
Name Krüppel die Distanz zwischen uns und den so genannten Nichtbehinderten klarer auf-
zeigt. Durch die Aussonderung in Heime, Sonderschulen oder Rehabilitationszentren werden
wir möglichst unmündig und isoliert gehalten. Anderseits zerstört die Überbehütung im
Elternhaus jede Möglichkeit unserer Selbstentfaltung. Daraus geht hervor, dass wir nicht nur
behindert (wie z. B. durch Bordsteinkanten), sondern systematisch zerstört werden. Ehrlicher
erscheint uns daher der Begriff Krüppel, hinter dem die Nichtbehinderten sich mit ihrer
Scheinintegration ("Behinderte sind ja auch Menschen") nicht so gut verstecken können." (N.
N. (1982), Krüppelzeitung 1 / 82, 2)

ein Bündnis zwischen gleichberechtigten Partnern. Diese Voraussetzung ist aber überhaupt nicht gegeben (...)." (124)

Diese unterschiedlichen Gruppierungen kamen anlässlich des so genannten Frankfurter Urteils 1980 zum ersten Mal zusammen. In diesem Urteil hatte die 24. Zivilkammer des Frankfurter Landgerichts einer Urlauberin die Minderung ihres Reisepreises zugestanden, weil sie in ihrem Urlaub mit dem Anblick behinderter Menschen konfrontiert worden war. Diese Diskriminierung behinderter Menschen als „Reisemangel" führte zu zahlreichen Protesten (Klee 1980). Am 8. Mai 1980 fand in Frankfurt a. M. eine Demonstration mit 5000 Teilnehmer/innen statt, von denen viele selbst behindert waren und das erste Mal das Gefühl erleben konnten, zahlreich, kämpferisch und solidarisch zu sein. Und: Zum ersten Mal in der Geschichte der Bundesrepublik wurde der Widerstand behinderter Menschen zu einer politischen Nachricht in der „Tagesschau" (ebd., 84).

Ihr wirkliches „Coming-Out" hatte die deutsche Behindertenbewegung dann 1981, dem UNO-Jahr der Behinderten. Bereits im Vorfeld des Jahres hatte sich eine Gruppe aus dem gesamten Spektrum der Behinderteninitiativen gebildet, mit dem Ziel, das UNO-Jahr zu nutzen, um auf die Belange behinderter Menschen aufmerksam zu machen und es nicht nur den „Wohltätern" zur Selbstbeweihräucherung zu überlassen. Unter dem Motto „Jedem Krüppel seinen Knüppel" wurde die Störung der Eröffnung des „Jahres der Behinderer" (vgl. Steiner 1983, 88) am 24. Januar 1981 in Dortmund geplant. Aus dem ganzen Bundesgebiet reisten behinderte Menschen und ihre Unterstützer/innen an, um die geplante „Integrationsoperette, die die gravierenden Missstände im Behindertenbereich verschleiern soll" (N. N. 1981) zu stören und als Plattform für ihre Anliegen zu nutzen. Als der damalige Bundespräsident Karl Carstens die offizielle Eröffnungsrede halten wollte, besetzten einige der behinderten Demonstranten die Bühne, hielten ihre eigenen Reden und stellten Forderungen:

„Die Politik der Sondereinrichtungen, Sonderhilfsmittel (sic!), Sonderbehandlung usw. hat nichts gebracht als Gettobildung (sic!), Isolation, Entmündigung und Misshandlung. Auch heute, am 24. Januar 1981, werden Behinderte in Heimen untergebracht und misshandelt. Auch heute sind Behinderte Behördenwillkür, Arbeitslosigkeit und menschenunwürdigen Zuständen unterworfen.
Wir fordern
- keine Reden
- keine Aussonderung
- keine Menschenrechtsverletzungen" (ebd.).[1]

Die Forderung „keine Aussonderung" bildete über die Jahre das „Leitmotiv" der Behindertenbewegung und den Hintergrund für die Beantwortung der Frage danach, wie die Behindertenbewegung zu Integration steht.

---

[1] Das UNO-Jahr sah noch zahlreiche andere Aktionen über die zu berichten hier den Rahmen sprengen würde.

Nach dem ereignisreichen Jahr 1981 begann quasi der Alltag der Behindertenbewegung, die sich in Abhängigkeit von der Art der Gruppe, der in ihr vertretenen Personen und Positionen sowie den Gegebenheiten vor Ort mit unterschiedlichen Schwerpunkten weiter entwickelte. Dabei gab es zwei Hauptströmungen auszumachen: Der einen ging es vornehmlich um die Schaffung von Infrastruktur für behinderte Menschen, vor allem in Form ambulanter Hilfsdienste, der anderen um politische Selbstvertretung. So wandten sich einige Gruppen der Aufgabe zu, im Alltag praktische Verbesserungen der Lebensbedingungen für Menschen mit Behinderungen zu organisieren, indem sie ambulante Dienste gründeten, später die Zentren für Selbstbestimmtes Leben und Assistenzgenossenschaften. Andere – hier vorwiegend Einzelpersonen – engagierten sich in der Politik, zunächst bei den Grünen, später dann überparteilich für Gleichstellungs- und Antidiskriminierungsgesetzgebung. Früh schon begannen sich behinderte Frauen mit der Frage des Zusammenspiels von (weiblichem) Geschlecht und Behinderung zu beschäftigen, eine Thematik, die auch in einen anderen Themenkomplex, mit dem sich einige intensiv befassten, hineinspielte: die Diskussion um Eugenik und später um Bioethik. Seit 2001 diskutieren Einzelpersonen aus der Bewegung über die Disability Studies, den „Brückenschlag" von der politischen Bewegung zu einer politischen, parteilichen und interdisziplinären Wissenschaft.

Integration

1994 schrieben Bettina Theben und Martin Eisermann in der „randschau": „Das Thema ‚Schule für alle' ist in der Behindertenbewegung, auch in der emanzipatorischen, bisher wenig diskutiert worden. Über zahlreiche, anstrengende und langweilige Diskussionen bezüglich Bordsteinkanten, Bauordnungen, Niederflurbusse etc. ist ein existenzieller und letztendlich alle Bereiche der Persönlichkeitsbildung und Sozialisation betreffender Bereich vergessen worden: Erziehung und Bildung." (3[9], 23) Und in der Tat: Sieht man sich die Ausgaben der „Krüppelzeitung"[1] (1979-1985) und ihrer Nachfolgerin, der „randschau" (1986-2000), sowie sonstige „Bewegungsliteratur" an, muss man feststellen, dass dies ein randständiges Thema war und ist. „Schule für alle" wurde zwar immer „irgendwie" mitdiskutiert im Rahmen der Forderungen nach Nichtaussonderung und Teilhabe, spezielle Aufmerksamkeit erfuhr das Thema kaum. Die „Luftpumpe",[2] in der im Gegensatz zur Krüppelzeitung auch Nichtbehinderte mitarbeiteten, widmete sich dem Thema öfter und stellte ihrer Leserschaft z. B. die Entwicklungen aus Schweden, Dänemark und Italien vor. Dabei wird in der Regel das Vorgefundene als Vorbild bewertet mit der Aufforderung „Suchen wir

---

[1] „Zeitung von Krüppel für Krüppel"
[2] „Zeitung für Behinderte und Nichtbehinderte", ab Ausgabe 3 / 1982 „Zeitung zur Emanzipation Behinderter und Nichtbehinderter"

den deutschen Weg!" (Sandfort 1982, 12) Die konkretesten Forderungen zur schulischen Integration behinderter Kinder stellt die Krüppel-Initiative Marburg (KrIM) in einem in der Luftpumpe 8/ 1982 abgedruckten Leserbrief. Hier wird klar dagegen Stellung bezogen, dass es in vielen der vorgestellten Integrationskonzepte einen „Restprozentsatz (...) prinzipiell nicht integrierbarer" (13) Behinderter gibt. Ebenso wird hier eine Veränderung der Regelschule zu einer humanen Schule gefordert, in der „behinderte Kinder niemals stören" (ebd.).

Das heißt jedoch nicht, dass „Integration" sonst überhaupt keine Rolle gespielt hätte bzw. spielen würde. Bei Durchsicht der verfügbaren Dokumente aus der Behindertenbewegung fällt sofort auf, dass das Verhältnis zur „Integration" von Anfang an von Misstrauen geprägt war. Ebenso fällt auf, dass der Begriff unterschiedlich verwendet wird: als Synonym für größtmögliche Teilhabe behinderter Menschen in der Gemeinschaft, die gewünscht ist – oder als Ausdruck der Anpassung behinderter Menschen an die Normen und Vorstellungen der Gesellschaft, die man kritisiert. „Integration" als passiver Vorgang (integriert werden) erscheint oftmals als Gegenpol zur aktiven „Emanzipation" (sich emanzipieren).

Bereits in der ersten Krüppelzeitung 1979 schrieb Christian[1] über die „Zauberwörter der Behindertenpolitik" (6), nämlich „Rehabilitation – Integration – Partnerschaft" (ebd.). Er beschrieb, dass diese Initiativen immer von den Nichtbehinderten ausgingen: „Sie fühlten sich berufen, uns aus unserer Randgruppenisolation zu befreien und uns zu ‚vollwertigen gleichberechtigten Mitgliedern' in der Welt der ‚Normalen' zu machen. Was aber heißt das eigentlich für uns Krüppels (sic!), in der Welt der Nichtbehinderten, der so genannten ‚Normalen' zu leben? Klar geworden ist uns schließlich dabei die Anforderung und der Zwang, ‚normal' sein zu müssen." (ebd.) Die Einschätzung war, dass es Integration nur zu den Bedingungen der Nichtbehinderten gibt, die entsprechende Anpassungsleistungen erwarten. Die „integrierten" Behinderten müssen jedoch für ihre Integration einen hohen Preis zahlen: „Um akzeptiert zu werden, als ‚normal' zu gelten, sind wir gezwungen, uns an ihren (der Nichtbehinderten S. K.) Interessen zu orientieren (...) So wird von den Nichtbehinderten unsere Persönlichkeit zerstört." (ebd., 8) In der gleichen Ausgabe der Krüppelzeitung schrieb Franz über die Situation „integrierter" Behinderter in Italien, über die „in letzter Zeit (...) immer ziemlich viel (...) geschwärmt (wird)." (1979, 34) Sein Resümee eines Besuches vor Ort: „Immermehr drängt sich (...) der Verdacht auf, dass man hier unter Integration Anpassung versteht." (ebd., 36) Diese Einschätzung zieht sich als Roter Faden durch die Geschichte der Behindertenbewegung im Hinblick auf das Thema Integration.

Integration hat in der Regel eine negative Konnotation, ist ohne Anführungsstriche oder ein „Sogenannt" davor nicht zu denken. Sonderschulen und Sonder-

---

[1] In den ersten Jahren zeichneten die Autor/innen der Krüppelzeitung ihre Beiträge nur mit dem Vornamen.

pädagogik stehen von Anfang an als aussondernde Institutionen bzw. die diese begründende Wissenschaft und damit Herrschaftswissenschaft (Frehe 1980, 44) im Kreuzfeuer der Kritik. Als Weg zur Überwindung aussondernder Strukturen wird aber nicht „ein optimal zu strukturierender Lernprozess, sondern ein über unzählige Auseinandersetzungen (zu) führender Politisierungsprozess" (ebd.) gesehen. Als Ziel dieses Prozesses wird nicht Integration genannt, sondern u. a. „die Auflösung der Anstalten und Schaffung von Alternativen für alle ..." (ebd., 49)

Mit dem Begriff Integration mitgedacht wurde immer das gesellschaftliche Machtgefälle, das Wissen darum, dass nicht die behinderten Menschen selbst über ihre Integration entscheiden, sondern die nichtbehinderte gesellschaftliche Mehrheit, was nach sich zieht, dass manche als integrierbar gelten und andere nicht: „Wer möglichst weit an die Norm Nichtbehinderter angepasst werden kann, wird zu diesem Zweck unterstützt." (Daniels et al 1983, 9)

Entsprechend wurde auch immer kritisch hinterfragt, ob Integration überhaupt ein anstrebenswertes Ziel sein kann. So fragte sich „eine Genossin aus Frankfurt" 1981 in der Krüppelzeitung (nachdem sie sich als „als 'integriert' anerkannt" (26) beschrieben hatte): „Was bedeutet uns ‚Integration'? Nimmt sie uns nicht unsere Behindertensolidarität für die Anerkennung fast ‚NORMal' (sic!) zu sein? Bewirkt sie nicht auch unser Konkurrenzverhalten?" (ebd.) Und sie stellte fest, dass sie durch ihr „Integriertsein" nicht nur Vorteile hatte: „Ich bin sauer auf mein Integriertsein, weil ich dadurch NORMEN übernommen habe, die jetzt Steine im Weg (...) sind. Ich frage mich, was ich denn durch meine Integration gewonnen habe ..." (ebd., 28). „Integriertsein" bedeutete angepasst, unauffällig zu sein und galt nicht als erstrebenswert, wie Franz Christoph 1983 sehr pointiert in seinen „Krüppelschlägen" beschreibt: „Integration? Als Unterdrückte erschleichen wir uns einen Platz unter den Unterdrückern." (124)

Integration konnte also nicht das Ziel eines behindertenbewegten Menschen sein. Vor allem von Seiten der Krüppelgruppen kam vermehrt die Forderung nach „Konfrontation statt Integration". (Frehe 1984, 105) Diese Formel, bezeichne „den Weg zu uns selbst, zur Veränderung unseres Alltags und schließlich der uns bestimmenden Strukturen. (...) Dadurch, dass wir zum Angriff übergehen, werden wir endlich vom behandelten Objekt zum handelnden Subjekt." (ebd.) Dabei sollte auch der nichtbehinderten Mehrheit der Spiegel vorgehalten werden: „Das Ziel im politischen Auftreten ist nicht die Forderung nach Integration, stattdessen wird die nichtbehinderte Öffentlichkeit mit ihren eigenen Unzulänglichkeiten konfrontiert." (Sierck 1982, 153)

So gewann zunehmend das Ziel der Emanzipation an Bedeutung, wobei die Frage der (Nicht-)Zusammenarbeit mit Nichtbehinderten mitdiskutiert wurde. Die einen sahen die Zusammenarbeit mit Nichtbehinderten als Voraussetzung für die Emanzipation (Gerlef 1981, 31f), für die anderen konnte die „ehrliche Emanzipation der Krüppel" (Udo 1981, 36) nur durch diese selbst geschehen. „Damit ist auch umrissen, welcher Personenkreis das Anliegen der ‚Behinderten' vortragen muss: die Krüppel, die sich als solche akzeptieren.[1] Die Nichtbehinderten können dabei allenfalls eine unterstützende Rolle spielen." (ebd.) Die unterschiedlichen in der Diskussion vertretenen Standpunkte legte Horst 1981 dar, hier wurde deutlich, wie unterschiedlich diese waren und weshalb eine Zusammenarbeit oftmals schwierig bis unmöglich war. Die Position der Cebeefs war, dass „Integration durch (ein) gemeinsames Clubleben" (1981, 42) erreicht würde, weshalb der Ausschluss Nichtbehinderter die Integration gefährde. Ihr Credo lautete zusammengefasst „Emanzipation durch Integration" (ebd.) Eine andere Position wurde aus den Volkshochschulkursen „Bewältigung der Umwelt" vertreten. Man sah Integration kritisch als „aussondernde Rehabilitationspolitik" (ebd.), war aber der Meinung, dass nur gemeinsam mit Nichtbehinderten erfolgreich gegen diejenigen gekämpft werden könne, die Integration als Anpassung forderten. „Zusammengefasst: Emanzipation vor Integration – Gemeinsame politische Aktionen Behinderter und Nichtbehinderter gegen Aussonderung." (ebd., 43) Die „Krüppelposition" schließlich setzte auf Selbstvertretung, selbstredend ohne Zusammenarbeit mit Nichtbehinderten, „zusammengefasst: Konfrontation statt Integration – Selbstorganisierung der Krüppel – eigenständige politische Aktionen." (ebd., 44)

1989 erschien Udo Siercks Buch „Das Risiko, nichtbehinderte Eltern zu bekommen", indem sich der Autor – Mitbegründer der Hamburger Krüppelgruppe – ausführlich mit der Integration auseinander setzte. Auch er beschrieb, dass alle vorhandenen Integrationsmodelle von Nichtbehinderten gemacht wurden, wobei ein zentraler Aspekt immer unter den Tisch fiel: „Die Konflikte zwischen ‚Normalen' und ‚Unnormalen', zwischen behinderten und nichtbehinderten Menschen." (9) Solange sich dieses nicht ändere, sei Integration nicht möglich, denn: „Behinderte Menschen werden ständig den Zwang spüren, sich anpassen zu müssen, solange die überwältigende Mehrheit ihrer Umgebung sich selbst nicht in Frage stellt." Dies führe dazu, dass die nicht anpassungsfähigen oder -willigen Behinderten als nicht-integrierbar wieder den Sondereinrichtungen zugeführt würden, Integration somit „höchstens Illusion" (10) bliebe. Überlegungen zur Integration müssten „grundsätzlich alle behinderten Kinder" (11) einbeziehen, ansonsten bliebe das Prinzip der Aussonderung erhalten. Darüber hinaus müssten die an der Integration beteiligten Professionellen „Kritikfähigkeit und Phantasie" (11) einbringen, denn dies seien „Voraussetzungen, die Integration durchführbar und sinnvoll machen." (12) Wichtig sei auch, dass Integration nicht nur im Kindesalter stattfinde, sondern sich behinderte und nichtbehinderte Menschen in allen gesellschaftlichen Bereichen begegneten und auf diese Weise ein realistischeres Bild von einander bekämen. Und schließlich dürfe Integration kein Zwang sein: „Als integriert gilt, wer sich so verhält, wie es vorgezeichnet

---

[1] Dies war auch das „Zugangskriterium" für die Mitgliedschaft in den Krüppelgruppen. Ähnlich gilt für die gesamte Behindertenbewegung: Wer sich selbst als „behindert" begreift, gehört dazu.

und erwartet wird. Für mich ist eine Integration aber nur dann wünschenswert, wenn ich das Recht habe, mich auszuschließen." (ebd.)

Interessant ist hier, dass Sierck zwar die bisher innerhalb der Bewegung an Integration geäußerte Kritik hinsichtlich der Integration „von Gnaden der Nichtbehinderten" teilte, sich jedoch nicht der Forderung nach Emanzipation der Behinderten anschloss. Diese Forderung wurde u. a. 1993 von Lothar Sandfort aufgenommen, der „Emanzipation vor Integration und Normalisierung" (76) stellte: „Integration war immer nur zweitrangig" (ebd.). Sandfort beschrieb die Unterscheidung behinderter Menschen in „integrationsfähige" und „integrationsunfähige" (32) und den Preis, der für Integration gezahlt werden müsse: „Nur wer sich auch als Behinderter den herrschenden Idealen und dem Konkurrenzprinzip unterwirft und dem standhalten kann, kann sich der Aussonderung entziehen. So stößt die schulische Integration Behinderter an Grenzen, weil die eigentlichen Bildungsziele und -ideale nicht verändert werden." (53) Da Integration Anpassung voraussetze, sei „Emanzipation (...) immer das vordringlichste Ziel der autonomen und radikalen Selbsthilfeinitiativen Behinderter" gewesen (77). Sandfort endete mit einem Plädoyer für die Emanzipation, die für behinderte Menschen eine besondere Herausforderung darstelle, denn „Behinderte müssen mehr und anderes bewältigen" (86) als Mitglieder anderer Emanzipationsbewegungen: „Am Anfang jeder Emanzipation muss es gelingen, die eigene, wesentliche Andersartigkeit und Nichtnormalität auszuhalten (...) Emanzipation Behinderter heißt auch, Einschränkungen als bedauerlich anzuerkennen." (87) Pro Emanzipation argumentierte auch Karsten Exner 1997. Im Verlauf eines Beitrags, der sich hauptsächlich mit der „deformierten Identität behinderter Männer" auseinandersetzt, fordert er für den „gesamten ‚Behindertenbereich' (einen) Paradigmenwechsel vom Ziel der Integration hin zur Emanzipation." Auch hier wird Integration kritisch bewertet, „ein Machtgefälle zwischen Integrierenden und Zuintegrierenden zu Ungunsten der zweit genannten Gruppe" konstatiert und festgestellt, dass Integration in dieser Form Behinderung brauche und damit fortschreibe: „Integration, die sich an Menschen mit einer Behinderung richtet, braucht die Existenz von Behinderung." Im Gegensatz zur Integration, die sich an „die Behinderten" als Gruppe richte, seien „emanzipatorische Ansätze (...) in der Lage, die gesamte Person mit allen ihren Markmalen und Fähigkeiten zu berücksichtigen ...", denn Emanzipation bedeute nicht die Anpassung an bestehende gesellschaftliche Verhältnisse und Erwartungshaltungen, sondern vielmehr die Befreiung aus diesen Machtverhältnissen. Allerdings fordere ein solcher Emanzipationsprozess auch die Behinderten, denn als Voraussetzung müssten sie akzeptieren, dass sie nicht normal sind und zu ihrer „Andersartigkeit" stehen – eine Forderung, die bereits in den frühen Jahren erhoben worden war, jedoch kaum umgesetzt wurde: „Die Behindertenbewegung – und zwar alle Stränge – tut sich bis heute mit der Tatsache dieser nicht beseitigbaren Einschränkungen ungeheuer schwer." (Sandfort 1993, 87) Im Zuge der zeitlichen Entwicklung der Behindertenbewegung zur Selbstbestimmt-Leben-Bewegung lässt sich ansonsten feststellen, dass „Integration" als in der politischen Diskussion verwendeter Begriff weitgehend verschwindet. Mit dem zunehmenden Selbstverständnis als Bürgerrechtsbewegung[1] und der damit einhergehenden Einmischung in rechtliche Projekte des Staates[2] traten neben die von Anfang an wichtigen Begriffe Nichtaussonderung, Selbstbestimmung und Selbstvertretung die der gesellschaftlichen Teilhabe und rechtlichen Gleichstellung.

Integration kommt inzwischen hauptsächlich im Zusammenhang mit Arbeit in die Diskussion, wenn es z. B. um „integrierte Arbeitsplätze" (omp 2006, 23) geht. Der Kampf gegen Aussonderung und aussondernde Bedingungen geht weiter, z. B. mit der Kampagne zur De-Institutionalisierung „Marsch aus den Institutionen – reißt die Mauern nieder",[3] die seit 2003 läuft. Gekämpft wurde und wird für Barrierefreiheit im öffentlichen Raum, zugängliche öffentliche Verkehrsmittel, Assistenz für die im Alltag benötigten Hilfen bzw. der Ausbau ambulanter Strukturen – Bedingungen für Teilhabe und ein Leben in der Gemeinde. Entsprechende Gesetzesvorhaben wurden gefordert, auf den Weg gebracht und mitgestaltet, jedoch nie mit dem Fokus auf „Integration".

Wie in dem Zitat von Theben und Eisermann bereits eingeführt, war die gemeinsame Erziehung und Beschulung behinderter Kinder im Bewegungskontext ein Thema, dem wenig Beachtung geschenkt wurde. Interessant ist in diesem Zusammenhang, dass es auch nie eine bewegungsinterne Diskussion darüber gegeben hat, wie eine gemeinsame Unterrichtung / Erziehung behinderter und nichtbehinderter Kinder und Jugendlicher aus der Sicht der emanzipatorischen Behindertenbewegung ausgestaltet werden sollte. Die wenigen Texte, die es aus der Behindertenbewegung zur schulischen Integration gibt, sind grundsätzlich affirmativ – wobei gleich wieder das Misstrauen gegen jegliche von Nichtbehinderten initiierte Integration auftaucht: „Dass sich gegen die Ghettoisierung ihrer Kinder eine Elternbewegung entwickelt hat, ist erfreulich. Der Wille zur Nichtaussonderung, gepaart mit dem unreflektierten Einsatz des geballten therapeutischen Apparats, lässt allerdings die Frage offen, inwieweit Eltern sich von den Anforderungen an Beweglichkeit und Fitness, an Intelligenz und Ästhetik getrennt haben. Dies wäre notwendig, um dem Kind nicht eine Normalität aufzudrücken, die nicht seine ist." (Sierck 1986b, 36)

Es erstaunt, dass eine Bewegung, die sich das „Peer-Counseling", also die Beratung durch Gleichbetroffene, als oberstes Prinzip auf die Fahnen geschrieben hat (Vieweg 2003), nie die Frage danach gestellt hat, was es für behinderte Kinder in gemeinsamer Beschulung bedeutet, u. U. als einziges Kind mit einer Beeinträchtigung in der Klasse / Schule zu sein – ohne jeglichen „Peer". Wenn das Vorhandensein von Peers so wichtig ist – wie sonst postuliert – würde sich die

---

[1] vgl. Gründungsresolution der ISL e.V. (Interessenvertretung Selbstbestimmt Leben Deutschland, der Dachverband der mehr als 20 Zentren für Selbstbestimmtes Leben in Deutschland).
[2] 1994 Grundgesetzänderung, 2001 SGB IX, 2002 Behindertengleichstellungsgesetz, momentan Antidiskriminierungsgesetz.
[3] http://www.forsea.de/projekte/2004_marsch/marsch_start.shtml (20.03.06).

Frage stellen, wie hier Abhilfe geschaffen werden kann. Eine andere interessante Frage wäre auch die danach, was behinderte Kinder stark und selbstbewusst macht. Eine Erziehung zur „Quasi-Normalität", zur Anpassung, wie sie von nichtbehinderten Professionellen zu erwarten ist, sicherlich nicht. Lernen sie z. B. in integrativen Zusammenhängen ihre Beeinträchtigung zu leugnen oder selbstbewusst mit ihr umzugehen bzw. ist das überhaupt ein Thema? Wie muss Unterricht sein, müssen Lehrer/innen sein, die einen solchen Prozess unterstützen, anstatt in Normalität zu „integrieren"? Und wie erleben behinderte Kinder selbst die Erziehung/Beschulung zusammen mit nichtbehinderten Gleichaltrigen, die immer in der Mehrheit sind? Welchen Einfluss kann die Behindertenbewegung nehmen, um auch hier „Gleiche Chancen, wie sie Nichtbehinderte haben" (Vieweg 2003) zu ermöglichen? Hier gibt es für die Behindertenbewegung noch viele spannende Fragestellungen, die darauf warten, bearbeitet zu werden. Auf diesem Hintergrund ist es äußerst erfreulich, dass die Interessenvertretung Selbstbestimmt Leben für ihre Tagung im November 2006 das Thema „Inklusion in der Schule – Bildung für alle"[1] auf die Tagesordnung gesetzt hat, wo darüber hoffentlich lebhaft diskutiert werden wird.

Literatur

Christian: Rehabilitation – Integration – Partnerschaft, in: Krüppelzeitung 1/1979, 6-8.
Christoph, F.: Krüppelschläge. Gegen die Gewalt der Menschlichkeit, Reinbek bei Hamburg 1983.
Christoph, F.: Unterdrückung durch Normalität, in: Gerber, Ernst P. / Piaggio, Lorenzo (Hrsg.): Behinderten-Emanzipation. Körperbehinderte in der Offensive, Basel 1984, 69-77 (Nachdruck des „Behindertenstandpunkt" von 1980).
Eine Genossin aus Frankfurt: Krüppel-Coming-Out, oder wie ich es nennen soll, 1979, in: Krüppelzeitung 1/1981, 26-28.
Exner, K.: Deformierte Identität behinderter Männer und deren emanzipatorische Überwindung, In: Warzecha, B.: Geschlechterdifferenz in der Sonderpädagogik: Forschung – Praxis – Perspektiven, Hamburg 1997, 67-87, http://www.bidok.uibk.ac.at/library/exner-deformiert.html (14.03.06).
Franz (1979): Italienische Psychiatrie: Aus der Sicht der Behinderten, in: Krüppelzeitung 1/1979, 34-36.
Frehe, H. (1980): Beraten und Benutzen, in: Psychologie & Gesellschaftskritik, Jg.4, Heft 3, 1980, 43-49.
Frehe, H.: Die Helferrolle als Herrschaftsinteresse nichtbehinderter „Behinderten-(Be) Arbeiter", in: Wunder, M. / Sierck, U. (Hrsg): Sie nennen es Fürsorge. Behinderte zwischen Vernichtung und Widerstand, Berlin 1982, 157-163.
Frehe, H.: Konfrontation oder Integration, in: Gerber, E. P.; Piaggio, L. (Hrsg.): Behinderten-Emanzipation. Körperbehinderte in der Offensive, Basel 1984, 104-129.

---

[1] http://www.isl-ev.de/2006/01/16/20-bis-21november-2006-bremen-zukunft-beginnt-heute-%e2%80%93-behindertenpolitik-im-jahre-2020/

Gerlef aus Hamburg: Zusammenarbeit mit Nichtbehinderten? Pro, in: Krüppelzeitung 1/1981, 31-35.
Horst: Emanzipation vor Integration?, 1981a, in: Krüppelzeitung 1/1981, 42-44.
Horst: Hilfe und Gewalt sind eine Einheit!, 1981b, in: Krüppelzeitung 1/1981, 66-68.
Interessenvertretung Selbstbestimmt Leben in Deutschland e.V.: Gründungsresolution der ISL e.V., 1991, http://www.isl-ev.de/2005/06/22/grundungsresolution-der-isl-ev/ (16.03.2006).
Krüppel-Initiative Marburg (KrIM): Integration für alle?, in: Luftpumpe (5) 8, 1982, 13.
Mitglieder der Krüppelgruppe Bremen: Krüppelunterdrückung und Krüppelgegenwehr, in: Psychologie & Gesellschaftskritik, Jg.4, Heft 3, 1980, 4-8.
N.N.: Resolution vom 24.01.1981, (Privatarchiv S.K.).
N.N.: Warum Krüppel?, in: Krüppelzeitung 1/82, 2.
N.N.: Integration muss in der Schule weitergehen!, in: die randschau 1 (1), 1986, 36.
Omp: Und wieder eine neue Werkstatt. Kobinet-Nachrichten vom 06.02.2006, in: Forsea Inforum 1/2006, 23.
Sandfort, L.: alle gleich und doch verschieden, in: Luftpumpe (5) 1, 1982, 3-12.
Sandfort, L.: Esmeralda – ich liebe Dich nicht mehr. Behinderte emanzipieren sich, Frankfurt a. M. 1993.
Sierck, U.: Die Entwicklung der Krüppelgruppen, in: Wunder, M. / Sierck, U. (Hrsg): Sie nennen es Fürsorge. Behinderte zwischen Vernichtung und Widerstand, Berlin 1982, 151-156.
Sierck, U.: Eine Idee, die nicht mehr zurückschraubbar ist, in: die randschau 1 (1), 1986a, 34-35.
Sierck, U.: Nur ein Anfang, in: die randschau 1 (1), 1986b, 26.
Sierck, U.: Das Risiko, nichtbehinderte Eltern zu bekommen. Kritik aus der Sicht eines Behinderten, München 1989.
Steiner, G.: In eigener Sache, in: Deppe-Wolfinger, H. (Hrsg.): behindert und abgeschoben. Zum Verhältnis von Behinderung und Gesellschaft, Weinheim und Basel 1983, 79-92.
Steiner, G.: Selbstbestimmung und Assistenz, In: Gemeinsam leben – Zeitschrift für integrative Erziehung Nr. 3/1999, http://www.bidok.uibk.ac.at/library/gl3-99-selbstbestimmung.html (14.03.06).
Steiner, G.: Wie alles anfing – Konsequenzen politischer Behindertenselbsthilfe, 2003, http://www.forsea.de/projekte/20_jahre_assistenz/steiner.shtml (15.03.2006).
Theben, B. / Eisermann, M.: „Nichts kann uns aufhalten. Alles ist möglich" in: die randschau 3(9), 1994, 22-23.
Udo: Antwort zur Stellungnahme, in: Krüppelzeitung 1/1981, 36-41.
Vieweg, B. (2003): Selbstbestimmt Leben und gesellschaftliche Teilhabe, in: impulse Nr. 25, März 2003, S. 5-10, http://www.bidok.uibk.ac.at/library/imp25-03-vieweg-teilhabe.html, (16.03.06).
Waldschmidt, A.: Zu den Strukturen und Wirkungsmöglichkeiten von Selbsthilfezusammenschlüssen im Behindertenbereich, Unveröffentliche Diplomarbeit im Studiengang Sozialwissenschaft, Universität Bremen, 1984.

II. Handlungsfelder

Heinrich Greving
Kann man Inklusion lernen? –
Anfragen an eine didaktisch-methodische (Un-)Möglichkeit

In diesem Beitrag wird der Begriff der Inklusion zuerst aus systemtheoretischer Sicht beschrieben, danach wird skizziert, ob und wie Inklusion auf diesem Hintergrund evaluiert werden kann, anschließend sollen mögliche Fragen zu den Themen der Lehr- und Lernbarkeit der Inklusion gestellt und in Ansätzen beantwortet werden. Dieser Beitrag schließt ab mit einem kurzen und offenen Fazit.

1. Was ist Inklusion?

Die Theoriediskussion der letzten Jahre, ja, beinahe Jahrzehnte lässt den Begriff der Inklusion als einen höchst schillernden im Bereich des Sozialwesens, also somit auch der Heilpädagogik, erscheinen (dieses wird auch in den unterschiedlichen Beiträgen dieses Sammelbandes noch einmal deutlich). Die Spannbreite reicht hierbei über eine erweiterte Integration und einer didaktisch-methodischen Umsetzung bis hin zu einer Destruktion dieser Begrifflichkeit. Aus der Vielzahl der unterschiedlichen Ansätze Inklusion näher zu bestimmen, soll eine Möglichkeit herausgegriffen werden: Die Fassung der Inklusion im Kontext der Systemtheorie so wie Niklas Luhmann sie grundgelegt hat. Diese Definition erscheint mir als die zurzeit stringenteste, auch wenn sie in hohem Maße mit Problemen verbunden zu sein scheint: So z. B. mit dem Problem der Anschlussfähigkeit im Hinblick auf andere Ansätze zur Integration bzw. Inklusion bzw. im Hinblick auf mögliche Umsetzungsformen sowie in Bezug auf didaktisch-methodische Realisationsmöglichkeiten.

Der Begriff der Inklusion, so wie ihn Niklas Luhmann versteht, geht zurück auf die Theorie der funktionalen Differenzierung der Gesellschaftsformen. Dieser systemtheoretische Ansatz ersetzt die eher übliche Annahme der Ausdifferenzierung von möglichen Teilsystemen der Gesellschaft (in den Bezugnahmen von: Teil / Ganzes) durch die Differenzierung im Hinblick auf Systeme und Umwelten:

„Danach besteht ein differenziertes System nicht nur einfach aus einer gewissen Zahl von Teilen und Beziehung zwischen diesen Teilen; es besteht vielmehr aus einer mehr oder weniger großen Zahl von operativ verwendbaren System / Umwelt-Differenzen, die jeweils an verschiedenen Schnittlinien das Gesamtsys-

tem als Einheit von Teilsystem und Umwelt rekonstruieren" (Luhmann 1996, 22).
Die Differenzen bzw. Differenzierungen zwischen System und Umwelt bzw. die unterschiedlichen Schnittstellen, Brüche und Grenzziehungen lassen sich hierbei als relevante operative Bezugnahmen bzw. Schnittmengen im Hinblick auf Teilsysteme und Umwelt bestimmen. Gerade diese Bestimmungen führen des Weiteren zu einer stärkeren Konkretisierung von Inklusionsmechanismen. Wie Merten (2001, 175f) feststellt, lassen sich diese Differenzierungen und Grenzen zwischen System und Umwelt zudem als Frage eines Verhältnisses von Identität – nämlich der Identität des Systems – und der Differenz zur Umwelt formulieren. Hierbei wird die Frage der Identitätsbestimmung über den Operationsmodus des jeweiligen Systems konkretisiert: „...und diese Operation wird mittels eines binären Codes vollzogen, der allein trennscharf zwischen System und Umwelt zu differenzieren gestattet, und zwar ausschließlich nach Maßgabe des jeweiligen Systems selbst" (Merten 2001, 175f). Diese binäre Codierung impliziert eine permanente Kontingenz aller hierin stattfindenden Vorgänge, da alles zugleich möglich oder unmöglich ist, geschehen kann oder nicht geschehen kann, alle beteiligten Handlungspartner (besser: Systeme) autonom und autopoietisch handeln und somit ein Handeln der Gegenseite niemals komplett antizipiert werden kann. Selbst das eigene Handeln, sozusagen das systeminhärente Handeln ist hierbei nicht bis ins Letzte festzulegen. Diese binäre Codierung schließt die Systeme quasi in sich ab, da sämtliche Vorgänge, Handlungen und Prozesse in diesen Systemen jeweils nur auf den ausgeprägten deutlich wahrnehmbaren Wert desselben Codes und nicht auf andere von außen kommende Kontexte und Codes verweisen. Mehr noch: „Erst die Schließung der Systeme durch binäre Codierung führt zu einer Autopoiesis" (Merten 2001, 176). Durch diese Prozesse entsteht eine funktionale Differenzierung der Gesellschaft in wiederum funktional unabhängige (aber dennoch miteinander verdrahtete) Teilsysteme wie z. B. der Wirtschaft, der Politik, der Familie, des Rechts, der Religion, der Erziehung u. a.. Diese jeweiligen Teilsysteme antizipieren, produzieren und reflektieren materielle bzw. symbolisch kommunizierte Ressourcen. Wer somit an diesen Ressourcen teilhaben möchte, muss sich den Inklusionsbedingungen und Bedingtheiten der jeweiligen Systeme anpassen. Geschieht dieses nicht, so riskiert der Jeweilige einen Ausschluss, somit eine Exklusion aus diesem System (vgl. Kleve 1997, 414). Eine so verstandene Inklusion hat auch nichts mehr gemein mit der landläufig bekannten (und häufig versuchsweise vollzogenen) Integration, während diese, also die Integration auf die Zugehörigkeit zu unterschiedlichen sozialen Gruppen wie z. B. Familien oder Stände verweist, und hierin und hierdurch über normative Verbundenheiten vermittelt ist, beschreibt Inklusion ausschließlich „eine funktionale System-Umwelt-Beziehung von Menschen zur Gesellschaft, die (nur noch) über die Teilnahme an Funktionssystemen kommunikativ erreichbar ist ..." (Kleve 1997, 415). Diese Differenzierung zwischen Inklusion und Integration hat einen nicht unerheb-

lichen Einfluss auf die Wahrnehmung bzw. sogar Durchführung möglicher Ausschlussmechanismen. Wollen Personen somit ihre Inklusionsfähigkeit nicht gefährden, dürfen sie nie so fest integriert sein, „dass ihnen die Freiheit für wechselnde Inklusion verloren geht. Die primäre Differenzierungsform der modernen Gesellschaft liegt also quer zu den (traditionalen) Integrationen der Menschen." (Kleve 1997, 415) Inklusionen beschreiben also in welchen Formen Menschen an Sozialsystemen teilnehmen können, d. h. durch welche Kommunikationsmechanismen bzw. Ausprägungsformen eben dieser Kommunikationsmechanismen Teilnahme an diesen Sozialsystemen ermöglichen. Aber auch die Unmöglichkeit der Kommunikation wird hierdurch beschrieben, ohne dass eine völlige Desinklusion dieser Personen angestrebt ist. Das Modell der Inklusion nach Niklas Luhmann – so wie es in der Sozialarbeitswissenschaft schon seit einigen Jahren diskutiert wird – stellt somit ein Kommunikationsmodell dar, in welchem sowohl Einschluss- als auch Ausschlussprozesse wahrnehmbar, diagnostizierbar und modifizierbar sind. Es ist hier weder eine vollständige Exklusion noch eine völlige Inklusion möglich, ja, sogar notwendig, da die unterschiedlichen Personen immer wieder zwischen unterschiedlichen Sozialsystemen wechseln und an den jeweiligen Kommunikationskreisläufen eben dieser Systeme teilnehmen bzw. auch nicht teilnehmen zu vermögen. Ob somit im Teilsystem der Wirtschaft das Kommunikationsmedium des Geldes, im Teilsystem der Religion das Kommunikationsmedium des Glaubens, im Teilsystem der Politik das Kommunikationssystem bzw. die Kommunikationspotenziale der Macht wahrgenommen werden können, ist immer wieder unterschiedlich differenziert wahrzunehmen bzw. zu realisieren. Inklusion, und auch an dieser Stelle folge ich erneut Merten, ist somit eine funktionssysteminterne Bestimmung, sie antizipiert und ordnet u. a. die innersystemische Kommunikation (vgl. Merten 2001, 176), und bietet somit Ansatzmöglichkeiten zur Modifikation eben dieser Kommunikationsprozesse. Dieser Begriff der Inklusion hebt somit ab auf mögliche diagnostische Prozesse im Hinblick auf die Systembildung der Gesellschaft. Eine erste heilpädagogische Relevanz besteht somit in der Aussage, dass die Inklusion an einem gesellschaftlichen System nicht zugleich eine Exklusion in anderen Systemen bedeutet: „Wer am Teilsystem Religion teilnimmt, wird deshalb nicht vom Politiksystem ausgeschlossen. Wer krank ist (und ins Medizinsystem inkludiert wird), verliert nicht seine Rechtsfähigkeit usw." (Merten 2001, 177) – Auch hierbei verweisen wiederum Inklusion und Exklusion aufeinander. Der eine Prozess ist ohne den anderen nicht zu haben, wobei Exklusion nur beschreibt, dass eine Person an Kommunikationsprozessen eines Teilsystems nicht teilnehmen kann.

Im Hinblick auf die Ableitung des Inklusionsbegriffes aus der funktional differenzierten Gesellschaftsordnung bleibt somit zu fragen, ob aus ihr didaktisch-methodische Folgerungen abgeleitet werden können, welche sie im Kontext heilpädagogischen Handelns als verwertbar erscheinen lassen. Mehr noch: Es ist zu fragen, ob nicht nur die Erziehung als Teilsystem der Gesellschaftsstruktur fungiert, sondern ob auch das Sozialwesen bzw. Teile des Sozialwesens (wie z. B. die Heilpädagogik) als eigenständiges Gesellschaftssystem bzw. als Teilsystem verstanden werden können. Wenn diese Frage bejaht würde bedeutet das, dass die Heilpädagogik ein in sich geschlossenes Funktionssystem darstellt, in welchem in der Tat Menschen mit Behinderung, mit Verhaltensstörungen usw. sowie die sie begleitenden und assistierenden heilpädagogisch Handelnden inkludiert sind, gleichzeitig jedoch u. U. von anderen Teilsystemen ausgeschlossen sind, da es eben genau dieses Funktionssystem nämlich das der Heilpädagogik gibt. Diese etwas ketzerisch erscheinende Frage lässt somit einen ersten Schluss zu: Wenn Heilpädagogik als funktionales Teilsystem der Gesellschaft verstanden wird (im Kontext eines vielleicht übergeordneten Teilsystems der Erziehung), hätte sich die Heilpädagogik die Frage zu stellen, ob und wie Kommunikationsformen möglich und sinnvoll sind, damit eine Anschlussfähigkeit zu anderen Gesellschaftssystemen möglich ist. Wird dieser Frage im heilpädagogischen Kontext nicht kritisch nachgegangen, kann dieses zu einer stabilisierenden Systembildung und somit eben zu nicht gewollten Desintegrationsprozessen führen. Eine stringente Inklusion führte somit zu einer nicht vollzogenen und auch nicht vollziehbaren Integration im Gesellschaftsganzen, Heilpädagogik trüge somit nicht zur Exklusionsvermeidung, sondern durch eine Inklusionsbildung zur Exklusionsstabilisierung bei. Eine vorrangige Aufgabe wäre somit eine Erweiterung der Codierung heilpädagogischer Kommunikationsprozesse im Hinblick auf die sie umschließenden funktionalen Teilsysteme. Gerade die Arbeit an den Grenzen zwischen diesen Teilsystemen erscheint eine didaktischmethodische (aber auch theoretisch begründete) Notwendigkeit zu sein.

Im kritischen Bewusstsein eben dieser Inklusionsvorgänge sollen nun die weiteren Fragen gestellt bzw. in Ansätzen beantwortet werden.

2. (Wie) wirkt Inklusion?

Um Inklusionsprozesse didaktisch-methodisch nutzbar zu machen, müssen diese antizipiert bzw. im Hinblick auf mögliche Realisationsformen evaluiert werden. Die unter Punkt 1 genannten kritischen Anmerkungen zur Inklusion müssen somit Eingang finden in eine mögliche Überprüfung oder Überprüfbarkeit der Inklusionsprozesse. Ein grundlegendes Problem ist hierbei die Evaluation der Kommunikationsprozesse an eben diesen Grenzen zwischen unterschiedlichen Teilsystemen: Da Handlungsmuster und Handlungsmomente so, aber auch ganz anders sein können, sie somit vielfältige Kontingenzen aufzeigen, erscheint eine Evaluation dieser nur teilweise zu operationalisierenden Kriterien äußerst problematisch. Um es ein wenig überspitzt zu formulieren: Wie in der Quantenphysik scheint sich das Objekt der Beobachtung während des Evaluationsprozesses zu verändern und sich genau diesem Prozess anzupassen, d. h.: ob die jeweilige Kommunikationsform nun als Exklusions- bzw. als Inklusionsphänomen darstellbar ist, hängt fast ausschließlich vom Beobachter ab, welcher eben diese Kategorien beschrieben und operationalisiert hat. Da unterschiedliche Beobachter unterschiedliches wahrnehmen, diese unterschiedlichen Wahrnehmungen wiederum unterschiedlichen Wahrnehmenden beschrieben werden, erscheint eine operationale Geschlossenheit dieser Evaluationsvorgänge kaum möglich zu sein. Hierzu ein Beispiel: Die Teilnahme an einem Gottesdienst einer Kirchengemeinde kann von Menschen mit Behinderung u. U. als geübtes Ritual verstanden werden, welches jedoch kaum mit spirituellem Leben oder Inhalten gefüllt ist. Die Wahrnehmung dieses Menschen mit Behinderung durch die Gemeindemitglieder kann jedoch eine ganz andere sein: Sie erleben diesen Menschen ebenfalls als gläubig, sind froh, einen Menschen mit Behinderung in ihrer Gemeinde zu haben und freuen sich über die ständige Wiederkehr eben dieses Menschen und laden ihn ggf. sogar zu weiteren Maßnahmen im Rahmen der Kirchengemeinde ein. Ein weiteres Beispiel: Ein Mensch mit Behinderung mag das Geld, was er durch seine Tätigkeit in einer Werkstatt für behinderte Menschen erhält, als mehr als ausreichend für seinen Lebensunterhalt ansehen. Die Mitarbeiter eben dieser Werkstatt, welche diesen Menschen begleiten, erleben jedoch eine Abgeschlossenheit der werkstattinternen Prozesse und eben nicht eine Kommunikation durch die pekuniären Möglichkeiten nach außen. Es scheinen sich somit an den Schnittstellen zwischen Teilsystemen (in unserem Beispiel Religion bzw. Wirtschaft) Unschärfen zu ergeben, welche mittels klassischer Evaluationsmaßnahmen kaum wahrzunehmen und aufzuschließen sind.

Soll Inklusion aber als Maßnahme oder Ziel (was noch näher zu gewichten wäre) im heilpädagogischen Bereich realisiert werden, erscheint eine mögliche Operationalisierung dieser Begrifflichkeit im Rahmen einer Handlungsorientierung dennoch als notwendig. Äußerst vorsichtig sollen hierzu mögliche Kriterien skizziert werden:

In einem ersten Schritt kann vielleicht das Ausmaß der Kommunikation dargestellt werden. Das heißt, wer kommunizierte wann, wo, wie, mit wem und wie lange und wie ist hierbei die systeminterne Kommunikationsstruktur zu gewichten? Wie sieht z. B. die Wahrnehmung des Kommunikationsmediums Geld im Bereich der Wirtschaft konkret für den Menschen mit Behinderung, aber auch für seine Assistenten aus? Wie erlebt der Mensch mit Behinderung die Realisation seines Glaubens im Rahmen der Religion? Ist eine Bemächtigung der Menschen mit Behinderung im Rahmen politischer Prozesse (wie sie z. B. durch Werkstattbeiräte oder Heimbeiräte intendiert ist) möglich? Sind diese unterschiedlichen Kommunikationsmechanismen Ausprägungen unterschiedlicher Teilsysteme oder ergeben sie sich ausschließlich im Teilsystem heilpädagogisch relevanter Maßnahmen – welche wiederum ein einzelnes Teilsystem bilden und somit quasi in sich kohärent wären und andere Mechanismen abschlössen (wie in Punkt 1 skizziert). Es müssen somit, um diese Fragen zu beantworten, Interviews oder Befragungen mit den unterschiedlichen Teilsystemen durchgeführt werden: So natürlich mit dem Menschen mit Behinderung, mit dem jeweiligen pädagogischen Personal, aber auch mit den Menschen, welche in diesen Kommunikationsprozessen involviert sind, aber nicht primär am heilpädagogischen Teilsystem teilnehmen (wie z. B. Nachbarn, Bekannte, Freunde oder Kommunikationspartner eben dieser Teilsysteme).

Ein mögliches weiteres Kriterium ist die Mächtigkeit der jeweiligen Kommunikationsmodi: D. h. wie wirken Geld, Macht, Glaube in diesen unterschiedlichen Teilsystemen bzw. gibt es eine potenzielle Verschiebung in der Wahrnehmung der Mächtigkeit zwischen Menschen mit Behinderung auf der einen, ihrem jeweiligen pädagogischen Personal auf der anderen und den jeweiligen Vertretern der gesamtgesellschaftlich oder teilgesellschaftlich ausgeprägten Systeme auf der dritten Seite? D. h. ist das Kommunikationsmedium des Geldes bei den unterschiedlichen Kommunikationspartnern oder Teilsystemen gleich ausgeprägt oder ist es anders wahrnehmbar, d. h. wie frei ist die Verfügbarkeit dieser unterschiedlichen Kommunikationsmedien im Rahmen einer binären Codierung zwischen Menschen mit Behinderung und Menschen ohne Behinderung bzw. zwischen Klienten und Nutzern auf der einen Seite und pädagogisch Handelnden auf der anderen Seite? Lässt somit die Ausprägung dieser Kommunikationsmodi eine Egalität und Gleichberechtigung zu oder scheitert diese von vornherein an der höchst unterschiedlichen Wahrnehmung eben dieser Modalitäten? Ist es eben somit nicht gleich-gültig, wer mit diesen Kommunikationsweisen in und zwischen unterschiedlichen Teilsystemen agiert? Antworten auf diese Fragen würden Hinweise auf vollzogene, vollziehbare, gelingende oder misslingende Inklusionsprozesse zulassen – wobei hierbei natürlich auch immer Aussagen über mögliche Exklusionen getroffen werden, welche jedoch nicht Integrationsprozesse ausschließen (auch wenn dieses nun beinahe paradox erscheinen mag).

Ein weiteres Kriterium ist die autonome bzw. autopoietische Wahrnehmung (im doppelten Sinne dieses Wortes) der Kommunikationsprozesse. Wie weit sind z. B. Prozesse der Macht, Prozesse des Geldes, Prozesse des Glaubens autonom steuerbar bzw. wie weit sind sie von systeminhärenten Kriterien abhängig? Inwieweit spielt hierbei die Institution, welche als Teilsystem des Teilsystems fungiert, eine Rolle? Vollziehen sich diese Kommunikationsprozesse somit in einem autopoetischen Kontinuum oder sind sie jeweils durch nicht nur scheinbar mächtigere Partner angestoßen, so dass es nur zu einer Teilautopoiesis der Menschen mit Behinderung kommt? Findet somit vielleicht nur eine scheinbare Inklusion im Rahmen einer eigentlich exkludierenden Maßnahme statt?

Ein weiteres Kriterium (welches mit dem erstgenannten eng vernetzt ist) stellt die Beziehung zwischen Kunden / Nutzern und ihrem jeweiligen Personal, d. h. also Menschen ohne Behinderung in unterschiedlichsten Funktionsprozessen dar. Auch hier finden Kommunikationsprozesse statt, welche allerdings nicht auf einer systemtheoretisch begründeten, sondern eher auf einer handlungstheoretisch begründeten Plattform ausgeführt werden. Die Dialoge, sozusagen von Mensch zu Mensch, führen hierbei ein Eigenleben, welches im Kontext der funktional differenzierten Gesellschaft (zwischen den Prozessen der Macht, des

Glaubens usw.) generiert wird. Es wäre zu überprüfen, ob und wie Beziehungen und Bezugnahmen zwischen diesen unterschiedlichen Formen von Kommunikation (und somit auch Kontingenzen) stattfinden und gewollt sind.

Ein letzter Kriterienbereich benennt die Rolle der Organisation in diesem Kontext: Stärken oder schwächen diese Inklusion- und Exklusionsprozesse, d. h. dienen sie zum Systemerhalt bzw. zur Systemauflösung und wie kommunizieren sie jeweils ihre eigene Logik und ihre eigenen binären Codes? Wie schon erwähnt, können hierbei Exklusions- und Inklusionsmechanismen inner- und interorganisatorische Prozesse näher ausleuchten. Diese geschehen nicht zufällig, sondern alle hieran beteiligten Systeme (besser: Personen) sind hieran beteiligt, d. h. eine deutliche Wahrnehmung des Organisationsaufbaus sowie des Organisationsablaufes erscheint notwendig, um Exklusions- und Inklusionsmechanismen deutlicher benennen zu können. Weiterführend wäre auch die Kultur einer Organisation in den Blick zu nehmen, weil diese alle Prozesse der Kommunikation und der Kommunikationsbildung bezeichnet und umfasst.

Um somit Inklusionsmechanismen evaluieren, d. h. die Wirksamkeit von Inklusionsphänomenen beschreiben zu können, lässt sich vorläufig bilanzieren, dass Inklusion eben mehr ist als nur die Teilhabe oder Teilnahme (welches wiederum sehr unterschiedliche Gegebenheiten sind) am gesellschaftssystemischen Ganzen. Es müssen also nicht nur diejenigen Prozesse beschrieben und evaluiert werden, welche scheinbar die Teilnahmemöglichkeiten erlauben, generieren oder bestimmen, sondern es sind vielmehr diejenigen Kommunikationsstrukturen deutlich in den Blick zu nehmen, welche an Grenzen verortet sind und welche letzten Endes über das Schicksal einer gesamten Profession bzw. über die dieser Profession zugeordneten Einrichtungen entscheiden.

3. Wie lehrt man Inklusion?

Um Inklusion bzw. alle hiermit verbundenen Prozesse zu lehren erscheint es notwendig, die Brücke zwischen Theorie geleiteten Begründungen und Handlungswissen zu schlagen. Folgende vier Schritte sind hierbei (mindestens) notwendig:

Zuerst ist eine systemtheoretische Begründung notwendig, welche alle Formen systemtheoretischen Handelns umschließt, d. h. eine Historie der Systemtheorie als Ansatz der Wahrnehmung personaler und gesellschaftlicher Handlungsmuster erscheint in hohem Maße notwendig. Sowohl die Formen einer physikalischen und mathematisch begründeten Systemtheorie (wie sie z. B. Norbert Wiener vorgelegt hat) über den Weg einer biologisch begründeten systemtheoretischen Erklärung (wie sie z. B. von Maturana und Varela erarbeitet worden sind) bis hin zur soziologisch begründeten systemtheoretischen Ausprägung nach Niklas Luhmann erscheinen notwendig, um die Position des Einzelnen in der Gesellschaft bzw. die Kommunikationsprozesse des Gesellschaftsganzen zu verstehen. Ebenso sind hierbei konstruktivistische und chaostheoretische Implikationen notwendig, welche jedoch an dieser Stelle nicht weiter ausgeführt werden können. Nur so viel: Die Vernetzung von physikalischen (also quantenmechanischen) Begründungen mit biologischen, systemtheoretischen, chaostheoretischen und konstruktivistischen Annahmen erscheint erst im Gesamtvollzug aller dieser Ansätze eine sinnvolle Basis für die Wahrnehmung, Differenzierung und Evaluation der Kommunikationsvorgänge an den Grenzen zwischen System und Umwelt, besser zwischen Systemen und Umwelten Wirklichkeit werden zu lassen. In dieser ausgewählt eklektizistischen Begründung erscheint die Systemtheorie nach Niklas Luhmann eingebettet in ein theoretisches Ganzes (welches wiederum unterschiedliche Systemumweltdifferenzierung zwischen eben diesen Theoriesystemen deutlich macht), in welchem eben nicht nur technokratische Annahmen Platz greifend sind, sondern in welchen ebenfalls philosophische, biologische und physikalische Begründungen Hinweise liefern für die Realisierung und Evaluation inklusiver Maßnahmen.

Ein zweiter Bereich stellt die intensive Auseinandersetzung mit politischen Inhalten dar, d. h. eine Fundierung derjenigen Prozesse, welche sozialpolitische, sozialrechtliche und verwaltungsrechtliche Implikationen mit sich führen, erscheint notwendig, um die unterschiedlichen Grenzziehungen im Bereich einer funktional differenzierten Gesellschaftsform wahrzunehmen. Es ist unabweisbar, dass es in der modernen Gesellschaftsstruktur deutliche Unterschiede zwischen Arm und Reich, zwischen Jung und Alt, zwischen bedürftigen und nicht bedürftigen Menschen gibt. Diese Prozesse lassen sich nur höchst unzureichend mit Verortungen zwischen den Polen der Integration und Desintegration erklären. Ein historischer Aufweis der Inklusions- und Exklusionsmechanismen bzw. der Inklusions- und Exklusionsdriften zwischen diesen unterschiedlichen Positionierungen erscheint notwendig. D. h. die Abhängigkeit zwischen unterschiedlichen Gesellschaftsformen im nationalen, internationalen und globalen Ganzen ist relevant, um die Positionierung einer funktional differenzierten Gesellschaft wahrzunehmen und auszuleuchten. Dieses darf nicht nur in den theoretischen Begründungen geschehen, es muss sich vielmehr in der Wahrnehmung aktueller politischer Geschehnisse realisieren: Hierbei erscheint die Interpretation der Arbeitslosenzahlen genauso relevant wie die Wahrnehmung der Nutzung von Kinderkrippen, der Ermordung von Neugeborenen, der Ausprägung des Rechtsradikalismus sowie der Zunahme von alten Menschen mit Behinderung usw. Diese Phänomene müssen als Ausprägungen einer exkludierten und exkludierenden sowie inkludierten und inkludierenden Gesellschaft verstanden werden, welche immer an Kommunikationsprozessen bzw. an Kontingenzprozessen partizipiert bzw. eben solche autopoietisch ausprägt. Eine Wahrnehmung des Exklusionsbegriffes im Kontext der Heilpädagogik erscheint somit in politischer Hinsicht äußerst notwendig, da die Politik im Hinblick auf die Machtgenerierung dazu in der Lage ist, Schnittstellen darzulegen, Schnittstellen zu modifizieren bzw. gesamte Teilsysteme des Gesellschaftsganzen neu zu konfigurieren.

Eine weitere Möglichkeit Inklusion zu lehren stellt die Wahrnehmung von Projekten dar. Die Beschreibung und das Leben heilpädagogischer Praxis erfolgt hierbei auf dem Hintergrund des eben nicht Alltäglichen: d. h. die Schnittstellen zwischen unterschiedlichen Institutionen, Organisationen und Funktionen des Gesellschaftsganzen können im Hinblick einer projektiven Ausprägung in den Blick genommen werden, so dass sich eben nicht mehr nur Routineaufgaben als Praxisaufgaben darstellen, sondern sich eben der Komplexitätsgrad einer Organisation oder Teilorganisation in einem Projekt bearbeiten lässt. Die Interdisziplinarität spielt hierbei eine intensive Rolle, so können Vertreter unterschiedlicher Differenzierungen der Gesellschaft (aus der Sozialpolitik, aus der Wirtschaft, aus der Religion, aus der Heilpädagogik) an diesen Projekten partizipieren bzw. Bezugspunkte eben dieser Projekte sein. Da Projekte generell offen sind, nehmen sie ein Merkmal der Kommunikation im Rahmen funktioneller Differenzierungen quasi vorweg: nämlich die Kontingenzbildungen. Auch die Ergebnisse von Projekten sind generell inhaltsoffen, d. h. eine Vorwegnahme bestimmter Ergebnisse ist weder sinnvoll noch notwendig noch überhaupt realisierbar.

Im Rahmen dieser Projektarbeit sind auch unterschiedliche Ebenen miteinander zu verdrahten, welche wiederum zu unterschiedlichen Kommunikationsprozessen einer funktional differenzierten Gesellschaftsform gehören:
- So die individuelle Ebene (zwischen Menschen mit Behinderung, dem jeweils heilpädagogisch Handelnden und der übrigen Gesellschaft),
- der sich hieran anschließenden und hiermit vernetzten gesellschaftlichen Ebene, durch welche unterschiedliche Institutionen und Organisationen mit eben der erst genannten Ebene vernetzt sind,
- der philosophischen Ebene, welche eine Begründung für die unterschiedlichen Formen der Projektarbeit, des (Zusammen-)Lebens, der Kommunikation bzw. des Umgangs mit Kontingenzen liefert,
- sowie der methodischen Ebene, in welcher und durch welche konkrete Projektformen realisiert werden.

Die Projektarbeit stellt somit im Rahmen der Lehre in der Heilpädagogik eine Möglichkeit dar, den Weg von einem berufsrelevanten Umfeld über eine konkrete Aufgabenstellung hin zu adressatenbezogenen Interventionen und organisationsbezogenen Konzepten zu gehen. Hierbei erscheint eine Erweiterung unterschiedlicher Kompetenzen des Lernenden sinnvoll:
- So der kommunikativen Kompetenz (welche sich sowohl in Bezug auf die Kommunikation im Sinne eines Dialoges als auch im Sinne der Kommunikation der systemtheoretischen Differenzierung verstehen kann),
- der fachlichen Kompetenz (im Hinblick heilpädagogisch tätig zu werden),
- der planerischen Kompetenz (im Gesellschaftsganzen Pläne zu antizipieren, zu leben und zu evaluieren),
- der organisatorischen Kompetenz (in und durch Organisationen handeln zu können).

Ein Projekt stellt somit auch eine Nahtstelle dar, differenziert Vorgänge und Aufgaben an Schnittstellen zwischen Inhalten und Umwelten (an dieser Stelle zwischen Projektinhalten und Projektumwelten) wahrzunehmen. Ein Projekt kann somit quasi als Kommunikationsprozess „unter der Lupe" beschrieben werden, in welchem differenzierten Kommunikationsformen zwischen Systemen und Umwelten mittels einer ausgewiesenen Fragestellung, welche eben nicht einer Routineaufgabe des Alltags entspricht, umgesetzt werden können.

Als letzter Punkt sei die lernende Organisation zu nennen: Organisationswissen bzw. die Ausprägung einer Organisationskultur entsteht auch an den Schnittstellen, die diese Organisation mit unterschiedlichen Systemen und Umwelten verbindet. Durch die Wahrnehmung von Inklusionsprozessen bzw. durch die Durchführung von Projekten, welche die Inklusion in den Mittelpunkt ihrer Planung und Handlung stellen, ist es möglich, das Organisationslernen bzw. das Organisationswissen zu konkretisieren und auszubauen. Projekte wirken sich somit aus auf unterschiedlichste Ebenen des Wissens einer Organisation:

- So z. B. auf das konkrete Handlungswissen,
- auf das fallbezogene Erfahrungswissen,
- auf das systematisierte Konzeptwissen und
- auf das verhaltensanleitende Planungswissen.

Im Kontext dieser Wissensbereiche wird eine Realität wahrgenommen, es wird Erfahrenes realisiert, es werden Verhaltensorientierungen entwickelt und es wird Verhalten neu generiert (vgl. Geißler 1995, 192).

Diese Prozesse wirken sich wiederum aus auf die Lernform einer Organisation und hierbei können die Gedanken von Peter Senge mit in diesen Prozess einbezogen werden (vgl. Senge 1999, 171–327). Es handelt sich hierbei zuerst um das Systemdenken; diese systemtheoretische Sichtweise erlaubt es noch einmal Wechselbeziehungen, welche das Verhalten eines Systems steuern, konkreter in den Blick zu nehmen. Dieses Denken hilft zu erkennen, wie die Systeme Organisation und Interaktion in Organisationen effektiv verändern bzw. wie man in Organisationen in größerer Übereinstimmung mit den sich übergreifenden Prozessen einer Gesamtgesellschaft handeln kann.

Einen zweiten Punkt umfasst die so genannte Personal-Mastery, also das persönliche Können. In diesem Kontext wird eine Organisationsumwelt generiert, welche alle Mitglieder ermutigt, sich selbst in die Richtung ihrer autonomen und autopoietisch konstruierten Ziele zu entwickeln. Diese sind dann wiederum mit den Aufgaben eben dieser Organisation zu vernetzen. In diesem Punkt werden auch Widerstände deutlich, mit welchen dann wiederum gearbeitet werden muss.

Ein dritter Punkt stellt die mentalen Modelle aller Teilnehmenden in den Mittelpunkt, d. h. also die inneren Bilder, in und durch welche in heilpädagogischen Organisationen gearbeitet wird. Die inneren Bilder der Menschen mit Behinderung sind hierbei ebenso relevant wie die inneren Bilder der heilpädagogisch Handelnden sowie die inneren Bilder derjenigen Menschen, welche das Umfeld dieser Organisation bilden (obwohl die letztgenannten häufig sehr schwer zu evaluieren sind). Man kann somit zu diesen mentalen Modellen feststellen, dass man eben keine Interaktion oder Organisation oder keine gesellschaftssystemische Differenzierung im Kopf hat, sondern eben immer nur Präsentationen von eben dieser Organisation oder von eben diesem Gesellschaftssystem.

Dieses leitet über zur so genannten „gemeinsamen Vision", in welcher versucht wird, eine gemeinsame Organisation sowie eine gemeinsame Ausprägung der Grundwerte dieser Organisation zu finden. Ein Projekt kann hierbei eine mögliche Vision antizipieren oder präzisieren.

Abschließend fließt dieses natürlich ein in das Lernen aller Beteiligten, in das so genannte Teamlernen, welches die bewusste Entwicklung aktueller und neuer Kommunikationsweisen und Denkmöglichkeiten für das gesamte Team einer Organisation beschreibt. Dieses Teamlernen soll in einem gemeinsamen Prozess der Lerngenerierung sicherstellen, dass das Wissen eines Teams größer ist, als die Summe individueller Fähigkeiten.

Lehrprozesse in diesem Kontext erfolgen somit in der Vernetzung dieser unterschiedlichen Bausteine im Hinblick auf die Erweiterung des Wissens und im Hinblick auf die Ausprägung einer fortschreitenden Organisationskultur.

4. Wie lernt man Inklusion?

Diese Frage lässt sich relativ einfach beantworten: Indem man die unter Punkt 3 dargestellten Inhalte der systemtheoretischen Begründung, der politischen Orientierung, der Projektarbeit sowie der Tätigkeit in und mit Lernprozessen in Organisationen möglichst konkret umsetzt, sie jeweils aber auch immer wieder kritisch reflektiert. Gerade dieser Reflexionsprozesse erscheinen notwendig, um die eigene Rolle im gesamten Kontext kommunikativer Handlungen (welche in der Tat mehr sind als rein dialogische Handlungen) nachzuvollziehen, d. h. es muss eine Ergänzung zu philosophisch begründeten Kommunikationsmustern (wie z. B. nach Martin Buber oder Emanuel Lévinas) geschehen, damit die kontingenten Bruchstellen im Kommunikationsganzen benannt werden. Hierbei erscheint es notwendig, den Weg von der systemtheoretischen Begründung über die (sozial-)politische Notwendigkeit hin zu systemisch begründeten Projekten und lernenden Organisationsformen zu gehen. Eine mögliche weitere Umsetzung geschieht hierbei in der Diagnostik all dieser Projekte:

Es sind Diagnosemaßnahmen notwendig, um die politischen Beziehungen und Bezugnahmen im gesellschaftlichen Ganzen zu erheben. Des Weiteren erscheinen organisationsdiagnostische Prozesse notwendig, um die Organisationskultur bzw. die Abläufe in und zwischen diesen Organisationen nachvollziehen zu können. Des Weiteren sind Diagnoseprozesse auf der Ebene der Person angezeigt, um mögliche Vollzugsformen von Exklusion und Inklusion näher in den Blick zu nehmen. Gerade letztgenanntes ist im Rahmen einer Diplomarbeit an der Katholischen Fachhochschule Nordrhein-Westfalen, Abteilung Münster, realisiert worden, in welcher die Inklusionsprozesse des ambulant betreuten Wohnens in zwei Münsteraner Stadtteilen untersucht worden sind. Hierbei gerieten vor allem die Prozesse der Wirtschaft und der Religion in den Mittelpunkt des Interesses. Als ein Ergebnis dieser Diplomarbeit kann die Unschärfe benannt werden, welche zwischen den unterschiedlichen Wahrnehmungen und Erwartungshaltungen der Nutzer bzw. der pädagogischen Mitarbeiter sowie weiterer Betroffener im Kontext dieser Inklusionsmechanismen entsteht.

Inklusion ist somit zu Lernen, indem man einen Dreischritt wagt: von der metatheoretischen Begründung der Inklusion über mögliche didaktisch-methodische Schritte (wie Projektarbeit bzw. der Arbeit an lernenden Organisationen bzw. der diagnostischen Prozesse auf all diesen Ebenen) hin zu reflektiven Prozessen, welche die eigene Rolle in diesen Kommunikationsprozessen differenziert darstellt. Nicht vergessen werden darf hierbei aber auch die kritische Wahrnehmung der Profession der Heilpädagoginnen und Heilpädagogen als Ganzes, welche wie bereits oben erläutert, nicht nur Inklusionsmechanismen zu stabilisieren, sondern auch Exklusionsmechanismen hervorzubringen in der Lage ist.

5. Was bleibt?

Ist Inklusion somit als eine neue Form einer heilpädagogischen Technik nachzuvollziehen? Oder ist sie, wie der Titel dieses Beitrages impliziert, eine didaktisch-methodische Unmöglichkeit? Die Wahrheit scheint, wie so häufig, dazwischen zu liegen: Inklusion stellt sich auf der einen Seite dar als Konzept einer gesellschaftsdifferenzierenden Diagnostik bzw. als Modell einer Wahrnehmung unterschiedlicher gesellschaftskultureller und organisationskultureller Mechanismen und Bezugsformen. Inklusion ist somit immer dargelegt durch eine kommunikative Kontingenz, da sie in diesem Kontext immer auch Exklusion meint. Inklusion ist allerdings immer auch eine kontingente Kommunikation, da sie an Schnittstellen operiert, diese Schnittstellen nicht auflöst und somit alle an dieser Kommunikation Beteiligten in einer gesamtgesellschaftlichen Unsicherheit belässt.

Die Realisation dieses Inklusionsverständnisses generiert somit immer wieder auch Macht im Gesellschaftsganzen, da eben diese gesellschaftlichen Prozesse besser durchschaut und somit ggf. optimiert werden können. Inklusion vermeidet somit also Ohnmacht aller hieran Beteiligten und führt hierbei einen aufklärerischen Dolch im Gewande, welcher dazu beitragen kann, eine falsch verstandene Integration (sobald nämlich eben dieses System stabilisiert wird) vom Thron zu stoßen. Inklusion ist somit im Kontext heilpädagogischer Maßnahmen als Prozess der Ver-Mittlung zu kennzeichnen – ohne hierbei gesellschaftssystemische Spannungen auch nur im Geringsten auflösen zu können.

Literatur

Geißler, H.: Grundlagen des Organisationslernens, 2. Aufl., Weinheim 1995.
Kleve, H.: Soziale Arbeit zwischen Inklusion und Exklusion, in: Neue Praxis, 5/1997, 412-432.
Luhmann, N.: Soziale Systeme, Grundriss einer allgemeinen Theorie, 6. Aufl., Frankfurt a. M. 1996.
Merten, R.: Inklusion / Exklusion und Soziale Arbeit, Überlegungen zur aktuellen Theoriedebatte zwischen Bestimmung und Destruktion, in: Zeitschrift für Erziehungswissenschaft, 2/2001, 173-190.
Senge, P. M.: Die fünfte Disziplin, Kunst und Praxis der lernenden Organisation, 7. Aufl., Stuttgart 1999.

Anne-Dore Stein / Willehad Lanwer
Von der Möglichkeit zur Wirklichkeit
Anmerkungen zum Studium „Inclusive Education"

„Bildet euch, denn wir brauchen all euere Klugheit.
Bewegt euch, denn wir brauchen euere ganze Begeisterung.
Organisiert euch, denn wir brauchen euere ganze Kraft."
(Antonio Gramsci, 1919)

Zur Orientierung

Die Begriffe Integration und Inklusion erfahren zur Zeit eine inflationäre Verbreitung.

Die Debatte um die Auslegung dieser Kategorien in der Heil- und Sonderpädagogik ist häufig dadurch gekennzeichnet, dass nicht offen gelegt wird, welche Denk- und Erklärungsmodelle der Auseinandersetzung zugrunde gelegt sind, so dass immanent die Gefahr der Beliebigkeit im Rahmen ihrer Definition besteht. Die Folge davon ist, dass aufgrund der Unbestimmtheit dieser Kategorien sie in ihrer praktischen Anwendung für alles und vieles stehen und vielfältige Assoziationen provozieren. Damit entfernen sich die Integration und Inklusion immer weiter von ihrem inhaltlichen Kerngerüst. Im Sinne von Wygotski (1985) vollzieht sich ein Prozess, der dadurch charakterisiert ist, dass in dem Maße wie die Kategorien sich von ihrem Gegenstandsbereich entfernen, ihr Inhalt desto mehr gegen Null geht.

Indem den Begriffen ihre inhaltliche Potenz genommen wird, besteht die Gefahr, dass sie, so Adorno (1964), den Charakter eines „marktgängerischen Edelsubstantiv" annehmen und in den „Jargon der Eigentlichkeit" verfallen. Die Beliebigkeit der theoretischen Auffassungen sowie der praktischen Umsetzung der Begriffe und damit einhergehend der Prozess ihrer inhaltlichen Entwertung wird besonders deutlich, wenn einerseits die Integration und Inklusion als das Wesentliche, als das Eigentliche der Gestaltung der pädagogischen Aufgabe verstanden wird und andererseits zwischen so genannten integrations- und inklusionsfähigen und unfähigen Personen unterschieden werden. Damit wird die Komplexität des Gegenstandsbereiches dieser Kategorien unzulässig reduziert und ihre Differenziertheit nicht nur trivialisiert, sondern umgekehrt, indem sie eine Dimension der sozialen Kategorisierung und Differenzierung annehmen im Sinne einer Machtstrategie, deren unkritische Übernahme neue Formen der Selektion produzieren. Dieser „Jargon der Eigentlichkeit" zeigt auf, dass Integration und Inklusion prinzipiell auch die Prozesse der Be- und Aussonderung in den Lern- und Lebensfeldern ermöglichen kann. Adorno beschreibt in diesem Zusammenhang den Jargon als „kulturelles Füllsel" (vgl. S. 69) für Verwaltungshandeln. „Das schlimme Wahre hinter jenem Schein jedoch ist eben das Bündnis des Auftrages mit der Verwaltung, welche er in deren Dienst verleugnet" (S. 73).

Die Tauglichkeit und die Leistungsfähigkeit der Begriffe Integration und Inklusion korreliert also aufs engste mit ihre Herleitung und Begründung. Ein Begriff ist stets nur so gut, wie das System von Begriffen, auf das er sich bezieht (vgl. Jantzen 2000, S. 24f). Integration und Inklusion beschreiben und erklären sich nicht aus sich selbst heraus. Beide Kategorien sind nicht voraussetzungslos und wertfrei zu bestimmen, sondern sie sind zunächst in ihrem gesellschaftlich historischen Kontext zu beschreiben. Damit wird ein Bezugsrahmen geschaffen, vor dessen Hintergrund die Analyse und die Bewertung dieser Kategorien zu leisten ist.

Es geht also im Kern darum, die der Integration und Inklusion historischlogisch innewohnende Dimension in ihrer Entwicklung herauszuarbeiten, da nur auf diese Art und Weise die konstituierenden Momente dieser Kategorien nachvollziehbar und überprüfbar werden (vgl. Feuser 1989, 1995). Eine stringente an der immanenten gesellschaftlich historisch ausgerichteten Herleitung und Begründung dieser Begriffe verhindert die Beliebigkeit ihrer theoretischen Bestimmung und praktischen Umsetzung. Ebenso ist vor diesem Hintergrund der Definitionsbereich von Integration und Inklusion näher zu präzisieren und auf den möglichen und notwendigen Erklärungsbereich einzugrenzen.

Integration und Inklusion sind das Ergebnis einer ihnen vorausgehenden Entwicklung, die wiederum auf ihr vorausgehenden Entwicklungen basiert. Dies kennzeichnet die Dimension der historischen Reflexion, Begründung und Herleitung der Begriffe, die aber zugleich die Analyse der gegebenen gesellschaftlichen Verhältnisse mit einbeziehet, d. h. unter anderem die Dimension der politischen und ökonomischen Verhältnissen, die den Hintergrund für Integrations- und Inklusionsprozesse bilden und damit die Räume für die pädagogischen Handlungsfelder aufzeigen.

In diesem Verständnis bilden die „Widersprüche zwischen Erfahrung und Theorie" (Horkheimer 1970, S. 12) die Basis der systematischen Entfaltung und praktischen Realisierung der Integration und Inklusion, indem sie in ihren gesellschaftlich historischen Bedingungszusammenhang zurück versetzt werden.

Insofern ist der Titel dieser Publikation „Inklusion statt Integration? – Heilpädagogik als Kulturtechnik" im Sinne der gesellschaftlich historischen Dimension der Integration im deutschsprachigen Raum kritisch zu hinterfragen. Bereits die Anfang der 1980er Jahre von FEUSER entwickelten Integrationskonzeption umfasste alle heute der Inklusion zugeschriebenen Attribute (vgl. Feuser 1984, 1989). Die Kernaussagen dieser Konzeption beinhalten ein gemeinsames Leben und Lernen in allen Lebens- und Lernbereichen, deren Heterogenität nicht nur durch Menschen, die beeinträchtigt sind und behindert werden, sowie sich auf unterschiedlichen Entwicklungsniveaus befinden, charakterisiert ist, sondern ebenso durch deren Sprache, Religion, Nationalität und Kultur.

Um sich dem Bereichen von Integration und Inklusion für Menschen die anders und / oder beeinträchtigt sind und behindert werden zu nähern, ist stets vorab zu klären, vor welchem Hintergrund dies geleistet wird. Weder Integration noch Inklusion erklären sich aus sich selbst heraus, sondern sie sind abzuleiten aus einer Analyse der konkreten gesellschaftlich historischen Verhältnisse. Entsprechend kann keine voraussetzungslose Annäherung an den Gegenstandsbereich dieser Begriffe erfolgen, d.h. sie sind nicht wertfrei zu beschreiben und zu erkennen.

Die Frage der Inklusion statt Integration ist insofern obsolet, als dass Inklusion ein gesellschaftliches Fernziel darstellt, das ohne Integration nicht zu erreichen sein wird. Das bedeutet, der Begriff der Inklusion ist auf engste verknüpft mit der Integration. Integration stellt insofern eine notwendige, d. h. im wörtlichen Sinne die Not wendende Bedingung für die Begründung von Inklusion dar. Weder Integration noch Inklusion sind in Bezug auf ihre Ziele noch im Hinblick auf die Wege, mittels derer die Ziele erreicht werden sollen, beliebig.

Integration und in der Folge auch Inklusion sind prinzipiell nicht isoliert von den gesellschaftlichen Widersprüchen zu betrachten, die stets in ihrer historischen Dimension zu beschreiben, zu analysieren und zu bewerten sind. Die Forderung nach Integration und Inklusion, d. h. die uneingeschränkte, gleichberechtigte und gleichwertige Teilhabe und Teilnahme an einer gemeinsamen und nicht ausgrenzenden und separierenden Kultur für alle Menschen, unabhängig von ihren individuellen Merkmalen, entwickelte sich vor dem Hintergrund gesellschaftlicher und historischer Bedingungszusammenhänge.

Integration und Inklusion sind also im Kontext der gesellschaftlich-historischen Entwicklungen und Traditionen in der Pädagogik und Erziehungswissenschaft zu bestimmen. Für den Bereich der Bildung und Erziehung sind Integration und Inklusion als Gegenentwurf zum bundesrepublikanischen Bildungswesen zu begreifen. Integration und Inklusion beinhalten die Überwindung der durch dieses Bildungs- und Erziehungssystem hervorgebrachten sozialen Ungleichheit und Ausgrenzungen, die über die Prozess der Be- und Aussonderung gezielt und systematisch herstellt werden.

Die OECD-, PISA- und IGLU -Studien belegen diese seit Jahrzehnten durch zahllose sozialwissenschaftliche Studien bekannten Erkenntnisse, dass die Erziehung und Bildung der Bundesrepublik international in besonderer Weise „sozial restriktiv und bildungsinhaltlich reduktionistisch" (Feuser 2005a, S. 277) ist. Anstatt dass dieser Umstand zum Gegenstand bildungspolitischen Handelns wird, werden politisch die Instrumente herangezogen und erweitert, die ursächlich für die Bildungsmisere verantwortlich sind, d. h. verschärfte Selektion und damit einhergehende festgelegte und nicht mehr zu verlassende Bildungswege, die durch reduzierte und eingeschränkte Bildungs- und Erziehungsangebote charakterisiert sind und damit ihren Beitrag zur Zerstörung von Kultur leisten (vgl. ebd., S. 277). Integration und Inklusion sind insofern eingebunden in das Spannungsfeld der politischen Kräftekonstellation einerseits und den damit einhergehenden hegemonialen Auseinandersetzungen andererseits.

Die Forderung nach Integration und Inklusion versteht sich deshalb als Antwort auf die historische Gewordenheit unserer gegenwärtigen Gesellschaft im Allgemeinen und als Bruch mit der Fachgeschichte der Heil- und Sonderpädagogik als Kulturtechnik im Besonderen. Der Bruch mit der Fachgeschichte der Heil- und Sonderpädagogik entfaltet sich deshalb nicht voraussetzungslos, sondern vollzieht sich unter historischen Bedingungen sowie in spezifischen sozialen Feldern und bezieht sich auf ihre Theorie wie auch auf ihre Praxis.

Heilpädagogik als Kulturtechnik im historischen Kontext ist eingebunden in den Prozess der Selektion und Segregation im Erziehungs- und Bildungswesen. Sie hat nicht nur den an sie sozial- und bildungspolitisch delegierten Auftrag der „Verwaltung" der durch eine selektierende und segregierende gesellschaftliche Praxis ausgesonderten Menschen wahrgenommen, die beeinträchtigt sind und behindert werden, sondern auch fachwissenschaftlich die Prozesse ihrer Be- und Aussonderung legitimiert.

Die Analyse dieser fachgeschichtlichen Aspekte verweisen auf den Kontext, der wesentlich ist für die Bestimmung der Entwicklung der Integration und Inklusion, d. h. auf die Handlungsfelder der Erziehung und Bildung, die sich aber nicht nur auf den Bereich der Schule und Ausbildung beschränken, sondern auch die Lern- und Lebensfelder Wohnen, Freizeit und Arbeit einschließen.

Integration im Sinne von Feuser (1989, 1995) erfordert für die Handlungsfelder der Erziehung und Bildung in dem Bereich Wohnen, Freizeit, Schule, Ausbildung und Arbeit, dass die Erziehungs- und Bildungsbedürfnisse sowie die spezifischen, beeinträchtigungsbedingten Unterstützungserfordernisse aller als behindert und nichtbehindert geltenden Menschen in kooperativen, Entwicklung induzierenden Lern- und Bildungsprozessen in gemeinschaftlichen Lern- und Lebensfeldern einzulösen sind. Dieses Anliegen ist verknüpft mit einer Reform der Bildung, der Aus- sowie Fortbildung und für die Lern- und Lebensfelder Erziehung, Bildung, Wohnen, Freizeit und Arbeit. Von grundlegender Bedeutung sind dabei die Erkenntnisse, dass es einerseits um Erziehung, Bildung und Aus- und Fortbildung in gemeinsamen, d. h. heterogenen Lern- und Lebensgemeinschaften geht. Andererseits beinhaltet die konkrete Realisierung unabdingbar die uneingeschränkte und gleichberechtigte Teilhabe aller Mitglieder einer Gesellschaft am kulturellen Erbe sowie an der sozialen Gemeinschaft ohne sozialen Ausschluss aufgrund individueller Merkmale, auf welche Art auch immer sie sich darstellen. Damit wird die Dimension der Inklusion deutlich, die das gesellschaftliche Ziel kennzeichnet, das mit der Integration verknüpft ist.

Wie können die Dimension einer Integration im Sinne der gleichwertigen und gleichberechtigten Teilhabe und Teilnahme aller Menschen und die Dimension der Inklusion im Sinne einer gemeinsamen, nicht ausgrenzenden und separierenden Kultur, auf der Ebene eines Studium zum Gegenstand der Lehre werden, so dass die Möglichkeit der Integration zur Wirklichkeit der Inklusion beiträgt? Nachfolgend wird auf diese Frage eingegangen, indem auf den im Jahre 2002 an der Evangelischen Fachhochschule Darmstadt konstituierten internationalen Studiengang Inclusive Education Bezug genommen wird. Es handelt sich dabei um konsekutiven modularisierten Bachelor- und Masterstudiengang, der sich über zehn Semester erstreckt. Das heißt, mit Abschluss des achten Semesters erfolgt der Bachelorabschluss, dem sich der über zwei Semester konzipierte Masterstudiengang anschließt.

Allgemeine Aspekte des Studiums der Inclusive Education

Der Studiengang Inclusive Education richtet sich an Studierende, die eine Ausbildung anstreben, um in den Handlungsfeldern der Integration und Inklusion zukünftig professionell tätig zu werden. Die Ausbildungsinhalte qualifizieren die Studierenden für die Lern- und Lebensfelder außerhalb der Schule, d. h. besonders relevant sind die Bereiche Erziehung, Bildung, Wohnen, Freizeit und Arbeit.

Es handelt sich um einen internationalen Studiengang, dessen Curriculum gemeinsam mit der Bárczi Gusztáv Hochschule Budapest / Ungarn, der Diakoniefachhochschule Finnland und der Evangelische Fachhochschule Darmstadt / Deutschland konzipiert wurde und von dem gemeinsamen Grundverständnis getragen wird, dass die Ausbildung der Studierenden sich auf die gemeinsame Erziehung und Bildung von Kindern / Jugendlichen und Erwachsenen in den verschiedensten (außerschulischen) Institutionen und Lebenszeiten bezieht.

Vor dem Hintergrund eines ganzheitlichen, ethisch begründeten Menschenbildes sollen im Studiengang Kenntnisse vermittelt werden, die die Studierenden befähigen, sowohl gesellschaftlich als auch fachwissenschaftlich begründet an der Schaffung von Möglichkeitsräumen im Sinne der Selbstbestimmung und Normalisierung von Lebensverhältnissen von als behinderten bezeichneten Menschen mitzuwirken.

In Anlehnung an die Salamanca – Erklärung der UNESCO von 1994[1] soll es sich um eine subjektorientierte Ausbildung handeln, in der angeeignet werden soll, wie Lernbedingungen (räumlich, sächlich, personell) den unterschiedlichen Lern- und Entwicklungsbedürfnissen behinderter und nichtbehinderter Kinder, Jugendlichen/Erwachsenen angepasst werden können, so dass auch Menschen mit unterschiedlichsten Beeinträchtigungen in Erziehungs- und Bildungsprozesse in den verschiedenen Institutionen nicht auf Grund von Art und Schweregrad

---

[1] UNESCO: The Salamanca Statement and Framework for Action on Special Needs Education. World Confernce on Special Needs Education. Access and Quality. Salamanca. Spain, 7-10 June 1994, Paris 1994.

einer Beeinträchtigung ausgesondert werden, sondern in die jeweilige soziale Gemeinschaft einbezogen bleiben.

Bezogen auf die entwickelten Ausbildungsmodule soll auch die Auseinandersetzung mit speziellen Erziehungs- und Bildungsbedarfen vor dem Hintergrund allgemeiner Gesetzmäßigkeiten menschlicher Entwicklung erfolgen. Nicht das besondere, Selektion und Segregation begründende, sondern das allgemeine der speziellen Bedürfnisse im Sinne ihrer möglichen Einbettung in kommunikative und kooperative Zusammenhänge soll zentraler Gegenstand der Studientätigkeit sein.

Die oben genannte Zielsetzung soll didaktisch einschließlich der Forschungsperspektive umgesetzt werden, indem das Prinzip der Berücksichtigung von Subjekt KlientIn und Subjekt Pädagogin / Pädagoge sich auch im Studium manifestiert und damit zu den allgemeinen didaktischen Prinzipien der Lehre gehört. Sie sollen sich an Begriffen wie Teilhabe, Werte, Selbsthilfe, Subjekt-Sein orientieren. Hierzu gehören insbesondere weiterhin die Einübung in prozessorientiertes Denken und Handeln, die Dimension der ästhetischen Reflexion und die Selbstreflexion. Die Studierenden sollen erkennen, wie die Beiträge der verschiedenen Wissenschaftsdisziplinen aussehen und interagieren. Multiperspektiven sind daher didaktisches Prinzip (vgl. Präambel des Curriculums Integrative Heilpädagogik / Inclusive Education).

Von zentraler Bedeutung ist, dass der Gegenstand der Integration und Inklusion in dem Studium der Inclusive Education aus der historisch logischen Perspektive seiner Entwicklung heraus zu entfalten ist, so dass die Beliebigkeit der Bearbeitung dieser Gegenstandsbereiche in dem pädagogischen Ausbildungsfeldern ausgeschlossen wird.

Mithin geht es in dem Studium um eine dem Niveau eines Bachelor- und Masterstudienganges angemessene fachwissenschaftliche Analyse der Integration und Inklusion insbesondere jener Einflussgrößen und Begriffe, die für die Entfaltung der integrativen Prozesse konstitutiv sind. Neben der fachgeschichtlichen Dimension, die für das Verständnis der Inklusion und Integration unabdingbar sind, ist auf die erkenntnistheoretischen Zusammenhänge zu verweisen, vor deren Hintergrund die Erklär- und in der Folge die Verstehbarkeit dieser Gegenstandbereiche möglich wird.

Das Ziel der Inklusion und was kann und sollte eine inklusionsorientierte Ausbildung leisten?

Die Forderung nach sozialer und gesellschaftlicher Integration von Menschen mit Beeinträchtigungen hat sich national und international seit den 60er Jahren des letzten Jahrhunderts in verschiedenen Phasen entwickelt (vgl. Feuser 2005, 326-328) und wurde seit Anfang der 90er Jahre mit dem z. T. äquivalent benutzten, z. T. als Weiterentwicklung verstandenen Begriff der Inklusion gefasst, ohne dass es zu einer theoretischen Neubestimmung der damit wie mit dem Begriff der Integration verbundenen Forderung nach Einbeziehung von Menschen mit Beeinträchtigungen geführt hätte. Wurde mit dem Begriff der Integration zunächst die Wiedereingliederung von Menschen mit Beeinträchtigungen in reguläre Lern- und Lebenszusammenhänge bezeichnet, die zuvor aus diesen Zusammenhängen ausgesondert worden waren, hat der nicht einheitlich verwendete Inklusionsbegriff die Konnotation, dass aufgrund der Herstellung inkludierender Lern- und Lebensbedingungen eine Aussonderung gar nicht erst erfolgen müsse. Eher im Sinne einer normativen Begrifflichkeit scheint der Begriff der Inklusion den Begriff der Integration abzulösen.

Betrachtet man die recht schnell anwachsende Zahl an Publikationen zum Thema Inklusion könnte man den Eindruck gewinnen, dass ein neuerlicher Wandel in der Ausrichtung der Heil- und Sonderpädagogik stattgefunden habe. Im krassen Gegensatz zur Idee der Schaffung nichtaussondernder Lern- und Lebensbedingungen steht das Ergebnis der Analyse der konkreten Lebenssituation von Menschen mit Beeinträchtigungen, die nach wie vor einen hohen Aussonderungsgrad bzw. Be-Hinderungen von gesellschaftlicher Teilhabe von Menschen mit Beeinträchtigungen aufweist (vgl. Beck 2005 und entsprechende Veröffentlichung der Vereinten Nationen und der Europäischen Union).

Ohne die gesellschaftlich-ökonomischen Rahmenbedingungen und Bedingungsfaktoren zu vernachlässigen – gerade sie bestimmen ja in hohem Maße die Realisierungsmöglichkeiten von umfassender Teilhabe – ist *ein* Problem der Umsetzung von Integrations- und Inklusionsprozessen, dass trotz inzwischen über 30jähriger Realisierungsversuche die wesentlichen Fundamente einer zu gestaltenden Integration mit dem Ziel der Inklusion kaum verbreitet sind: die bereits in den 80erJahren in der Feuser'schen Konzeption entwickelte radikale, d. h. an den Wurzeln ansetzende erziehungswissenschaftliche und sozialwissenschaftliche Dimension der Integration.

Die sozialwissenschaftliche Dimension des Zusammenhangs von sozialer Ausgrenzung und sozialer Lage, die v. a. auch in der englischen Diskussion bestimmend war (vgl. Mittler, Armstrong, Stein), hat die Diskussion hierzulande wenig berührt. Insofern besteht an dieser Stelle ein insofern berechtigtes Anliegen in der Verwendung eines neuen Begriffes, wie dem der Inklusion, als dass das sozialwissenschaftliche und sozialpolitische Element der Forderung nach uneingeschränkter Teilhabe damit noch einmal deutlich hervorgehoben wäre.

Inklusion wäre demnach zum einen zu bestimmen als Ergebnis eines Prozesses der umfassenden strukturellen Veränderungen im Sinne der Beseitigung von bildungspolitischen, institutionellen, baulichen, sozialen und wirtschaftlichen Be-Hinderungen, die einer gesellschaftlichen Teilhabe entgegenstehen. Zum anderen könnte damit die Dimension noch einmal deutlich hervorgehoben werden, die – angestoßen durch die Salamanca-Erklärung 1994 und jetzt aktuell der beiden Indices for inclusion (2000 und 2006) – in der Einführung des Begriffs der Inklusion (wieder) mehr in den Vordergrund gerückt ist: die der Einbindung von

Subjekten (des Erziehungs- und Bildungswesens) in die ‚community', das Gemeinwesen, in soziale Netzwerke oder wie Iris Beck es formuliert: „Es geht um ein durch Bürgerrechte garantiertes politisches Leben mit allen Teilhaberechten" (vgl. BECK, 2005).

Die zweite, die erziehungswissenschaftliche Dimension wurde und wird in der Praxis und in den meisten Konzeptionen ebenfalls verkürzt im Sinne der Umsetzung einer neuen pädagogischen Methode realisiert und nicht im Sinne einer radikal verändert gedachten Allgemeinen Pädagogik, die mittels der von Feuser entwickelten Entwicklungslogischen Didaktik (Feuser 1989, 1995), die auf der „Allgemeinbildungskonzeption" Wolfgang Klafkis aufbaut, die Einbeziehung *aller* Lernenden in Lernprozesse an einem Gemeinsamen Gegenstand ermöglicht.

Worin liegt nun der Bezug dieser Ausführungen zur Ausbildung bzw. dem Studium der Heilpädagogik?

Generell wird in den angeführten wesentlichen Dokumenten die besondere Bedeutung von Ausbildung und Weiterbildung im Hinblick auf die notwendig zu verändernde Denkstrukturen bezüglich der Idee der Inklusion und der möglichen Gestaltung entsprechend inklusiver Lern- und Lebensbedingungen deutlich hervorgehoben.

Zum anderen nehmen die Studierenden bereits während des Studiums aufgrund eigener Praxiserfahrungen und der inhaltlichen Auseinandersetzung einerseits das wahr, was sie nach Abschluss der Ausbildung in den konkreten Handlungsfeldern erwarten wird: eine Gesellschaft, die strukturell Menschen mit Beeinträchtigungen aussondert. Andererseits setzen sie sich im Studium mit dem auf die Zukunft bezogenen Konzept der Umgestaltung von sozialen und gesellschaftlichen Verhältnissen im Sinne nichtaussondernder Lern- und Lebensbedingungen auseinander.

Es stellt sich die Frage, was eine Ausbildung, das Studium der Heilpädagogik in Bezug auf den Widerspruch zwischen real hochgradig aussondernden gesellschaftlichen Verhältnissen und der professionellen Vorbereitung auf eine Veränderung eben dieser Verhältnisse zu leisten hat oder leisten vermag.

Wenn das Ziel der Ausbildung die Orientierung an der zukunftsgerichteten Idee des Aufbaus einer inklusiven Gesellschaft ist, die jedem seiner Mitglieder gleichwertige Teilhabemöglichkeiten eröffnet, die konkreten `heilpädagogischen´ Handlungsfelder jedoch von aussondernden Strukturen bestimmt sind, ergibt sich als wesentliches Bestimmungsmerkmal eines solchen Studiums, dass die Ausbildung gerade auf diese Widersprüche ausgerichtet sein muss: auf die Wahrnehmung dieser Widersprüche und die Handlungsfähigkeit in und trotz Widersprüchen, ohne in entsprechend aufgestellte `Vernunftfallen´ zu tappen (vgl. Ahrendt 2003).

Im Hinblick darauf, was Erziehungswissenschaft dazu beitragen kann, Erziehungsziele zu klären hat Wolfgang Klafki fünf kritisch-analytische Aufgaben der Erziehungswissenschaft im Hinblick auf die Klärung von pädagogischen

Zielproblemen formuliert, die auf die Zielsetzung eines Studiums Inclusive Education übertragen werden können, insofern es dort um die Vorbereitung auf eine Aufgabe geht, die auf ein Feld ausgerichtet ist, dass (noch) keine Realität ist, aber als Konzept entwickelt und in Teilen auch realisiert wurde.

Danach muss Erziehungswissenschaft generell die historischen Voraussetzungen und Implikationen der verschiedenen Positionen (der Fachdisziplin) untersuchen, aufklären und beantworten können:

- Ob die historischen Voraussetzungen, die bestimmten Zielsetzungen (wie das Ziel der Inklusion) zugrunde liegen mit den gegenwärtigen, selbst wiederum historisch gewordenen Lebensbedingungen von Individuen, der Gesellschaft, der Menschheit vereinbar sind;

- Ob sich in den in Theorie und Praxis der Erziehung vertretenen Zielsetzungen unreflektierte gesellschaftliche Interessen, Machtpositionen und Ideologien ausdrücken, die als Stützung und Rechtfertigung bestehender Macht- und Abhängigkeitsverhältnisse dienen;

- In welchem Verhältnis einzelne Zielsetzungen innerhalb von Zielkomplexen zueinander stehen, ob solche Zielkomplexe in sich stimmig sind, ob die in ihnen enthaltenen Teilziele miteinander verträglich sind oder ob sie u. U. in ungeklärter Spannung ggf. sogar Widerspruch zu ihr stehen;

- Inwiefern Aussagen über Fakten der menschlich-historischen Wirklichkeit und Begründungen pädagogischer Zielsetzungen auf „transrationalen, weltanschaulichen Vorstellungen" oder Annahmen empirischen Charakters beruhen

- Und: „Da die Formulierung von Erziehungszielen notwendigerweise einen Vorgriff auf die Zukunft, auf noch nicht oder noch nicht hinreichend realisierte Zielsetzungen bzw. Prinzipien menschlichen Handelns darstellt, kann und muss Erziehungswissenschaft prüfen, wie weit solche Vorgriffe mit Aussagen darüber verbunden werden können, unter welchen objektiven und subjektiven Bedingungen die Einlösung der geforderten Zielsetzungen bzw. Prinzipien erwartet werden kann." (vgl. Klafki 1998, S. 6-8)

Da sich nach Klafki aus der Beantwortung dieser Fragen jedoch nicht direkt verbindlichen Orientierungen ableiten lassen, formuliert er in zwei weiteren Aufgaben die Notwendigkeit des kommunikativen Argumentierens von Erziehungspraktikern und Erziehungstheoretikern im Hinblick auf notwendig zu führende herrschaftsfreie Diskurse. Danach muss die Erziehungswissenschaft selber Beispiele praktischer Diskurse eröffnen und entwickeln. Zum anderen muss Erziehung „systematisch und kontinuierlich auf die Entwicklung der Diskursfähigkeit der nachwachsenden Generation bzw. der Lernenden ausgerichtet sein" (vgl. ebd., S. 10f).

Trotz der Unbestimmtheit der konkret einzulösenden Ansprüche an zukünftiges heilpädagogisches Handeln hat Klafki im übertragenen Sinne das Ziel einer solchen Ausbildung bereits in den 1960er Jahren treffend formuliert, dass es als pädagogische Zielsetzung (hier in Bezug auf Ausbildung) um die Entwicklung von „Verantwortungsfähigkeit angesichts unbestimmter Aufgaben" geht .

Auf einer soziologischen Analyseebene hat dies Oskar Negt in Bezug auf die zunehmende Zweiteilung und auf die Gestaltung eines zukünftigen Gemeinwesens letztlich ähnlich formuliert:
„Politische Urteilskraft und soziale Fantasie für Zwecke zu nutzen, die im klassischen Sinne auf den Wohlstand des Gemeinwesens gerichtet sind, ist Grundvoraussetzung einer lebensfähigen Demokratie. Verantwortung in diesem Sinne ist jedem Menschen zuzumuten, der in einem friedensfähigen Gemeinwesen leben will" (Negt 2004).

Eine inklusionsorientierte Ausbildung hat also einen völlig anderen Blickwinkel im Hinblick auf die Auseinandersetzung mit ihrem Gegenstandsbereich einzunehmen: weg von einer individuumszentrierten, auf verschiedene Arten von Beeinträchtigungen fokussierten Blick in der Ausbildung hin auf die Historizität, Widersprüchlichkeit und damit Komplexität des Wirk- und Bedingungsgefüges, in dem heilpädagogisches, inklusionsorientiertes Handeln sich vollzieht.

Die von Klafki geforderte Diskursfähigkeit muss sich auch in entsprechenden Lehr- und Lernformen widerspiegeln, die im Sinne der Bearbeitung interdisziplinärer Fragestellungen nicht mehr in der Form eines fächerorientierten Studiums verlaufen, sondern als Studieren in Form von themenübergreifenden Lernfeldern / Modulen, in denen bestimmte Fragestellungen unter verschiedenen fachlichen Gesichtspunkten untersucht werden. Über die Aneignung entsprechender Kompetenzen soll ermöglicht werden, dass sich die Studierenden selber forschend diese Fragestellungen und ihre Bedeutung im Hinblick auf die Herstellung inkludierender Bedingungen erschließen können (forschendes Lernen).

In diesem Sinne ist z. B. die Erarbeitung eigener ethischer Positionen und die Auseinandersetzung mit der eigenen Haltung in Bezug auf heilpädagogisches Handeln wesentlicher Gegenstand des in ein solches Studium einführenden Semesters. Konkret soll im Studiengang Inclusive Education unter Einbeziehung von ausländischen KollegInnen von Anfang an eine kritische Betrachtung national unterschiedlicher Sichtweisen und damit die Infragestellung und Überwindung traditioneller Annahmen über Behinderung ermöglicht werden Ein umfängliches Ethik-Modul dient z. B. der Auseinandersetzung mit dem Spannungsfeld von professionellem heilpädagogischen Handeln und dem Anspruch von Menschen mit Beeinträchtigungen auf Autonomie und Selbstbestimmung.

Konkret bedeutet dies z. B. auch, dass die Studierenden nach der Auseinandersetzung mit sozialrechtlichen Bestimmungen, ökonomischen und soziologischen Grundlagen und Wirkmechanismen von und in Institutionen selber anhand einer als Modulprüfung gewerteten *Institutionsanalyse* einer konkreten Einrichtung das komplexe Bedingungsgefüge heilpädagogischen Handelns im Spiegel institutioneller und organisatorischer Rahmenbedingungen kennen und analysieren lernen.

In einem anderen Modul eignen sich die Studierenden in der ersten umfassenden Auseinandersetzung mit *Forschungsmethodik* verschiedene Forschungsmethoden an. Sie erproben und wenden hier verschiedene Forschungsmethoden *in* einer Institution unter verschiedenen, selbst entwickelten Forschungsfragestellungen in Bezug auf die Umsetzung von Selbstbestimmung Teilhabemöglichkeiten an. Dies schließt die Erstellung eines Forschungsberichts ein.

Allgemein ist eine ideologiekritische Auseinandersetzung mit der Fachgeschichte und ihrem Bedingungsgefüge notwendig. Hierzu gehört die Auseinandersetzung mit den Paradigmen der Heilpädagogik, die so aus den / in die jeweiligen sozial-historischen Bezüge entstanden und hineinvermittelt erkennbar werden können, die Auseinandersetzung mit der Geschichte der Heilpädagogik, die diese quasi als Geschichte der Aussonderung von Menschen mit Beeinträchtigungen begreifbar werden lässt und die daraus resultierende Gegenbewegung gegen die „Institutionen der Gewalt". Aufgrund der Analyse der sozialhistorischen Bewegungen kann so die Forderung nach Integration von Menschen mit Beeinträchtigungen als radikales Anliegen auf der Ebene der Sicherstellung von Menschenrechten verstehbar werden. Um der Komplexität, aber auch der Bedeutung der aktuellen Diskussionen um den Begriff der Integration und Inklusion gerecht zu werden, bedarf es auch und gerade hier der Auseinandersetzung mit den jeweils sozial-historischen Wirk- und Begründungszusammenhängen der „Geschichte der Integration" mit all ihrer Widersprüchen in Bezug auf Theorie und Praxis.

Hintergrund für die Notwendigkeit dieser Analysen während des Studiums ist einerseits, dass auf diese Weise der so genannte „Praxisschock" überflüssig gemacht werden kann, der letztlich lediglich die Nichtvereinbarkeit des im Studium eher auf den Erwerb von Wissenstatbeständen ausgerichteten, erworbenen (Er-)Kenntnistandes mit den Widersprüchen der Praxis ausdrückt, da genau diese Widersprüche zum wesentlichen Gegenstand des Studiums werden. Andererseits kann so von den zukünftigen Professionellen immer wieder der Gegenstandsbereich heilpädagogischen Handelns bestimmt werden, der sich fokussiert auf die Sicherstellung der Bedingungen des umfassenden Austauschs mit anderen Menschen, mit der Entwicklung von Möglichkeitsräumen für Entwicklung durch

a) hohe Fachlichkeit, um den individuellen Unterstützungsbedarf, der im sozialen Raum herzustellen ist und

b) die Sicherstellung struktureller Rahmenbedingungen für eine vollständige Teilhabe aller Mitglieder des Gemeinwesens im Sinne von Menschenrechten, die dies ermöglichen.

Die notwendigen radikalen Veränderungen in der Allgemeinen Pädagogik im Feld von Erziehung und Bildung und die „Rückgabe der Verantwortung" für alle Mitglieder des Gemeinwesens im Sozialen Raum stellen als zwei Säulen oder Pfeiler das Fundament für die Plattform dar, auf der sich Inklusion als immer wieder herzustellender Prozess ereignen kann.

Literatur

Adorno, T.W.: Jargon der Eigentlichkeit. Zur deutschen Ideologie. Frankfurt a. M. 1964.
Arendt, H.: Macht und Gewalt. München / Zürich 2003, 15.Aufl.
Armstrong, D. / Armstrong, F. / Barton, L. (Ed.): Inclusive Education. Policy, Contexts and Comparative Perspectives. London 2000.
Beck, I.: Entwicklung der Gesellschaft und die daraus resultierenden Konsequenzen für Menschen mit Behinderungen, in: Chancen für Menschen mit Behinderung in der Krise des Sozialstaats? Tagungsbericht Sozialpolitische Fachtagung November 2004, Bonn, DHG-Schriften 12, 2005, 11-25.
Curriculum Studiengang Integrative Heilpädagogik / Inclusive Education, 2002, unveröffentlicht.
Feuser, G.: Allgemeine integrative Pädagogik und entwicklungslogische Didaktik, in: Behindertenpädagogik 28 (1989) 1, 4-48.
Feuser, G.: Behinderte Kinder und Jugendliche. Zwischen Integration und Aussonderung. Darmstadt 1995.
Feuser, G.: Schulische Integration – Quo vadis?, in: Grubich, R. u. a.: Inklusive Pädagogik. Beiträge zu einem anderen Verständnis von Integration, Aspach / Wien 2005, 326-349.
Feuser, G.: „Der Mensch wird am Du zum Ich". Das Menschenbild als gesellschaftlicher Auftrag im Feld der Pädagogik, in: Behindertenpädagogik 44 (2005a) 3, 273-287.
Gramsci, A.: L'Ordine Nuovo (1919-1920), Turin 1975.
Horkheimer, M.: Traditionelle und kritische Theorie. Frankfurt a. M. 1970.
Jantzen, W.: Methodologische Aspekte einer Postmodernen Ethik. Rosa Luxemburg Stiftung Sachsen e.V., 2002.
Klafki, W.: Aufgaben und Möglichkeiten der Erziehungswissenschaft bei der Bestimmung von Zielen der Erziehung, http://www.archiv.ub.uni-marburg.de/sonst/1998/0003/k05.html
Mittler, P.: Working towards Inclusive Education. Social Contexts. London, 1999 (reprinted 2001).
Negt, O.: Ein missbrauchter und entehrter Begriff. Wo Elitediskussionen im Schwange sind, ist die Zweiteilung der Gesellschaft nicht mehr weit, in: Frankfurter Rundschau, 26.1.2004.
Neubert, H. (Hrsg.): Antonio Gramsci – vergessener Humanist? eine Anthologie. Berlin 1991.
Stein, A.: Integration und Inclusive Education – Aspekte der Entwicklung eines neuen Begriffsverständnisses in der internationalen Diskussion, in: Seelisch, W. (Hrsg.): Soziale Verantwortung in Europa. Analysen und professionelles Handeln in verschiedenen Hilfesystemen, Darmstadt 2004.
UNESCO (1994), The Salamanca statement and Framework for Action on Special Needs Education. Access and Quality. Salamanca, Spain, Paris, 7-10 June 1994 http://www.unesco.a7/user/texte/salamanca.htm-79k.
UN-Resolution vom 20.02.1993, Rahmenbestimmungen für die Herstellung von Chancengleichheit für Behinderte, http://www.europa.eu.int/comm/employment_social/fundamental_rights/pdf/pubsg/2003_1 6_de.pdf
Wygotski, L.: Ausgewählte Schriften. Band I. Köln 1982.

Monika Seifert
Inklusion ist mehr als Wohnen in der Gemeinde

Die Strukturen der Behindertenhilfe im Bereich des Wohnens haben sich in den letzten 30 Jahren stark gewandelt. Motor dieser Entwicklung war das Normalisierungsprinzip, das im skandinavischen und anglo-amerikanischen Raum vor dem Hintergrund der Kritik an den Anstalten die Normalisierung der Lebensbedingungen von Menschen mit Behinderung und ihre Integration in die Gesellschaft forderte. Heute gibt es in Deutschland für Menschen mit Behinderung ein mehr oder weniger gut ausgebautes differenziertes Spektrum von Wohnmöglichkeiten, das von traditionellen Großeinrichtungen über gemeindenahe Wohnheime bis hin zum ambulant betreuten Wohnen in Wohngemeinschaften oder der eigenen Wohnung reicht.

Entgegen der Entwicklung im westlichen Ausland, die vielerorts zur Auflösung von Großeinrichtungen geführt hat, dominieren in Deutschland jedoch nach wie vor stationäre Angebote: Im Jahr 2002 wurden 162.000 Erwachsene mit Behinderung im Rahmen der Eingliederungshilfe in stationären Wohneinrichtungen betreut, nur 40.000 Menschen erhielten ambulante Hilfen im Betreuten Wohnen (vgl. Deutscher Verein für öffentliche und private Fürsorge 2003). 56 Prozent der Menschen mit geistiger Behinderung,[1] die stationäre Angebote der Eingliederungshilfe in Anspruch nehmen, leben in Einrichtungen mit 100 bis über 500 Plätzen (vgl. Wacker et al. 1998), darunter viele Komplexeinrichtungen mit integrierten Arbeits-, Beschäftigungs- und Freizeitangeboten sowie medizinischen, therapeutischen und sozialpädagogischen Fachdiensten. Die aus den 1990er Jahren stammenden Daten dürften sich bis heute nur geringfügig verändert haben, wenngleich positiv anzumerken ist, dass einzelne Großeinrichtungen inzwischen konsequent zukunftsweisende gemeinwesenbezogene Konzepte verfolgen (vgl. Maas 2006).

Unter den strukturellen Bedingungen eines Heims sind die Möglichkeiten zur Teilhabe am allgemeinen Leben sehr begrenzt. Die vielfach zu beobachtende Desintegration ist durch unterschiedliche Faktoren bedingt:

„Es sind zum einen die gewissermaßen unsichtbaren Mauern einer Einrichtung, die vielfach durch ihre Autarkie geschaffen werden. Wenn viele Dinge, die zum alltäglichen Leben benötigt werden, wie etwa einkaufen, Ämter aufsuchen,

---

[1] Obwohl der Begriff ‚geistige Behinderung' nicht dem gegenwärtigen international anerkannten Verständnis von Behinderung (ICF) und dem Selbstverständnis der Betroffenen adäquat ist, wird die Bezeichnung – in Ermangelung eines treffenderen Ausdrucks – in diesem Beitrag verwendet, weil sie unter leistungsrechtlichen Aspekten zur Kennzeichnung des Personenkreises und seiner spezifischen Unterstützungsbedarfe nach wie vor relevant ist.

Arzttermine wahrnehmen, durch das Dienstleistungsangebot der Einrichtungen selbst bereits abgedeckt werden, gehen Gelegenheiten zu natürlichen Kontakten verloren. Unsichtbare Mauern werden aber auch durch Alltagsregeln geschaffen, die z. B. auf die Mobilität und Freizügigkeit der Bewohnerinnen und Bewohner Einfluss nehmen. Der Aspekt der Fürsorge und des Schutzes, vielmehr aber noch begrenzte Personalkapazitäten führen dazu, dass Menschen, die zum Verlassen der Einrichtung auf Hilfe angewiesen sind, sich engen Ausgangsregelungen beugen müssen" (Metzler 2000, 30).

Im Alltag von Menschen mit hohem Unterstützungs- und Pflegebedarf stellt sich das Problem der Desintegration verschärft (vgl. Seifert et al. 2001; Seifert 2002). Viele von ihnen werden nach wie vor in Großeinrichtungen betreut, mit geringen Kontakten zur allgemeinen Bevölkerung. Nur wenige leben in gemeindenahen oder gemeindeintegrierten Einrichtungen. Mehrere Tausend sind auch heute noch in Psychiatrischen Kliniken und Pflegeheimen untergebracht.

Das Ziel der Integration in die Gemeinde ist somit bis heute nicht flächendeckend umgesetzt, vor allem für Menschen, die als geistig behindert bezeichnet werden. Erfahrungen im gemeindeintegrierten Wohnen zeigen, dass diese Wohnform die Chancen zur Teilhabe am allgemeinen Leben für diesen Personenkreis zwar erhöht, aber kein Garant für soziale und gesellschaftliche Integration ist.

Die Ungleichheit der Lebensbedingungen steht in krassem Widerspruch zu den ‚Standardregeln zur Herstellung von Chancengleichheit für Menschen mit Behinderungen' der Vereinten Nationen (1993), nach denen Menschen mit Behinderung als Bürgerinnen und Bürger der Gesellschaft die gleichen Rechte wie Menschen ohne Behinderung haben. Voraussetzung für die gleichberechtigte Teilhabe am Leben in der Gemeinde ist, dass bei allen Planungen die Bedürfnisse und Unterstützungsbedarfe behinderter Menschen berücksichtigt werden. Die notwendige Unterstützung ist innerhalb der sog. Regelstrukturen im Bereich der Bildung, der Gesundheit, der Arbeit und der sozialen Dienste zu leisten (vgl. Swedish Disability Movement 2001). Mit diesen Eckpunkten sind zentrale Aspekte des international anerkannten Grundprinzips der Hilfen für Menschen mit Behinderung umrissen: Inklusion.

1 Inklusion – neuer Begriff oder neues Denken?

Seit der zweiten Hälfte der 1990er Jahren hat in der deutschen Behindertenhilfe ein Paradigmenwechsel stattgefunden, der eine grundlegende Veränderung der Angebotsstrukturen nachziehen wird: Menschen mit Behinderung sind nicht länger Objekt wohlwollender Fürsorge, sondern Akteure im Kontext ihrer Lebensplanung und Alltagsgestaltung. Sie sind nicht mehr Empfänger von Hilfen sondern Nutzer von Dienstleistungen – mit Anspruch auf eine Qualität, die fachlichen Standards entspricht. Sie sind Bürgerinnen und Bürger unserer Gesellschaft – mit dem Recht auf Teilhabe.

Der Paradigmenwechsel hat im SGB IX (2001) seinen Niederschlag gefunden: Erklärtes Ziel der Hilfen für Menschen mit Behinderung ist eine möglichst selbstständige und selbstbestimmte Lebensführung und die Teilhabe am Leben in der Gesellschaft (§ 4 SGB IX). Damit sind wesentliche Aussagen des mehrdimensionalen Teilhabekonzepts ICF[1] der WHO aufgenommen, das Behinderung als erschwerte Teilhabe (Partizipation) an Lebensbereichen im unmittelbaren Umfeld und in der Gesellschaft definiert. Das Ermöglichen der vollen Teilhabe (Inklusion) ist somit zentraler Ansatzpunkt der Hilfen, unabhängig von Art und Ausmaß des Unterstützungsbedarfs.

Inklusion bedeutet mehr als das Wohnen im Stadtteil oder in der Gemeinde: Sie ist Ausdruck einer Philosophie der Gleichwertigkeit jedes Menschen, der Anerkennung von Verschiedenheit, der Solidarität der Gemeinschaft und der Vielfalt von Lebensformen. Diese Grundannahmen erfordern eine Neuausrichtung der professionellen Arbeit in Diensten und Einrichtungen der Behindertenhilfe sowie Veränderungen der strukturellen Bedingungen im Bereich des Wohnens und der regionalen Dienstleistungen. Sie zielen auf eine Sicherung der Rolle behinderter Menschen als gleichberechtigte Bürgerinnen und Bürger der Gesellschaft und steigern die Chancen zur Entwicklung tragfähiger sozialer Beziehungen im Gemeinwesen.

Der Begriff „Inklusion" ist somit kein anderer Name für „Integration". Er impliziert ein neues Denken: Inklusion will Aussonderung verhindern – Integration setzt Aussonderung voraus. Als handlungsleitende Strategien zur Realisierung der uneingeschränkten Teilhabe am Leben in der Gemeinde gewinnen die im anglo-amerikanischen Raum praktizierten Ansätze „Community Living" bzw. "Community Care" zunehmend Gewicht (vgl. Niehoff 2005). Besonderes Kennzeichen dieser Reformansätze ist die zentrale Bedeutung der Netzwerk- und Gemeinwesenarbeit als Basis für das Gelingen von Inklusion.

Die Neuausrichtung in der Arbeit mit Menschen mit Behinderung erweitert das seit den 1990er Jahren im Vordergrund stehende Selbstbestimmungsparadigma, das für den Wechsel des professionellen Selbstverständnisses notwendig und richtungsweisend war, in Teilbereichen aber die Bedeutung sozialer Bezüge in den Hintergrund treten ließ (vgl. Thimm 2005). Selbstbestimmung und Soziale Inklusion zählen zu den Kernbereichen des Konzepts Lebensqualität, das international als Schlüsselkonzept zur Hilfeplanung und zur Untersuchung der Wirkungen von Hilfen auf die Lebenslagen von Menschen mit Behinderung gilt. Weitere Dimensionen von Lebensqualität sind neben der Verwirklichung grundlegender Rechte das emotionale Wohlbefinden, zwischenmenschliche Beziehungen, physisches Wohlbefinden, materielles Wohlbefinden und die persönli-

---

[1] Internationale Klassifikation der Funktionsfähigkeit, Behinderung und Gesundheit (http://www.dimdi.de)

che Entwicklung (vgl. Seifert 2006a). Die Gesamtschau auf die miteinander in Wechselwirkung stehenden Kernbereiche verdeutlicht, dass Selbstbestimmung und soziale Inklusion nur ein Teil dessen sind, was individuelle Lebensqualität ausmacht – ein Sachverhalt, der die fundamentale Bedeutung der beiden Leitbegriffe nicht in Frage stellt, sondern ihr enges Verwobensein mit den anderen Bereichen dokumentiert.

Im Konzept Lebensqualität kommt der subjektiven Perspektive bei der Wahl der Unterstützung und der Bewertung der Qualität der Dienstleistungen ein besonderer Stellenwert zu. Durch die explizite Fokussierung auf individuelle Bedürfnisse, Wünsche und Interessen geht es über normative Implikationen des Normalisierungsprinzips hinaus.[1] International gewinnt es zunehmend auch „für die Entwicklung präventiver Strategien der Exklusionsvermeidung in Form der Gestaltung einer inklusiven Umwelt und Infrastruktur" Bedeutung (vgl. Wansing 2005, 135).

1.1 Anforderungen an die professionelle Unterstützung

Unter dem Fokus Gemeinwesenarbeit verlagern sich die Aufgaben der Mitarbeitenden in Diensten und Einrichtungen der Behindertenhilfe von der umfassenden Betreuung des behinderten Menschen auf die Unterstützung zur Entwicklung eines individuellen Lebensstils, auf die Erschließung von persönlichen Kontakten, von Freizeit-, Bildungs- und Arbeitsmöglichkeiten in der Gemeinde. Sie werden zu „Brückenbauern in die Gemeinde". Die Verbesserung der Teilhabe und die Stärkung der Rolle des Einzelnen im Gemeinwesen wird so zum Maßstab für die Qualität der Unterstützung. Wesentliche Aufgaben sind die Stärkung der individuellen Ressourcen der behinderten Menschen, das Knüpfen von Netzwerken, die Unterstützung des nachbarschaftlichen Zusammenlebens und das Erschließen von Ressourcen im Umfeld.

Individuelle Ressourcen stärken
Der Empowerment-Ansatz bietet eine geeignete Grundlage zur Vermeidung bzw. Reduzierung von Abhängigkeit und Fremdbestimmung, die noch immer den Alltag von Menschen mit geistiger Behinderung prägen (vgl. Stark 1996; Theunissen 1999). In diesem Kontext hat pädagogisches Handeln die Funktion einer Ermöglichungspädagogik: Sie gibt Raum für die eigene Entwicklung, schafft Gelegenheiten, individuelle Bedürfnisse zu erkennen und die eigenen Kräfte, Fähigkeiten und Ressourcen zu entdecken, das Leben selbst zu gestalten

---

[1] Die normativen Implikationen bedürfen in der postmodernen Gesellschaft, die gekennzeichnet ist durch die Individualität der Lebensentwürfe, die Pluralität der Lebensstile und -ziele, die Entritualisierung der Lebensführung und die Entstandardisierung des Alltags sowie die Auflösung traditioneller Lebenszyklen, einer kritischen Reflexion (vgl. Dahlferth 2006). Was heute als ‚normal' im Sinne von allgemein üblich gilt, ist nicht zwangsläufig auch wünschenswert.

und sich für die eigenen Rechte und Interessen einzusetzen, um größtmögliche Kontrolle über das eigene Leben und uneingeschränkte Teilhabe am Leben in der Gesellschaft zu erhalten.[1] Die durch Empowerment intendierte Partizipation an allen subjektiv bedeutsamen Lebensbereichen ist auf individueller, gruppenbezogener, institutioneller und verbandspolitischer Ebene sowie in Gremien des Gemeinwesens und auf gesamtgesellschaftlicher Ebene zu realisieren.

Soziale Netzwerke knüpfen
„Soziale Beziehungen und Netzwerke sind Voraussetzung, Mittel und Wirkung gesellschaftlicher Inklusion zugleich" (Wansing 2005, 92). Sie sind hilfreich in belastend erlebten Alltagssituationen und psychosozialen oder gesundheitlichen Krisen und haben zudem auch eine belastungsvermeidende Schutzfunktion (vgl. Bullinger / Nowak 1998). Umgekehrt steigert das Fehlen tragfähiger Beziehungen das Risiko für Krisen und Krankheiten – ein Sachverhalt, der bei Menschen mit geistiger Beeinträchtigung besonderer Beachtung bedarf. Viele sind psychischen Belastungen und Stresserfahrungen ausgesetzt, die ihre emotionale Befindlichkeit aus dem Gleichgewicht bringen, z. B. durch Probleme in zwischenmenschlichen Beziehungen, durch Unter- oder Überforderung und ambivalente Betreuungskonzepte oder Haltungen des Betreuungspersonals sowie durch strukturell oder personell bedingte Gewalt und deprivierende Erfahrungen im Laufe ihres Lebens.

Das soziale Netzwerk von Menschen, die als geistig behindert bezeichnet werden, ist hinsichtlich Umfang und Intensität deutlich geringer als bei Menschen ohne Behinderung. Vor allem bei schweren Behinderungen dominieren formelle, d. h. nicht freiwillig gewählte und ‚bezahlte' Beziehungen zu professionell Tätigen. Informelle Kontakte beschränken sich meist auf Angehörige. Persönliche Freundschaften gibt es selten, kontinuierliche Kontakte zu Nachbarn sind kaum existent und eher oberflächlich. Eine ressourcenorientierte Ausrichtung der Hilfen auf das Gemeinwesen, die die Entwicklung, Stärkung und Erweiterung des persönlichen Netzwerks in den Blick nimmt, kann diesen Sachverhalt kompensieren und so einen Beitrag für mehr Lebensqualität leisten (vgl. Dworschak 2003). „Networking" trägt als externe Ressource zur Befriedigung individueller Bedürfnisse bei, fördert die soziale Integration und das Ansehen behinderter Menschen in Nachbarschaft und Gemeinde und weckt die Bereitschaft für Bürgerschaftliches Engagement – eine notwendige Voraussetzung für Community Care.

In einer empirischen Untersuchung zur Bedeutung des freiwilligen sozialen Engagements für Menschen mit Beeinträchtigung und für Einrichtungen und Dienste der Behindertenhilfe belegt, dass freiwillig Engagierte verlässliche Bezugspersonen des behinderten Menschen sind, die Spontaneität und Lebenser-

---

[1] Als geeignete Methode zur Ermittlung der persönlichen Wünsche und Ziele haben sich ‚Persönliche Zukunftskonferenzen' erwiesen, die vor allem an ökologischen Übergängen im Lebenslauf zur Klärung der notwendigen nächsten Schritte beitragen (vgl. Boban / Hinz 1999).

fahrung in die Beziehung einbringen (vgl. Zentner 2005). Vielfältige gemeinsame Aktivitäten bringen Abwechslung in den Alltag und bieten die Chance, individuellen Interessen nachzugehen und neue Kontakte zu knüpfen und zu pflegen. Als „Türöffner in die Gemeinde" übernehmen freiwillig sozial Engagierte einen wichtigen Part im Prozess der Inklusion. Ihr Engagement ergänzt und unterstützt die Arbeit der professionell Tätigen zur Stärkung der Teilhabe von Menschen mit Behinderung am Leben der Gemeinschaft.

Bürgerschaftliches Engagement ist – Dörner (2006) – aus anthropologischer Sicht Ausdruck des allen Menschen eigenen Bedürfnisses nach Bedeutung für andere. Aus dieser Motivation heraus engagieren sich auch Menschen mit geistiger Behinderung für das Gemeinwohl, indem sie z. B. in einer Wohnanlage älteren Mietern beim Entsorgen von Altpapier behilflich sind oder bei öffentlichen Veranstaltungen in der Gemeinde die Verantwortung für bestimmte Aufgaben übernehmen.

„Das ist ein wichtiger Schritt zu einem veränderten gesellschaftlichen Bild: Sie sind einerseits auf Unterstützung angewiesen und können sich andererseits als Aktivposten in die Vereine und die Stadtteilarbeit einbringen und als Akteure zur Geltung kommen" (Bundesvereinigung Lebenshilfe 2005).

Nachbarschaftliches Zusammenleben unterstützen
Im gegenwärtigen System der Hilfen im Bereich des Wohnens sind Menschen mit geistiger Behinderung nur punktuell ins Gemeinwesen eingebunden. Bewohnerinnen und Bewohner von stationären Einrichtungen werden im sozialen Umfeld nicht als Nachbarn im üblichen Sinn wahrgenommen. Aber auch ambulant unterstütztes Wohnen in einer eigenen Wohnung oder einer Wohngemeinschaft in ortsüblichen Miethäusern oder Einfamilienhäusern ist nicht per se inklusionsfördernd. So hat z. B. eine Umfrage in Berliner Wohngemeinschaften erbracht, dass mehr als ein Drittel (36 Prozent) der befragten 176 Frauen und Männer nie Kontakt zu den Nachbarn hat (vgl. Seifert 2006b). Jeweils 27 Prozent erklären, selten bzw. manchmal Kontakt zu Nachbarn zu haben. Nur bei 16 Bewohnerinnen und Bewohnern sind nachbarschaftliche Kontakte häufig. Vereinzelt kommt es zu Konflikten, meist wegen gegenseitiger Lärmbelästigung. Manche Bewohner sehen sich Hänseleien und Beschimpfungen von Kindern und Jugendlichen des Wohnhauses ausgesetzt.

Auch in neueren Konzepten wie den lebensweltorientierten integrativen Wohngemeinschaften, in denen Menschen mit und ohne Assistenzbedarf eine an den Prinzipien der Selbstbestimmung und Teilhabe orientierte „Kultur der Vielfalt" verwirklichen, gelingt die Einbindung in die Gemeinde wegen fehlender personeller Ressourcen nur schwer: „Inklusion kann nicht nur auf die Wohngemeinschaft begrenzt bleiben, sondern erfordert einen Ansatz, der sich auf die gesamten Lebensfelder bezieht" (vgl. Jerg 2001,121).

Das Fehlen intensiverer nachbarschaftlicher Kontakte kennzeichnet nicht nur den Alltag vieler behinderter Menschen, es ist zumindest im städtischen Raum nicht ungewöhnlich. Dennoch können Menschen mit geistiger Behinderung, die mit ambulanter Unterstützung in einer eigenen Wohnung leben, mangelnde soziale Beziehungen im Umfeld weniger kompensieren als Menschen ohne Behinderung. Um Vereinsamungstendenzen zu begegnen, werden unterschiedliche Konzepte entwickelt, z. B. regionale Treffpunkte oder Hausgemeinschaften, die Begegnungen mit Menschen mit und ohne Behinderung ermöglichen und Teilhabe am Leben in der Gemeinschaft sichern, ohne Ausschluss von Menschen mit hohem Unterstützungsbedarf (vgl. Hoppe 2006).

Ressourcen im Umfeld erschließen
Neben der individuellen Unterstützung durch persönliche Netzwerke und bürgerschaftliches Engagement sind weitere Ressourcen im Umfeld zu erschließen, die Menschen mit geistiger Behinderung Teilhabe ermöglichen, z. B. Freizeit- und Bildungsangebote, Vereine, Initiativen, öffentliche Institutionen und allgemeine Dienstleistungen. Sie nehmen soziale Rollen ein, die die Gemeinsamkeit von Menschen mit ohne Behinderung dokumentieren, z. B. als Kunde im Supermarkt oder als Mitglied im Sportverein. Im unmittelbaren Kontakt werden die Beteiligten für die Belange behinderter Menschen sensibilisiert und entwickeln Bereitschaft, sie zu integrieren. Solange sie wegen der noch immer vorherrschenden Sondersysteme der Behindertenhilfe wenig Erfahrungen im Umgang mit Menschen mit Behinderung haben, sind fachliche Beratung und Unterstützung hilfreich. Die in der Sozialarbeit und Sozialpädagogik, z. B. in der Jugendhilfe, bereits seit Jahren praktizierten lebenswelt- und sozialraumbezogenen Methoden bieten Anregungen, die auch im Feld der Hilfen für Menschen mit Behinderung genutzt werden können.

Ein ganzheitliches Programm zur Annäherung an eine solidarische Gesellschaft i. S. von Community Care bietet die „Aktion Menschenstadt" des Behindertenreferats des Ev. Stadtkirchenverbandes Essen. Konzept und Praxis der bereits in den 1970er Jahren begonnenen und seitdem kontinuierlich weiter entwickelten ‚offenen integrativen Behindertenarbeit' sind auf die Gleichberechtigung der Menschen mit Behinderung und auf die Bedeutung für das Gemeinwohl ausgerichtet (vgl. v. Lüpke 2000). Neben der Stärkung der Selbsthilfekräfte des Einzelnen und der Unterstützung von Möglichkeiten zur selbstbestimmten Lebensgestaltung und zur Teilnahme am Zusammenleben durch persönliche Assistenzdienste hat die Einbindung des Gemeinwesens einen besonderen Stellenwert als unverzichtbar. Durch Aktivierung und Vermittlung von Nachbarschaftskontakten, durch den Aufbau von Unterstützer- und Freundeskreisen und das Erschließen von Teilnahmemöglichkeiten an Angeboten der Geselligkeit, der Freizeitgestaltung und des sozialen Kulturlebens im sozialen Umfeld Vereinsamungstendenzen entgegengewirkt werden. Assistenzdienste sind den bereits bestehenden sozialen Ressourcen (z. B. Eltern, Freunde, Nachbarn, Kollegen) immer nachgeordnet.

1.2 Inklusion – ohne Ausschluss der ‚Unerwünschten'

Das Recht auf Teilhabe gilt für alle Menschen, unabhängig von Art und Ausprägung ihrer Beeinträchtigungen. Im Bereich des Wohnens von Menschen, die als schwer geistig behindert bezeichnet werden und erhebliche zusätzliche körperliche oder sinnesbezogene Einschränkungen haben oder durch ungewohnte Verhaltensweisen auffallen, stellt dieser Anspruch alle Beteiligten vor besondere Herausforderungen. Das Zusammenleben mit diesem Personenkreis ist in der Bevölkerung nicht erwünscht ist und wird als Zumutung erlebt:
„Die Aussicht, mit behinderten Menschen Tür an Tür zu wohnen, löst bis heute oftmals Ängste aus, die sich zum Teil aus der Unkenntnis über Menschen mit Behinderungen ergeben, aber auch zum Teil durch Vorurteile begründen (z. B. Ängste, dass die Grundstücke in der Nachbarschaft unserer Wohnstätten an Wert verlieren, Ängste vor gewalttätigen Übergriffen der Bewohner/innen auf Kinder oder Frauen in der Nachbarschaft, Angst vor erhöhter Lärmbelastung). Den Berührungsängsten in der Nachbarschaft zu begegnen ist nicht immer einfach. (...) Der Druck, der durch eine gewisse Anpassungsleistung sowohl auf den Bewohnern/innen als auch auf den Mitarbeitern/innen lastet, wirkt sich zusätzlich belastend auf das nachbarschaftliche Verhältnis aus. Dies kann bedeuten, dass Mitarbeiter/innen an einem schönen Sonntagnachmittag, an dem alle Nachbarn ihren Garten nutzen, darauf achten müssen, dass besonders lautstarke Bewohner/innen nur zeitweise den Garten nutzen, um eine gute Nachbarschaft nicht zu gefährden. (...) Für einige schwerstbehinderte Menschen, insbesondere für diejenigen, die durch ihr Verhalten immer wieder an Grenzen stoßen, bleibt es dennoch eine Gradwanderung, innerhalb der Gemeinde zu leben. Oft sind persönliche Einschränkungen nötig, die auf einem ‚geschützten Gelände' nicht notwendig wären" (Hasenauer 2006, 182).

Trotz absehbarer Schwierigkeiten und Hindernisse gibt es vielerorts Initiativen, gemeindeintegriertes Wohnen von Menschen mit schweren Behinderungen zu realisieren. Eine differenzierte Analyse der Bedingungsfaktoren nachbarschaftlichen Zusammenlebens aus system-ökologischer Perspektive steht bislang noch aus. Erste Ansätze bietet das Forschungsprojekt „WISTA - Wohnen im Stadtteil von Erwachsenen mit schwerer geistiger Behinderung" (vgl. Hahn et al. 2004).

Erfahrungen im nachbarschaftlichen Zusammenleben
Das Forschungsprojekt WISTA hat den Alltag und die Entwicklung von Frauen und Männern mit schwerer geistiger und mehrfacher Behinderung sowie Verhaltensauffälligkeiten in stadtteilintegrierten Gruppenwohnungen in Berlin wissenschaftlich begleitet. Die Wohnungen befinden sich in zwei Wohnanlagen des Sozialen Wohnungsbaus, die unter dem Motto ‚Generationenwohnen' jungen und alten Menschen, Alleinstehenden und Familien, Erwerbstätigen und Arbeitslosen, Menschen mit Migrationshintergrund und Menschen mit Behinde-

rung die Chance zum Zusammenleben bieten. Die Anlagen bestehen aus mehreren Häuserriegeln mit gemeinschaftlichen Grünflächen und Spiel- und Begegnungsmöglichkeiten sowie guten infrastrukturellen Bedingungen.

In Mieterumfragen innerhalb der beiden Wohnanlagen wird das Zusammenleben mit behinderten Menschen als grundsätzlich positiv bewertet. Das gegenseitige Kennenlernen im Alltag mindere Unsicherheiten und Ängste, für Kinder bedeute das Aufwachsen mit behinderten Nachbarn Normalität; bei Jugendlichen werde diskriminierenden Verhaltensweisen vorgebeugt. Neben erfreulichen Erfahrungen im alltäglichen Zusammeleben gab es vor allem im ersten Projekt Probleme, die wichtige Hinweise für gemeindeintegrierte Wohnprojekte mit Menschen mit schweren Behinderungen geben.

In der im Jahr 1995 bezogenen Wohnanlage pflegten Leitung und Mitarbeitende der Wohngruppen von Anfang an die Kontakte mit den Mietern sehr bewusst. Es entwickelte sich ein Gefühl der Nachbarschaftlichkeit, das sich u. a. in gegenseitiger Hilfsbereitschaft zwischen den Wohngruppen und anderen Mietern zeigte. Eine Schlüsselrolle bei der Entwicklung von Nachbarschaftlichkeit kam dem Hausmeister und seiner Frau zu. Sie hatten ein gutes Verhältnis zu den behinderten Menschen, knüpften von sich aus Kontakte mit ihnen und beteiligten sie an Arbeiten, die allen zugute kommen, z. B. beim Aufbauen eines Zauns oder beim Grassäen. Solche Arbeiten waren bei einigen Bewohnerinnen und Bewohnern begehrt. Herr H., der Mühe hat, sich verständlich auszudrücken, schippt z. B. leidenschaftlich gern Schnee. Eine Mieterin erzählt dazu eine Episode aus dem Winter: Es hatte abends noch geschneit, der Hausmeister und sein Sohn machten sich ans Schneefegen. Herr H. wollte mitfegen. Sein Betreuer erlaubte es nicht, weil es schon spät war. Er war schon geduscht und sollte ins Bett:

"In der Nacht höre ich immer was kratzen, was kratzen. Ich denke, nun guck doch mal, wir haben ja hier auch Autoeinbrüche und sowas. Also, ich gucke, gehe ans Küchenfenster – das war nachts um halb drei. (...) Da hatte sich H. angezogen, da hatte er den Pfleger so verrückt gemacht. (..) Da ist der raus mit dem Schieber und die Straße Schnee gefegt."

Entscheidenden Einfluss auf die Toleranz und Integrationsbereitschaft der Nachbarn hat das Verhalten des Gruppenpersonals gegenüber den anderen Mietern und sein Umgang mit den Bewohnerinnen und Bewohnern. Hier zeigt sich das Spezifische der Arbeit in integrierten Wohnsettings gegenüber der Arbeitssituation in einer größeren Einrichtung: Alle Aktivitäten geschehen unter den Augen der Öffentlichkeit!

In der hier beschriebenen Wohnanlage wurde das Verhalten des Gruppenpersonals gegenüber den Bewohnern von den Mietern sehr positiv bewertet. Durch das Beobachten der Mitarbeiter kamen bei den Nachbarn Lernprozesse in Gang, die zu einer Veränderung ihrer bisherigen Vorstellungen von Menschen mit geistiger Behinderung führten. Dennoch lief nicht alles problemlos. Eine junge Frau, die wegen extremer psychischer Probleme sehr häufig auch in der Nacht laut wurde, musste wegen Mieterbeschwerden, die durch intensive Gespräche nicht aufgefangen werden konnten, nach mehreren Jahren des Zusammenlebens die Wohnung verlassen.

In der Wohnanlage, die drei Jahre zuvor eröffnet wurde, gab es in der Anfangszeit erhebliche Probleme, die zum Teil auf ungünstige strukturelle Bedingungen zurückzuführen sind, z. B. durch unzureichenden Schallschutz der Gruppenwohnungen, durch Konzentration einer großen Zahl von Menschen mit schweren Behinderungen und auffälligen Verhaltensweisen in der Wohnanlage, durch Überfrachtung der Wohnanlage mit sozial benachteiligten Familien in problembelasteten Lebenslagen sowie durch fehlende Freizeitmöglichkeiten für heranwachsende Jugendliche.

Darüber hinaus gab das Verhalten des Gruppenpersonals Anlass zur Kritik. In einer Mieter-Umfrage wird von Alltagssituationen berichtet, in denen Betreuer wenig einfühlsam mit den schwer behinderten Menschen umgingen oder wenig Verständnis gegenüber Beschwerden zeigten, z. B. über weit offen stehende Fenster, wenn Bewohner über längere Zeit schreien. Bei einem nächtlichen Anruf eines Mieters in der Wohngruppe wegen der laufenden Waschmaschine wurde dem Anrufer Behindertenfeindlichkeit unterstellt. Mehrfach wurde der Eindruck geäußert, dass kein Interesse an Kontakten mit den anderen Mietern bestehe.

Die problematischen Entwicklungen sind Ausdruck einer Überforderung auf beiden Seiten, die nach anfänglichem großen Engagement hinsichtlich der Integration in das nähere und weitere Umfeld beim Personal zu Vermeidungsstrategien führten, weil auffällige Verhaltensweisen der Bewohner, die in der Öffentlichkeit Aufsehen erregten, nicht immer aufgefangen werden konnten. Zudem boten die Wohnbedingungen wenig Freiräume für die Bewohner/innen, ein Gang nach draußen war nicht ohne Begleitung möglich.

Die unterschiedlichen Verläufe bei der Entwicklung von Nachbarschaftlichkeit belegen die Notwendigkeit einer sozialraum- und gemeinwesenorientierten Ausrichtung der Arbeit (vgl. Seifert 2000). Entsprechende Konzepte, die Netzwerkarbeit und Freiwilligkultur zum integralen Bestandteil von Diensten und Einrichtungen deklarieren, sind innerhalb der Behindertenhilfe rar (vgl. Drabent 2002). Hier liegt ein dringend zu bearbeitendes Feld für die Qualitätsentwicklung und die Aus- und Fortbildung von Fachkräften in der Arbeit mit Menschen mit Behinderung (vgl. Niehoff / Schablon 2005).

Menschen mit schweren Behinderungen als Kunden
In Interviews mit Dienstleistern im Umfeld der stadtteilintegrierten Wohngruppen wird deutlich, dass auch bei ihnen im alltäglichen Kontakt mit schwer behinderten Kunden und Kundinnen Veränderungsprozesse stattgefunden haben:

Arzt: „Ich habe sie früher fast ein bisschen abstoßend gefunden. Ich kann mich noch erinnern, als ich nach meiner Unversitätsausbildung das erste Mal in die Psychiatrie kam und mit den Behinderten in Berührung kam, war ich unan-

genehm berührt. Und heute - Das ist ein Riesenweg gewesen. Ich denke, man muss lernen, sich Behinderten zu nähern und mit ihnen umzugehen. Das kann man nicht so einfach aus dem Stand."

Bistrobesitzer: „Als ich die das erste Mal gesehen habe, da habe ich mehr an meine Gäste gedacht, weil .., die Behinderten, wenn die laut sprechen, oder beim Essen, die essen anders als die normalen Menschen. (...) Das hat sich beim zweiten oder dritten Mal geändert, weil die sitzen da und die tun keinem Menschen was und die essen und trinken ..."

Ladenbesitzerin: „Also es ist nun ein Kundenpotenzial, auf das man einfach nicht verzichten kann, wenn ich ganz ehrlich bin. (..) In heutiger Zeit kann man auf keinen Kunden verzichten."

Eine Einkaufssituation mit einem schwer mehrfach behinderten Heimbewohner belegt, dass Dienstleister durch alltägliche Begegnungen mit Menschen mit schweren Behinderungen ihre Kompetenzen im direkten Umgang mit ihnen erweitern können (vgl. Seifert et al. 2001):

Die Verkäuferin begrüßt Herrn W. mit seinem Namen. Die Betreuerin sagt, dass sie (...) Rasierwasser (After-Shave) für ihn kaufen wolle. Die Verkäuferin lächelt ihn an und holt Papierstreifen. Die Mitarbeiterin steht vor Herrn W., der auf dem Rollator sitzt, und hält seine Hand. Er stöhnt etwas. Nach und nach werden einige Düfte auf die Papierstreifen gesprüht und die Mitarbeiterin hält sie Herrn W. einzeln vor die Nase. Die ersten Düfte werden von ihm weder abgelehnt, noch angenommen, statt dessen versucht er vom Rollator herunter zu klettern, um sich dann auf den Fußboden zu legen. Die Mitarbeiterin lässt ihn gewähren und sucht in der Zeit noch einmal verschiedene Proben heraus. (...) Dann nimmt sie wieder die Hand von Herrn W. und zieht ihn damit hoch, damit er sich wieder auf den Rollator setzt. Dann werden wieder einige Proben an seine Nase geführt. Herr W. zieht eine Probe näher an sein Gesicht, indem er die Hand der Betreuerin zu sich heranführt. Die Mitarbeiterin deutet dies so, dass er diesen Geruch mag. Sie sagt der Verkäuferin, dass sie dieses Rasierwasser kaufen werden.

Strukturelle Voraussetzungen

Strukturelle Voraussetzungen für Inklusion betreffen Hilfeplanverfahren, in denen Strategien zur Inklusion als spezifischer Unterstützungsbedarf anerkannt werden, Angebotsstrukturen, die Inklusion unterstützen, und Regional- und Stadtplanungen, die die Belange behinderter Menschen selbstverständlich integrieren (vgl. Rohrmann et al. 2001).

Vorbild für Inklusion unterstützende Hilfeplanverfahren im Bereich des Wohnens ist das im anglo-amerikanischen Raum praktizierte Konzept „Supported Living', das die Wünsche des Betroffenen in den Mittelpunkt stellt und daraus unter Einbeziehung des persönlichen Netzwerks den notwendigen Unterstützungsbedarf ableitet (vgl. Aselmeier 2003). Das Konzept unterstützt das selbstbestimmte Wohnen inmitten der Gemeinde, unabhängig von Art und Ausmaß der Beeinträchtigungen. Damit unterscheidet es sich deutlich vom Angebot des sog. ambulant betreuten Wohnens im System der Behindertenhilfe in Deutschland. Wegen enger finanzieller Rahmenbedingungen kann diese Wohnform gegenwärtig nur von Menschen genutzt werden, die relativ selbstständig ihren Alltag gestalten können und nur stundenweise Unterstützung benötigen. Es ist zu hoffen, dass das Trägerübergreifende Persönliche Budget (§ 17 SGB IX) auch geistig behinderten Menschen mit höherem Hilfebedarf Chancen zum ambulant unterstützten Wohnen eröffnet.

2 Ausblick

Die anhaltende Krise des Wohlfahrtsstaats, des Arbeitsmarkts und der öffentlichen Haushalte verschärfen soziale Ungleichheiten und Exklusionsrisiken. Sie finden ihren Ausdruck in einer Veränderung der Mentalitäten gegenüber schwächeren Bevölkerungsgruppen, im Schwinden von Solidarität und in einem sich ausbreitenden Kosten-Nutzen-Denken. Augenfälliges Symptom der Finanzkrise ist die Ökonomisierung der Sozialpolitik.

Einschnitte in der Behindertenhilfe sind vor allem durch den zu erwartenden rasanten Anstieg der Sozialausgaben im Bereich der Eingliederungshilfe bedingt.[1] In allen Bundesländern ist Kostendämpfung angesagt. Schon jetzt sind Auswirkungen auf die Qualität der Arbeit im Bereich der Hilfen für Menschen mit Behinderung unübersehbar. Ausgrenzungstendenzen nehmen zu. Besonders gefährdet sind Menschen mit schweren Behinderungen. Zur Entlastung des Sozialhilfeträgers ist seit Einführung der Sozialen Pflegeversicherung im stationären Bereich (1996) in den meisten Bundesländern die Zahl geistig behinderter Menschen in Pflegeeinrichtungen mit Versorgungsvertrag nach SGB XI (§ 71 Abs. 2) angestiegen. Weitere Pflegeplätze sind geplant. Die Folgen sind abschbar: Alltägliche Begegnungen mit Menschen mit schweren Behinderungen werden noch seltener als bisher.

Um die finanziell prekäre Situation in den Griff zu bekommen, verfolgen Sozialhilfeträger in allen Bundesländern eine Strategie, die fachliche Ansprüche und Kostendämpfung miteinander verknüpft: „Ambulant vor stationär" heißt die Devise. Sie trägt endlich dem seit ca. 20 Jahren im BSHG (§ 3a) verankerten und nun im SGB XII festgeschriebenen Vorrang ambulanter Leistungen (§ 13 SGB XII) sowie den langjährigen Forderungen behinderter Menschen nach größtmöglicher Autonomie im Alltag Rechnung - vorausgesetzt, dass die Qualität der Assistenz bzw. Unterstützung dem individuellen Bedarf angemessen ist.

---

[1] Von 1993 bis zum Jahr 2004 haben sich die Ausgaben für die Eingliederungshilfe verdoppelt (von 5,7 Milliarden Euro in 1993 auf 11,5 Milliarden Euro in 2004). Durch Zunahme der Fallzahlen prognostiziert das Bundesministerium für Gesundheit und Soziale Sicherung Mehrausgaben bis zum Jahr 2010 in Höhe von mindestens 3 Milliarden Euro (Parlamentarierabend der Lebenshilfe am 08.03.2006, Info Nr. 3).

Eine konsequente Umsetzung der Ambulantisierung der Hilfen birgt die Gefahr in sich, dass Menschen mit schweren Behinderungen als ‚Restgruppe' in den Institutionen verbleiben. Hier sind alternative Hilfearrangements zu entwickeln, die der Konzentration von schwer behinderten Menschen in Einrichtungen und ihrer Isolation vom allgemeinen Leben entgegenwirken.

Unter Kostendruck eröffnen sich somit neue Perspektiven, die dazu zwingen, tradierte Denkmuster und Strukturen hinsichtlich ihrer Tauglichkeit zur Umsetzung der Leitideen Selbstbestimmung und Teilhabe am Leben in der Gesellschaft zu hinterfragen. Notwendig ist ein Wandel von der institutionsbezogenen zur lebensweltlichen personenbezogenen Orientierung durch Veränderung und Weiterentwicklung der gegenwärtigen angebotsorientierten Hilfestrukturen zu einem nachfrageorientierten dezentralisierten offenen Unterstützungssystem, das informelle Ressourcen impliziert - ohne sie als Vehikel für finanzielle Entlastungen der öffentlichen Hand zu instrumentalisieren (vgl. Aselmeier et al. 2001; Metzler / Rauscher 2004; Rohrmann / Schädler 2006).

Das Zukunftsprojekt Inklusion kann nur gelingen, wenn alle Akteure zusammenarbeiten: Menschen mit Behinderung und ihre Angehörigen und Freunde, Selbstvertretungsorganisationen, Vereine und Initiativen, die Leistungserbringer und Leistungsträger sowie Verantwortungsträger in der Kommune, in Politik, Wohnungswirtschaft und Stadtentwicklung. Perspektivisch sind Wohnformen anzustreben, die ein Höchstmaß an Individualität und soziale Inklusion ermöglichen. Menschen mit Behinderung sollen – unabhängig von Art und Umfang des Unterstützungsbedarfs – die Chance haben zu wohnen, „wo sie wollen, mit wem sie wollen, so lange sie wollen und mit genau der Unterstützung, die sie wollen und benötigen" (Aselmeier et al. 2002, 49). Lebensbedingungen, die diesen Anforderungen Rechnung tragen, sind in Verbindung mit einem tragfähigen sozialen Netzwerk und einem Umfeld, in dem sich Menschen mit Behinderung als gleichberechtigte Bürgerinnen und Bürger willkommen fühlen, ein wichtiger Baustein für eine den individuellen Bedürfnissen entsprechende Lebensqualität.

Literaturauswahl

Aselmeier, L. / Oberste-Ufer, R. / Rohrmann, A. / Schädler, J. / Schwarte, N.: AQUA-UWO. Arbeitshilfe zur Qualitätsentwicklung in Diensten für Unterstütztes Wohnen von Menschen mit geistiger Behinderung. Hrsg.: Zentrum für Planung und Evaluation Sozialer Dienste an der Universität Siegen 2001.

Aselmeier, L.: Supported Living. Offene Hilfen für Menschen mit geistiger Behinderung in Großbritannien. Hrsg.: Zentrum für Planung und Evaluation Sozialer Dienste an der Universität Siegen 2003.

Boban, I. / Hinz, A.: Persönliche Zukunftskonferenzen. Unterstützung für individuelle Lebenswege, in: Behinderte in Familie, Schule und Gesellschaft 22 (4/5) 1999, 13-22.

Bullinger, H. / Nowak, J.: Soziale Netzwerkarbeit. Eine Einführung für soziale Berufe. Freiburg 1998.

Bundesvereinigung Lebenshilfe für Menschen mit geistiger Behinderung (Hrsg.): Bürgerschaftliches Engagement. Freiwillige gewinnen, einbinden und begleiten – neue Chancen für die Lebenshilfe. Marburg 2005.

Dahlferth, M.: Leben in „Parallelgesellschaften"? Menschen mit schwerer geistiger und mehrfacher Behinderung zwischen den Idealen der neuen Leitideen und Entsolidarisierungsprozessen, in: Theunissen, G. / Schirbort, K.: Inklusion von Menschen mit geistiger Behinderung. Stuttgart 2006, 116-128.

Deutscher Verein für öffentliche und private Fürsorge: Entwicklung der Sozialhilfeausgaben für Menschen mit Behinderungen – Der Bundesgesetzgeber muss tätig werden! Empfehlungen und Stellungnahme, in: NDV, April 2003, 1-4.

Dörner, K.: Leben in der „Normalität" – ein Risiko?, in: Theunissen, G. / Schirbort, K.: Inklusion von Menschen mit geistiger Behinderung. Stuttgart 2006, 97-102.

Drabent, R.: Infrastruktur soziales Engagement, in: Thimm, W. / Wachtel, G.: Familien mit behinderten Kindern. Wege der Unterstützung und Impulse zur Weiterentwicklung regionaler Hilfesysteme. Weinheim 2002, 191-213.

Dworschak, W.: Lebensqualität von Menschen mit geistiger Behinderung. Theoretische Analyse, empirische Erfassung und grundlegende Aspekte qualitativer Netzwerkanalyse. Bad Heilbrunn 2004.

Hahn, M. T. / Fischer, U. / Klingmüller, B. / Lindmeier, C. / Reimann, B. / Richardt, M. / Seifert, M. (Hrsg.): „Warum sollen sie nicht mit uns leben?" Stadtteilintegriertes Wohnen von Erwachsenen mit schwerer geistiger Behinderung und ihre Situation in Wohnheimen. Zusammenfassende Gesamtdarstellung des Projektes WISTA, Teile I – IV. Reutlingen 2004.

Hasenauer, C.: Leben in der Gemeinde von Menschen mit hohem Unterstützungsbedarf – am Beispiel der Lebenshilfe Gießen, in: Theunissen, G. / Schirbort, K.: Inklusion von Menschen mit geistiger Behinderung. Stuttgart 2006, 176-183.

Hoppe, U.: „Wohnen im Drubbel". Das Ambulant Unterstützte Wohnen der Lebenshilfe Münster, in: Theunissen, G. / Schirbort, K.: Inklusion von Menschen mit geistiger Behinderung. Stuttgart 2006, 170-175.

Jerg, J.: Leben in Widersprüchen. Bestandaufnahme und Erfahrungen in einer lebensweltorientierten integrativen Wohngemeinschaft. Reutlingen 2001.

Klauß, T.: Ist Integration leichter geworden? Zur Veränderung von Einstellungen für die Realisierung von Leitideen, in: Geistige Behinderung 35 (1) 1996, 56-68.

Lüpke, K. von: Aktion Menschenstadt. Für eine neue Qualität von Behindertenarbeit – für eine neue Qualität von Stadtkultur. Essen 2000, (http://www.rauheshaus.de/behindertenhilfe/comcarevluepke).

Maas, J.: Community Care in der Evangelischen Stiftung Alsterdorf, in: Theunissen, G. / Schirbort, K.: Inklusion von Menschen mit geistiger Behinderung. Stuttgart 2006, 141-169.

Metzler, H.: Hilfebedarf und Selbstbestimmung. Eckpunkte des Lebens behinderter Menschen im Heim, in: Franke, H. / Westecker, M. (Hrsg.): Behindert Wohnen. Perspektiven und europäische Modelle für Menschen mit schweren und mehrfachen Behinderungen. Düsseldorf 2000, 25-37.

Metzler, H. / Rauscher, C.: Wohnen inklusiv. Wohn- und Unterstützungsangebote für Menschen mit Behinderungen in Zukunft. Projektbericht. Diakonisches Werk Württemberg. Reutlingen 2004.

Niehoff, U.: Ausgrenzung verhindern! Inklusion und Teilhabe verwirklichen. In: Kompetent begleiten: Selbstbestimmung ermöglichen, Ausgrenzungen verhindern! Die Weiterentwicklung des Konzepts ‚Vom Betreuer zum Begleiter'. Marburg 2005, 101-121.

Niehoff, U. / Schablon, K.-U.: Selbstbestimmung und Teilhabe: Welches Rüstzeug brauchen professionelle Unterstützer?, in: Kompetent begleiten: Selbstbestimmung ermöglichen, Ausgrenzungen verhindern! Marburg 2005, 79-92.

Rohrmann, A. / McGovern, K. / Schädler, J. / Schwarte, N.: AQUA-NetOH. Arbeitshilfe zur Qualifizierung von örtlichen Netzwerken Offener Hilfen für Menschen mit Behinderungen. Hrsg.: Zentrum für Planung und Evaluation Sozialer Dienste an der Universität Siegen 2001.

Rohrmann, A. / Schädler, J.: Individuelle Hilfeplanung und Unterstützungsmanagement, in: Theunissen, G. / Schirbort, K.: Inklusion von Menschen mit geistiger Behinderung. Stuttgart 2006, 230-247.

Seifert, M.: Auffälliges Verhalten - eine Zumutung für die Nachbarschaft? Probleme der Akzeptanz beim gemeindeintegrierten Wohnen, in: Theunissen, G. (Hrsg.): Verhaltensauffälligkeiten – Ausdruck von Selbstbestimmung? Bad Heilbrunn 2000, 125-152.

Seifert, M.: Menschen mit schwerer Behinderung in Heimen. Ergebnisse der Kölner Lebensqualität-Studie, in: Geistige Behinderung 41, 2002, 202-222.

Seifert, M.: Teilhabe von Menschen mit schwerer Behinderung im Bereich des Wohnens – eine kritische Bestandsaufnahme, in: Wacker, E. / Bosse, I. / Dittrich, T. / Niehoff, U. / Schäfers, M. / Wansing, G. / Zalfen, B. (Hrsg.): Teilhabe. Wir wollen mehr als nur dabei sein. Marburg 2005a, 173-184.

Seifert, M.: Teilhabe von Menschen mit schweren Behinderungen – ein Bürgerrecht. In: Fachdienst der Lebenshilfe Nr. 4, 2005b, 3-14.

Seifert, M.: Pädagogik im Bereich des Wohnens, in: Wüllenweber, E. / Theunissen, G. / Mühl, H. (Hrsg.): Pädagogik bei geistigen Behinderungen. Ein Lehrbuch für Studium und Praxis. Stuttgart 2006a, 276-393.

Seifert, M.: Wie lebt es sich in Wohngemeinschaften? Eine Nutzerbefragung in Berlin. Veröffentlichung vorgesehen in: Geistige Behinderung 3/2006b.

Seifert, M. / Fornefeld, B. / Koenig, P.: Zielperspektive Lebensqualität. Eine Studie zur Lebenssituation von Menschen mit schwerer Behinderung im Heim. Bielefeld 2001.

Stark, W.: Empowerment. Neue Handlungskompetenzen in der psychosozialen Praxis. Freiburg 1996.

Swedish Disability Movement: Agenda 22 – Local Authorities – Disability policy planning instructions. Stockholm 2001. – Deutsche Übersetzung hrsg. von Fürst Donnersmarck-Stiftung Berlin: Umsetzung der UN-Standardregeln auf kommunaler und regionaler Ebene. Behindertenpolitische Planungsrichtlinien, 2004.

Theunissen, G.: Wege aus der Hospitalisierung. Empowerment in der Arbeit mit schwerstbehinderten Menschen. 4. völlig neubearb. u. erw. Aufl., Bonn 1999.

Thimm, W.: Tendenzen gemeinwesenorientierter Hilfen. Gesellschaftliche Ausrichtung und fachliche Konsequenzen. In: Thimm, W. (Hrsg.): Das Normalisierungsprinzip. Marburg 2005, 219-236.

Wacker, E. / Wetzler, R. / Metzler, H. / Hornung, C.: Leben im Heim. Angebotsstrukturen und bundesweite Untersuchung im Forschungsprojekt "Möglichkeiten und Grenzen selbständiger Lebensführung in Einrichtungen". Baden-Baden 1998.

Wansing, G.: Teilhabe an der Gesellschaft. Menschen mit Behinderung zwischen Inklusion und Exklusion. Wiesbaden 2005.

Zentner, J.: Freiwilliges soziales Engagement. Eine Perspektive für Menschen mit Beeinträchtigungen und für das sonderpädagogische Hilfesystem? – Teil 1, in: Geistige Behinderung 44 (2), 2005a, 139-155.

Zentner, J.: Freiwilliges soziales Engagement. Eine Perspektive für Menschen mit Beeinträchtigungen und für das sonderpädagogische Hilfesystem? – Teil 2, in: Geistige Behinderung 44 (3), 2005b, 186-203.

Barbara Vieweg
Inklusion und Arbeit

Vorbemerkung

Die Herausgeber haben es sich mit diesem Band u. a. zur Aufgabe gemacht, den Begriff Inklusion gegen den Strich zu bürsten. Gegen den Strich bedeutet auch, dass Vieles was bisher unter Integration zusammengefasst wurde nun als Inklusion benannt wird. Das wäre dann alter Wein in neuen Begriffen. Tatsächlich spielen Begriffe in der Behindertenpolitik eine wichtige Rolle. So wird nicht mehr von Behinderten gesprochen, sondern von Menschen mit Behinderung oder behinderten Menschen. So sehr ich die Verwendung dieser Formulierungen begrüße, muss ich doch auch festhalten, dass die Diskriminierung behinderter Menschen nicht allein dadurch geringer wird, dass ich den Schwerpunkt bei der Kennzeichnung nicht mehr auf Behinderung, sondern auf Mensch lege. Es lohnt sich also genau hinzuschauen.

Im Folgenden werde ich „Teilhabe" und „Integration" synonym verwenden und „Inklusion" als ein Denken und Handeln, dass den Blick von den besonderen Belangen behinderter Menschen hin zu gesellschaftlichen Vorgängen weitet, die Menschen in ihrem Zugang zu Arbeit und Erwerbseinkommen haben.

Inklusion ist ein Begriff der gegenwärtig in erster Linie für Schulreformen Verwendung findet. Die Verwendung dieses Begriffes auf die Arbeitswelt ist eher ungewöhnlich bzw. findet sich in der sozialpolitischen Diskussion in Bezug auf die Vermeidung sozialer Exklusion.

I. Die Arbeitslosigkeit und die Förderung der beruflichen Teilhabe behinderter Menschen

Wenn Inklusion in Arbeit den gleichberechtigten Zugang behinderter Menschen zu Beruf und Erwerbseinkommen meint, dann haben behinderte Menschen auf dem Arbeitsmarkt folgende aktuellen Probleme:

Die Arbeitslosigkeit behinderter Menschen ist fast durchgängig in den vergangenen Jahren gleichbleibend hoch. Behinderte Menschen haben einen ungleich schlechteren Zugang zum Arbeits- und Ausbildungsmarkt als nichtbehinderte Personen, gleiches gilt für die Höhe des Einkommens.

In der Bundesrepublik Deutschland leben nach dem Mikrozensus 2003[1] 8,4 Millionen amtlich anerkannte behinderte Menschen. Davon sind 46 Prozent Frauen, und 2,2 Millionen befinden sich im erwerbsfähigen Alter. Die Erwerbsquote behinderter Menschen ist im Vergleich zur nichtbehinderten Bevölkerung wesentlich geringer.

In der Altersgruppe zwischen 25 und 45 Jahren sind nur drei Viertel der behinderten Männer und zwei Drittel der behinderten Frauen erwerbstätig. Im Mai 2003 waren rund 1,8 Millionen Behinderte erwerbstätig. Der Anteil der Männer unter den erwerbstätigen Behinderten betrug 61 Prozent.

Die Arbeitslosigkeit behinderter Menschen wird von der Bundesregierung als besonderes Problem gesehen. Im Jahre 1999 betrug sie 16,1 Prozent, im Mai 2003 16,5 Prozent, das sind 354.000 Personen.[2] Zwischen den beiden Markierungspunkten stand das Gesetz zur Bekämpfung der Arbeitslosigkeit schwerbehinderter Menschen und die Änderung des Sozialgesetzbuches IX. Trotz einer größeren Vermittlung Behinderter und des verstärkten Zugangs behinderter Frauen in Ostdeutschland in die Erwerbsminderungsrente, ist der Prozentsatz der arbeitslosen Schwerbehinderten in diesem Zeitraum gestiegen.

Während die Arbeitsverwaltung für das Jahr 2004 173.939 arbeitslose schwerbehinderte Leistungsempfänger zählte, ist diese Zahl im März 2005 um rund 20.000 gegenüber dem Jahresmittel 2004 auf 195.090 angestiegen.[3] Vergleichen wir diese Zahl mit den Angaben des Mikrozensus, der im Mai 2003 insgesamt 354.000 arbeitslose behinderte Menschen feststellte, so haben wir immer noch eine Diskrepanz von ca. 150.000 arbeitslosen Schwerbehinderten, die von der Agentur für Arbeit nicht erfasst werden.

Allein von Oktober bis Dezember 2004 stieg die Arbeitslosigkeit Schwerbehinderter um 6.000 Personen. Der Anstieg im März 2005 lässt sich also – rechnet man die Steigerung der Arbeitslosigkeit Schwerbehinderter weiter hoch – weniger auf die Aufnahme Schwerbehinderter, die bisher nach dem Bundessozialhilfegesetz betreut wurden, in das ALG II zurückführen, sondern ist realer Ausdruck der zunehmend prekären Arbeitsmarktsituation Schwerbehinderter.

So berichten auch die Integrationsämter von einer Zunahme der Anträge auf Kündigung schwerbehinderter Menschen.

Mit der Einführung des Sozialgesetzbuches II zum 1. Januar 2005 wurden alle diejenigen, die bislang kein Arbeitslosengeld bezogen haben oder länger als ein Jahr arbeitslos sind, den Arbeitsgemeinschaften und optierenden Kommunen zugewiesen – mit Ausnahme der Schulabgänger. Die ARGEN und optierenden Kommunen betreuten im März 2005 97.260 Schwerbehinderte[4] – also sind etwa die Hälfte der arbeitslosen Schwerbehinderten vom Sozialgesetzbuch II betroffen, d. h. sie haben noch nie gearbeitet oder sind länger als ein Jahr arbeitslos.

---

[1] Statistisches Bundesamt Wiesbaden (Hrsg.): Lebenslagen der behinderten Menschen Ergebnis des Mikrozensus 2003.
[2] vgl. Mikrozensus 2003.
[3] vgl. Bundesagentur für Arbeit (Hrsg): Der Arbeits- und Ausbildungsstellenmarkt in Deutschland. Monatsbericht März 2005.
[4] vgl. ebd.

Die hohe Arbeitslosigkeit behinderter Menschen verhindert Lebenschancen. Die Integration behinderter Menschen in den (ersten) Arbeitsmarkt ist das Ziel aller Bundesregierungen. Die Verwendung des Begriffes Integration meint die (Wieder-) Eingliederung in das Erwerbsleben. Die Integration behinderter Menschen in den Arbeitsmarkt ist – wie gesehen – gering.

Exemplarisch sollen hier drei Förderungen für die berufliche Teilhabe behinderter Menschen vorgestellt werden und dabei auch die Frage beleuchtet werden, wie sie Erwerbsfähigkeit positiv beeinflussen.

1. Eingliederungszuschüsse an Arbeitgeber (vgl. §§ 217 SGB III)

Arbeitgeber, die behinderte Menschen beschäftigen wollen, haben die Möglichkeit dafür Zuschüsse zu erhalten. Hier reicht die Spanne von der Finanzierung einer Probebeschäftigung, über Lohnkostenzuschüsse in erheblichem Umfang bis zu behinderungsbedingten Arbeitsplatzausstattungen. Diese Zuschüsse werden durch die Sachbearbeiter/innen der Arbeitsagenturen bewilligt, diese können nur bedingt die Wirkung solcher Zuschüsse prüfen. So werden sie mal gezahlt, obwohl mit ihnen nur eine geringe Wirkung verbunden ist oder dringende Zuschüsse werden verweigert. Grundsätzlich sind die Agenturen eher an kurzfristigen Zuschüssen interessiert, während eine nachhaltige Wirkung oft nur durch länger andauernde Förderungen erreicht werden kann. Seit dem Beginn der Hartz IV Reform wollen die Arbeitsagenturen vor allem Masse statt Klasse. Kurz – schnell – keine Dauersubventionierung. Schnell die Vermittlung in Dauerarbeitsplätze, kurze Bezugsdauer, Marktorientierung. So wird das Instrument der Eingliederungszuschüsse vor allem für diejenigen genutzt, die gerade arbeitslos geworden sind und schnell wieder in eine Erwerbsarbeit zu integrieren sind.

2. Werkstatt für behinderte Menschen (vgl. §§136 SGB IX)

Menschen, die auf Grund ihrer Behinderung dauerhaft erwerbsgemindert sind, können einer Beschäftigung in einer Werkstatt für behinderte Menschen nachgehen. Neben einer ganzen Reihe von positiven Effekten wie der Berücksichtigung behinderungsspezifischer Schwierigkeiten, günstiger bzw. schonender Arbeitsbedingungen, einer sinnvollen Tagesstrukturierung, nimmt allein die Existenz dieser Einrichtungen einen erheblichen Druck vom Arbeitsmarkt. Es gibt kaum Anlass, dass sich die Arbeitsverwaltungen um die Eingliederung besonders schwer behinderter Menschen kümmern müssen. Die Vermittlungsquote auf den ersten Arbeitsmarkt beträgt unter ein Prozent. Die Mitarbeiterzahlen in den Werkstätten steigen, sie wachsen wohl auch höher als dies in einer Studie aus dem Jahre 2002 prognostiziert wurde.[1]

Eine konstant bleibende Zahl behinderter Menschen, die auf Dauer keine Arbeit finden, eine steigende Zahl von Menschen mit seelischen Beeinträchtigungen drängt in die Werkstätten, weil der allgemeine Arbeitsmarkt für sie quasi geschlossen ist. So ist die Beschäftigung in der WfbM als Alternative zur Beschäftigungslosigkeit. So sind die Werkstätten in gewisser Weise „Opfer" ihres eigenen Erfolges, sie ziehen immer mehr Personen an, die keine Chancen haben und haben kaum die Möglichkeit, Beschäftigte auf den allgemeinen Arbeitsmarkt zu entlassen. Das Vorhandensein dieser Sondereinrichtung verhindert die Inklusion behinderter Menschen und zwar nicht nur in die Arbeitswelt, sondern auch in die Gesellschaft überhaupt. Ein Teil der Probleme mit der Integration zeigt sich daran, dass die Beschäftigung in einer Werkstatt für behinderte Menschen auch als berufliche Teilhabe bezeichnet wird. In diesem Verständnis wäre dann berufliche Integration bzw. Teilhabe lediglich der Sammelbegriff für alle Maßnahmen, die behinderte Menschen in Bezug auf Arbeit fördern. Beschäftigung in der Werkstatt bedeutet aber auch, dass kein existenzsicherndes Einkommen erzielt werden kann. Der Sozialhilfeträger muss den Lebensunterhalt des behinderten Menschen finanzieren. Die Integration hat auch hier eine Grenze, weil das Einkommen in der Regel auf das Existenzminimum beschränkt ist. Werkstatt für behinderte Menschen bedeutet eine Grundsicherung und später eine geringe Rente.

3. Integrationsfachdienste (IFD) (vgl. §§ 109 SGB IX)

Im Bereich der beruflichen Integration der Menschen mit Behinderung aber auch der allgemeinen Eingliederung benachteiligter Personen auf den Arbeitsmarkt ist die individuelle Unterstützung und Begleitung bei der Integration in den Arbeitsmarkt der erfolgversprechendste Weg. Bei den IFD handelt es sich um ein Dienstleistungsangebot, speziell für behinderte Menschen, um sie in Arbeit vermitteln zu können. Das Angebot ist individuell, weil es nicht mit Pauschalmaßnahmen arbeitet, sondern von den jeweils eigenen Fähigkeiten des arbeitssuchenden Behinderten ausgeht. Seit Mitte der 1990er Jahre arbeiten diese Integrationsfachdienste, zunächst im Rahmen eine Modellprojektes und seit 2001 flächendeckend in jedem Arbeitsamtsbezirk. Die durchschnittlichen Vermittlungsraten betragen 30 Prozent. Trotz dieser Erfolge, die bei einem weiteren kontinuierlichen Arbeiten der IFD sicherlich noch ausbaufähig sind, haben die IFD große Probleme, seitdem die sog. Strukturverantwortung von den Arbeitsagenturen auf die Integrationsämter – also vom Bund auf die Länder – übergegangen ist. Viele Integrationsfachdienste sind unmittelbar in ihrer Existenz be-

---

[1] con_sens GmbH (Hrsg.): Bestands- und Bedarfserhebung Werkstätten für behinderte Menschen, im Auftrag des Bundesministeriums für Arbeit und Sozialordnung 2003, S. 49f.

droht, hiermit bricht der Prozess einer zunehmenden Professionalisierung ab, der für eine erfolgreiche Begleitung und Vermittlung schwerbehinderter Menschen erforderlich wäre. Leider beschäftigten die IFD auch nur wenige behinderte Mitarbeiterinnen und Mitarbeiter, so gibt es eine nichtbehinderte Sicht auf Behinderung und behinderte Menschen. Es entsteht eine unnötige Barriere zwischen IFD-Mitarbeiterinnen und Mitarbeitern und schwerbehinderten Kunden. Die Integrationsfachdienste bilden die Sonderstellung behinderter Menschen ab. Integration bedeutet Wiedereingliederung von Personen, die vorher ausgegliedert waren. Arbeitslos können alle Menschen werden, unabhängig von einer Behinderung. Die Integrationsfachdienste reagieren auf die besondere Benachteiligung behinderter Menschen auf dem Arbeitsmarkt und heißen deshalb auch Integrations- und nicht Inklusionsfachdienste.

Besondere Probleme behinderter Menschen auf dem Arbeitsmarkt

Die Sonderschulbildung ca. 90 Prozent aller Menschen mit Behinderung erhöht die Gefahr, keinen Beruf erlernen, keiner existenzsichernden Erwerbsarbeit nachgehen zu können, da 80 Prozent aller Sonderschüler die Schule ohne Hauptschulabschluss verlassen.[1]

Noch immer gibt es vorwiegend spezielle Ausbildungen für behinderte Menschen in einer begrenzten Zahl von Ausbildungsberufen. Diese wiederum unterliegen einem komplizierten Genehmigungsverfahren und können damit nur schwerfällig auf den sich verändernden Arbeitsmarkt reagieren.

Behinderte Menschen bleiben in der Regel länger arbeitslos als nichtbehinderte Personen, Arbeitsverwaltungen betrachten sie als „Betreuungskunden", die viel Zeit und Fördergelder benötigen. Auf Grund dieser Einschätzung sind behinderte Menschen seit 2004 aus dem Zentrum der Aufmerksamkeit der Arbeitsverwaltungen gerutscht.

Es gibt eine ganze Reihe schier unausrottbarer Vorurteile gegenüber schwerbehinderten Arbeitnehmerinnen und Arbeitnehmern. So seien sie öfter krank, bräuchten ständig Hilfe, sie könnten nicht gekündigt werden, sie seien doch in Sondereinrichtungen gut aufgehoben, sie sollten den nichtbehinderten Arbeitnehmern nicht die Arbeit wegnehmen. Obwohl keines dieser Argumente einer empirischen Überprüfung standhält, werden sie immer wieder bei Befragungen von Arbeitgebern genannt.

Für die berufliche Bildung behinderter Menschen gibt es zu viele Sonderangebote, zu viele stationäre Einrichtungen, welche die Gesellschaft eher vor behinderten Menschen schützt, als das diese für eine gleichberechtigte Teilhabe in der Gesellschaft befähigt würden.

---

[1] vgl. Justin Powell, Grenzen der Inklusion: Die Institutionalisierung von sonderpädagogischem Förderbedarf in Deutschland und den USA, 1970-2000, Max-Plank-Institut für Bildungsforschung, www.mpib-berlin.mpq.de/en/forschung/nwg/

Es gibt nur eine unzureichende Kenntnis über Arbeitsassistenz, Mobilität für behinderte Menschen ist wegen fehlender Barrierefreiheit nur schwer zu verwirklichen.

(Erwerbs-)Arbeit als Schlüssel für soziale Inklusion

In der Diskussion um soziale Inklusion, die ja zunächst ohne besondere Berücksichtigung der Belange behinderter Menschen geführt wird, zeigt sich, dass soziale Exklusion mit Arbeitslosigkeit in direktem Zusammenhang steht. Für behinderte Menschen führt Arbeitslosigkeit oder das allgemeine Ausscheiden aus dem Erwerbsleben zu einem wesentlich geringerem Anspruch auf Eingliederungshilfeleistungen. Behindertengerechter Wohnraum, ein Kraftfahrzeug, eine immer größer werdende Anzahl von Hilfsmitteln sind an eine Berufstätigkeit gebunden. Hier zieht eine Benachteiligung eine andere nach sich. So geht es bei der Vermeidung von sozialer Exklusion nicht allein um berufliche Teilhabe, sondern auch um den Anspruch auf gleichberechtigte Teilhabe am Arbeitsleben. Schlechter Zugang zu Ausbildung und Arbeit, Arbeitslosigkeit führen zu sozialer Exklusion, nicht Behinderung allein. Die Höhe des (Arbeits-) Einkommens entscheidet wesentlich über den Grad an gesellschaftlicher Teilhabe.

II. Eine kurze Geschichte der beruflichen Integration

Die Sicherung von Berufstätigkeit behinderter Menschen spielte bei der Rehabilitation immer eine zentrale Rolle. So wurden für die ca. zwei Millionen Kriegsbeschädigten nach dem Ende des zweiten Weltkrieges im Kriegsbeschädigtengesetz vor allem Leistungen konzipiert, die eine Wiederaufnahme der Berufstätigkeit zum Ziel hatten. Bei einem geringen Angebot an sozialen Fürsorgeleistungen war ein eigenes Erwerbseinkommen außerordentlich entscheidend, um die Auswirkungen von Behinderungen zu mildern. Auch waren die Kriegsbehinderten in aller Regel Männer und der Ernährerstatus für die Familien entscheidend. Es wurden Umschulungen, Weiterbildungen, Zuschüsse für Arbeitgeber konzipiert, die diese Gruppe wieder in Arbeit bringen sollte.
 1956 wurden auch die „Zivilbehinderten" durch das „Körperbehindertengesetz" in die gesetzlichen Regelungen einbezogen.
 Mit dem Bundessozialhilfegesetz aus dem Jahr 1961 wurden spezielle Eingliederungshilfeleistungen für behinderte Menschen fixiert, die nicht in erster Linie die Erwerbstätigkeit im Auge hatte, da dies vor allem im Schwerbehindertenrecht geregelt war und ist. Hier ging es um Leistungen für behinderte Menschen, wenn sie in aller Regel nicht berufstätig sein konnten. So entstand ein umfassender Leistungsanspruch ohne die Bindung an Erwerbstätigkeit. Dabei waren vor allem Kinder, Jugendliche und alte Menschen mit Behinderung im Blick. Ein lebenslanger, bedarfsdeckender Anspruch auf Sozialhilfeleistungen

auf Grund einer Behinderung wurde als Rechtsanspruch verwirklicht, diese waren allerdings abhängig vom eigenen Einkommen und Vermögen.

In den 1950er Jahren erfolgte der schrittweise Ausbau von Sonderschulen und Einrichtungen der beruflichen Bildung. Sonderpädagogische Förderung wurde nur in Sonderschulen angeboten. Zunächst erschien dies als der Weg zum Erfolg. Erfolg heißt hier die optimale Förderung behinderter Kinder, um sie zu befähigen ein Leben so normal wir möglich zu führen. Anfang der 1970er Jahre mehren sich die Forderungen nach Integration, hauptsächlich deshalb, weil behinderte Menschen nicht mehr ausgesondert werden wollen. So normal wie möglich zu leben bedeutet jetzt, mit nichtbehinderten Kindern, Kollegen, Mitbürgern zusammen lernen, arbeiten und leben zu können.

Bis in die 1990er Jahre hinein vollzog sich die Entwicklung der Behindertenhilfe vor dem Hintergrund einer geringen Arbeitslosigkeit. Vollbeschäftigung war reales Ziel. Erwerbstätigkeit behinderter Menschen bildete die Grundlage für die Entwicklung eines Leistungskataloges für ihre berufliche Integration.

Allerdings zeigte sich auch schon vor dem Hintergrund geringer Arbeitslosigkeit, dass die spezielle Arbeitslosigkeit behinderter Menschen unverhältnismäßig hoch war. Die Gründe, die dafür ausgemacht wurden, waren sehr unterschiedlich. Nur die wenigsten sahen in der Segregation bzw. der Exklusion eine Ursache für die geringe Erwerbsquote behinderter Menschen.

Integration und Normalisierung waren die wichtigen Begriffe und Forderungen, die behinderte Menschen nicht länger durch Sondereinrichtungen bestimmen lassen wollten. Ohne jetzt hier auf die vielfältige Diskussion eingehen zu können, sei nur festgehalten, dass beide vor allem in den 1990er Jahren eine Verbreitung in der Heil- und Sonderpädagogik, in der Behindertenpolitik und Behindertenhilfe erfahren haben, die auf jeden Fall zu hinterfragen ist. Der Verdacht drängt sich auf, dass es sich hier um eine Verwässerung der Hauptinhalte von Integration handeln könnte. Wenn Integration auch in Sondereinrichtungen möglich sein soll, dann werden Trennlinien zwischen Integration und Segregation verschwinden, fehlt ein wichtiges Handlungsinstrument für die Durchsetzung weitgehender Chancengleichheit behinderter Menschen.

Warum ist das so?

Das Leben und Lernen in einer Sondereinrichtung garantiert zunächst eine weitgehende Berücksichtigung der behinderungsspezifischen Belange des Einzelnen. Die personellen und räumlichen Gegebenheiten sind in der Regel optimal auf Behinderung abgestimmt. So haben Einrichtungen für Menschen mit einer Körperbehinderung, einer so genannten geistigen Behinderung, mit Sinnesbehinderungen Therapieeinrichtungen vor Ort. Alle mit der Behinderung zusammenhängenden Bedürfnisse können unter einem Dach, aus einer Hand erbracht werden. Nur die Bedürfnisse, die sich nicht auf die Behinderung beziehen, sondern mit dem Wunsch nach Teilhabe, Bildung, Wohlstand, Partnerschaft usw. zusammenhängen, geraten ins Hintertreffen. Diese werden in den Sondereinrichtungen oft nur durch die Brille der Behinderung gesehen. Die Sondereinrichtungen bilden einen Schonraum für Menschen mit Behinderung, welche die Einschränkungen in den Mittelpunkt stellt. Sicherlich ist es ungerecht von einem rein defizitorientierten Denken und Handeln in Sondereinrichtungen zu sprechen. Tatsächlich bewirkt die Konzentration auf behinderungsbedingte Einschränkungen jedoch eine Förderung der Defizite. Diese kann nur überwunden werden, wenn die allgemeinen Ziele eines jeden Menschen das Herzstück der Ausbildung bilden und die behinderungsbedingten Besonderheiten sich dort einreihen. Dieser Schonraum führt auch dazu, dass der Eintritt in die Welt der Nichtbehinderten schwerer fällt.

Wer über einen längeren Zeitraum daran gewöhnt ist, die für ihn erforderlichen Leistungen aus einer Hand und unter einem Dach zu erhalten, hat außerhalb von Einrichtungen größere Schwierigkeiten, seine Hilfen und Unterstützungen selbst zu organisieren. Diese Erkenntnis ist nicht neu. Dennoch haben es ambulante Angebote in der Bundesrepublik außerordentlich schwer. Es gibt eine Vielfalt von Gründen, von denen ich nur Einzelne beleuchten will. Das flächendeckende Angebot von Einrichtungen der Behindertenhilfe, der Sonderschulen, der Berufsbildungs- und Berufsförderungswerke hat schon lange ein Eigenleben entwickelt. Darum lassen sie sich auch nicht so einfach schließen, oft gibt es keine vergleichbaren Angebote im ambulanten, offenen und wohnortnahen Bereich. Die Sondereinrichtungen besitzen in der Regel keine pauschalen Förderungen für die Einrichtung selbst, sondern finanzieren sich durch Kosten- bzw. Pflegesätze und haben somit ein existenzielles Interesse an der Nutzung ihrer Einrichtungen durch behinderte Menschen. So entstand eine Interessenlage, welche die stationären Angebote immer weiter ausbaut, in ihrer Qualität so beschreibt, dass es scheinbar keine Alternativen dazu geben kann. Alle einzelnen Bemühungen um andere Lösungen haben große Probleme der Phalanx der Einrichtungen entgegenzutreten. Festzuhalten bleibt auch, dass den Wünschen einzelner behinderter Menschen ein über jahrzehntelang gewachsenes Dienstleistungsangebot gegenübersteht – eine Auseinandersetzung mit sehr ungleichen Mitteln.

III. Aus Integration wird Inklusion?

Offensichtlich hat sich der Begriff der Integration abgenutzt, wenn er nun auch bei stationären Einrichtungen Anwendung findet. Inklusion geht ja einen anderen Weg. Nur wer vorher ausgegliedert (segregiert) war, muss dann durch verschiedene Maßnahme wieder eingegliedert werden. Wenn also ein behindertes Kind von Beginn an mit nichtbehinderten Altersgenossen lernen kann, dann handelt es sich nicht um Integration, sondern um Inklusion.

Was kann die Inklusionsidee für die berufliche Teilhabe behinderter Menschen leisten?
Ein eigenes Erwerbseinkommen ist die beste Voraussetzung für Chancengleichheit behinderter Menschen.
Was muss sich ändern, damit behinderte Menschen berufstätig sein können?

1. In der Schule

Wenn 90 Prozent aller Schülerinnen und Schüler mit sonderpädagogischem Förderbedarf eine Sonderschule besuchen und 80 Prozent der Absolventen der Sonderschulen keinen Hauptschulabschluss erreichen, dann liegt die Vermutung nahe, dass die Sonder- bzw. Förderschulen Zugangschancen auf den allgemeinen Ausbildungs- und Arbeitsmarkt erschweren. Gemeinsames Lernen in Regelschulen mit sonderpädagogischer Förderung ist eine wichtige Voraussetzung für gleiche Startchancen auf dem Arbeitsmarkt, unabhängig von der Behinderung.

2. In der beruflichen Bildung

Die Ausbildung in Berufsbildungs- und Berufsförderungswerken ist durch zwei Hauptprobleme gekennzeichnet.
Die Anzahl der Berufsbilder ist begrenzt, zumal diese bei der Zuordnung zu einzelnen Behinderungen noch kleiner wird. Je größer die Einrichtung ist, um so schwerer fällt das flexible Reagieren auf den sich ändernden Arbeitsmarkt.
Die Ausbildung erfolgt überbetrieblich, ein konkreter Arbeitsplatz muss dann erst noch gefunden wird.
Beide Probleme bestehen so auch für andere Auszubildende, insbesondere sog. benachteiligte Jugendliche. Ein erfolgversprechender Weg ist die individuelle Begleitung im Ausbildungs- und Arbeitsprozess, wohnortnah, in angepassten, nicht statischen Berufsbildern, in regulären Berufsschulen mit entsprechender Unterstützung. Im neuen Berufsbildungsgesetz wird es keine spezielle theoriegeminderte Berufsausbildung mehr geben. Die Berufsschulen sind verpflichtet, Auszubildende mit besonderem Förderbedarf aufzunehmen und auch Teilqualifikationen zuzulassen.
Inklusion in der Arbeit bedeutet Heterogenität zu zulassen. Es ist in keiner Weise sinnvoll 30 Menschen mit einer Körperbehinderung in einem Büroberuf auszubilden, bei dem alle den gleichen Abschluss erwerben. So müssen sowohl die Anforderungen konkreter Arbeitgeber berücksichtigt werden, wie auch die individuellen Voraussetzungen jedes einzelnen Menschen mit Behinderung. Diese Berücksichtigung im Kontext des allgemeinen Arbeitsmarktes ist Inklusion.
Heterogenität bedeutet aber auch, dass einfache, ungelernte Tätigkeiten vorhanden sein müssen, ebenso wie hochqualifizierte Arbeit von zu Hause aus. Gerade für die Personen, die keinen qualifizierten Fachabschluss erwerben können,

sollte die Gesellschaft, d. h. die Gemeinde, Tätigkeiten bereithalten, die auch mit einfachen angelernten Kenntnissen ausgeübt werden können.

Inklusion heißt aber auch Vermeidung von Exklusion. Nach aktuellen Schätzungen werden wohl 20-25 Prozent aller erwerbsfähigen Personen keine Arbeit finden.[1] Hier stellt sich gesamtgesellschaftlich die Frage, wie ein Lebensunterhalt ohne Erwerbseinkommen gesichert werden kann.

Eine wichtige Forderung ist die Berücksichtigung der Lebenssituation behinderter Menschen bei Fragen eines Grundeinkommens. Schon in den Hartz Gesetzen (vgl. Sozialgesetzbuch II) kommen behinderte Menschen kaum vor. Bei den Arbeitsgelegenheiten, den so genannten Ein-Euro-Jobs, erhalten kaum Menschen mit Behinderung eine Chance, Arbeitsassistenz bei einer solchen Tätigkeit können sich die Träger der Arbeitsgelegenheiten nicht vorstellen. So hat es sich in den letzten Jahren bei den Arbeitsverwaltungen eingebürgert, dass gerade bei Förderung der Beschäftigung behinderter Menschen eine besondere Erfolgsgarantie abgegeben werden muss, dies wird von nichtbehinderten Personen nicht verlangt. So führen hier die Sondermaßnahmen, die behinderte Menschen eigentlich fördern sollen, zu einer Aussonderung und verkehren sich in das Gegenteil.

IV. Ausblick – Inklusion in der Arbeitswelt

Die Überzeugung, dass Personen die behinderte Menschen unterrichten, ausbilden, in der Arbeit unterstützen, besondere Kompetenzen benötigen ist, oft der erste Schritt zu ihre Aussonderung. Der Satz „Es ist normal verschieden zu sein." weist hier in die richtige Richtung. Ich habe versucht zu zeigen, dass alle Sondermaßnahmen, Sonderförderungen, so hilfreich sie für den Einzelnen behinderten Menschen sind oder im historischen Zusammenhang auch waren, immer das Tor zu einer Sonderstellung behinderter Menschen öffnen. Der sich in den letzten zehn Jahren verändernde Arbeitsmarkt erfordert die Unterstützung und Begleitung von verschiedenen Personengruppen, die besondere Probleme auf dem Arbeitsmarkt haben. Isolierte Strategien, die nur auf die Bedarfslagen behinderter Menschen reagieren, werden zu keiner Inklusion führen. Kurz gesagt: Sondermaßnahmen = Sonderstellung. Langsam beginnt sich zunächst in der Wissenschaft, vermehrt aber auch in der Politik, die Erkenntnis durchzusetzen, dass Vollbeschäftigung nicht mehr zu erreichen ist. Arbeit, insbesondere auch Erwerbsarbeit, muss neu definiert werden. In diesem Prozess der Neudefinition müssen die Belange behinderter Menschen ausreichend berücksichtigt werden. Der Begriff Inklusion ist ja auch deshalb so interessant, weil viele Integrationsbemühungen nur geringe Wirkungen hatten. Inklusion in die Arbeits-

---

[1] Wolfgang Merkel, Die europäischen Wohlfahrtsstaaten – ein Auslaufmodell? Vortrag „Beschäftigungspolitik – Das Modell Deutschland auf dem Prüfstand", Tagung der Heinrich-Böll-Stiftung 13. / 14. 1. 2006.

welt heißt auch: Partizipation behinderter Menschen an Grundeinkommen, Gemeindearbeit und allen Ideen, die aktuell für eine Gesellschaft ohne Vollbeschäftigung entwickelt werden. Welche Chancen haben behinderte Menschen, die nicht arbeiten, am politisch-kulturellen Leben teilzunehmen, welche Mittel stehen ihnen dafür zur Verfügung? Wie schon dargestellt, sind eine ganze Reihe so genannter Nachteilsausgleiche für Menschen mit Behinderung an eine Erwerbsarbeit gebunden. Inklusion in Gesellschaft würde z. B. auch bedeuten, dass die Krankenkasse oder das Sozialamt einen Rollstuhl bezahlt, mit dem sich eine behinderte Frau oder ein behinderter Mann in der Stadt bewegen kann. Die Finanzierung leistungsstarker Hilfsmittel wird aber gerade in jüngster Zeit auf den extremen Prüfstand von Grundbedürfnissen gestellt[1].

Ein wichtige Frage stellt der Soziologe Wolfgang Engler in seinem Buch „Bürger ohne Arbeit": „Ist jede Arbeit besser als keine Arbeit?"[2] Bezogen auf die Werkstätten für behinderte Menschen ließe sich fragen, ist es wirklich so wichtig, dass ein Mensch mit Behinderung tagtäglich Metallteile zusammen und / oder auseinander baut, nur um das Gefühl zu haben, beschäftigt zu sein? Gäbe es in der Gesellschaft, in der Gemeinde nicht die Möglichkeit, andere Beschäftigungen zu fördern? Soziale Exklusion lässt sich nicht allein durch Arbeit verhindern, sechs Stunden Beschäftigung in einer Sondereinrichtung integriert den Menschen mit Behinderung nicht automatisch in die Gesellschaft. So wie die Behindertenbewegung seit vielen Jahren sich immer erfolgreicher für Barrierefreiheit und Antidiskriminierung einsetzt und dafür kämpft, so muss jetzt der Kampf auch für die Einbeziehung behinderter Menschen in eine Gesellschaft ohne (Erwerbs-)Arbeit stattfinden. Dieses Ziel kann durchaus als Inklusion bezeichnet werden.

---

[1] vgl. Grundbedürfnisse eines behinderten Menschen in: Jurass, Juristische Zeitschrift für Assistenz & Selbstbestimmung, 02/05, S.19 f.
[2] Wolfgang Engler, Bürger ohne Arbeit, Berlin 2005, S. 147.

III. Spielräume

Hans-Uwe Rösner
Inklusion allein ist zu wenig!
Plädoyer für eine Ethik der Anerkennung

„Anerkennung zu fordern oder zu geben heißt gerade nicht, Anerkennung dafür zu verlangen, wer man bereits ist. Es bedeutet ein Werden für sich zu erfragen, eine Verwandlung einzuleiten, die Zukunft stets im Verhältnis zum Anderen zu erbitten. Es bedeutet auch, das eigene Sein und das Beharren im eigenen Sein im Kampf um Anerkennung aufs Spiel zu setzen."
Judith Butler *(2005, 62)*

Vorüberlegungen

Die modernen Gesellschaften stehen heute vor dem Problem, inwieweit fremd oder anders erscheinende Minderheiten nach ihren Möglichkeiten, Gewohnheiten und Überzeugungen leben dürfen und bei Unterstützungsbedarf in nicht bevormundender Weise Hilfe erhalten können. Moralischer Fortschritt lässt sich daran bemessen, ob demokratische Regeln der Anerkennung gefördert werden oder Techniken der Normalisierung. Es bleibt die Verpflichtung einer Gesellschaft, marginalisierte Gruppen mit dem Ziel ihrer Befreiung von negativen Zuschreibungen und einer uneingeschränkten gesellschaftlichen Teilhabe zu unterstützen. In diesem Zusammenhang erobert das Paradigma der „Inklusion" zunehmend die Landschaft gegenwärtiger sozialtheoretischer Auseinandersetzungen und wird dazu benutzt, die normative Basis politischer Ansprüche von Menschen in modernen Gesellschaften zu charakterisieren (Gusy 2005, Stichweh 2005).

Auch die heil- und sonderpädagogische Debatte um die richtigen Konzeptionen pädagogischer Integration wird vermehrt in Form einer Auseinandersetzung um „Inklusion" geführt. Im Blick auf die internationale Debatte um „inclusive education" findet „Inklusion" hierzulande zunehmend Eingang im Kontext einer Weiterentwicklung der Integrationspädagogik (Hinz 2002, Schnell u. a. 2004, Geiling u. a. 2005). Der Begriff Integration wird problematisiert, insoweit sich darin immer noch ein Verhältnis von Dominanz und Unterwerfung zwischen Integrierenden und Integrierten ausdrückt, so dass diejenigen, die integriert werden sollen, im Status des Besonderen und Defizitären verbleiben. Mit der Forderung nach Integration, so der zentrale Einwand, setze man noch zu sehr auf einseitige Teilhabe behinderter Menschen an einer unveränderten Normalitätsstandards folgenden Gesellschaft und Bildung (Tervooren 2003). Demgegenüber erhofft man sich, mit „Inklusion" die Unterschiedlichkeit der Menschen besser berücksichtigen und einen kritischen Bildungsbegriff in die Diskussion bringen zu können, der dichotome Zuschreibungen aufzubrechen vermag. Mit seiner Hilfe soll es möglich sein, diverse Dimensionen von Heterogenität zu berücksichtigen: in den Geschlechterrollen, in unterschiedlichen sexuellen und weltanschaulichen Überzeugungen, in unterschiedlichen kulturellen und sprachlichen Herkünften, in unterschiedlichen Bildungsmilieus und Lebensentwürfen, in unterschiedlichen Eigenschaften und Begabungen usw. Im Blick auf behinderte Kinder und Jugendliche soll es darum gehen, die Opposition zwischen den Kategorien behindert und nichtbehindert in Frage zu stellen und damit das Problem der Macht auf neue Art und Weise aufzuwerfen.

Andreas Hinz, Professor für Allgemeine Rehabilitations- und Integrationspädagogik an der Martin-Luther-Universität Halle-Wittenberg, sieht „mit dem Aufnehmen des Inklusionsbegriffs die große Chance verbunden, von der sonderpädagogischen Orientierung der Integrationsdebatte hin zu einer allgemein pädagogischen Verortung der Inklusionsfrage zu kommen" und fordert die Integrationspädagogik auf, sich daran zu beteiligen (Hinz 2004, 70). Allerdings sieht er zurecht, dass die pädagogische Integrationsbewegung seit den 70er Jahren nicht nur zum Ziel hatte, behinderte Kinder in den normalen Kindergarten bzw. die normale Grundschule zu integrieren, sondern sich ebenso wie die Vertreter einer Inklusiven Pädagogik immer schon dafür einsetzte, die gesellschaftlichen Normalitätsvorstellungen zu hinterfragen und zu kritisieren.

Die Frage stellt sich also in der Tat, ob es wirklich Sinn macht, immer wieder neue Begriffe einzuführen und sie mit Deutungsmacht zu versehen. Es bleibt zu prüfen, ob es sich bei der Einführung des Begriffs „Inklusion" um mehr als nur einen problematischen Vorgang der Simulation im Sinne Jean Baudrillards (1978) handelt, wonach Begriffe zuerst aktualisiert, anschließend entwertet und schließlich durch andere ersetzt werden. Die Debatte um den kritischen Gehalt von Inklusion wird im Bereich der Pädagogik versanden, wenn es der Inklusiven Pädagogik nicht gelingt, einen überzeugenden normativen bzw. sozialtheoretischen Bezugsrahmen für das neue Paradigma ihrer Disziplin zu entwickeln. Nach Lage der Dinge richten sich hierbei die Hoffnungen auf die im deutschsprachigen Raum geführte Auseinandersetzung um Inklusion und Exklusion im Kontext der Systemtheorie von Niklas Luhmann (Hinz 2004, 69).

In den folgenden Überlegungen gehe ich der Frage nach, inwieweit der in der Systemtheorie verwendete Begriff „Inklusion" eine tiefergehende theoretische Reflexion über kritisierbare Zustände in der Gesellschaft anzustoßen vermag. In diesem Zusammenhang prüfe ich, in welcher Weise die von Vera Moser (2003) unternommene systemtheoretische Rekonstruktion der Sonderpädagogik einer „Inklusiven Pädagogik" als Referenzrahmen dienen kann. Mit dem machttheoretischen Instrumentarium Michel Foucaults sollen anschließend blinde Flecken des systemtheoretischen Inklusionsbegriffs aufgedeckt werden. Am Ende geht es mir darum, die Kategorie der „Anerkennung" als fundamentalen, übergreifenden Moralbegriff zu formulieren, aus dem sich eine recht verstandene Inklusion als Zielsetzung ableiten lässt.

Die neuerliche gesellschaftstheoretische und pädagogische Forderung nach Inklusion wird von mir als wichtige und notwendige Folge einer Anerkennungspolitik gedeutet. Umgekehrt jedoch sehe ich in einer Politik der Inklusion allein jedoch nicht die Gewähr für eine unverkürzte Anerkennung von Menschen mit Behinderung. Innerhalb des kategorialen Rahmens einer hinlänglich ausdifferenzierten Anerkennungstheorie, so meine Überzeugung, lassen sich verschiedene Aspekte sozial verursachter Verletzungen von normativen Ansprüchen behinderter Menschen besser kenntlich machen.

1. Inklusion in der Systemtheorie

Nach Niklas Luhmanns Theorie sozialer Systeme, hat man sich die moderne Gesellschaft in erster Linie als ein funktional differenziertes autopoietisches System vorzustellen, das sich ausschließlich durch Kommunikation reproduziert. Funktionale Differenzierung soll bedeuten, dass die Gesellschaft nicht auf der Grundlage menschlicher Handlungsentscheidungen, sondern nach Maßgabe gesellschaftlich relevanter Funktionen in spezifische Teilsysteme ausdifferenziert ist. Ihre sozialen Systeme – Wirtschaft, Wissenschaft, Recht, Religion, Politik oder Erziehung – entfalten sich so durch den Einsatz binärer Codes und spannen zugleich eine Umwelt auf, in der unter anderem Menschen vorkommen. So ist für die Wirtschaft entscheidend, ob man zahlt oder nicht, für die Wissenschaft, ob eine Aussage wahr ist oder nicht, für das Recht, ob etwas als rechtmäßig angesehen wird oder nicht, für Religion, ob etwas dem Heil oder dem moralischen Standpunkt dient oder nicht und für Erziehung, ob etwas im Hinblick auf Chancen im Lebenslauf gelernt wird, oder nicht.

Während soziale Integration auf die Zugehörigkeit zu sozialen Gruppen verweist und über den intentionalen Charakter sozialer Beziehungen vermittelt ist, beschreibt Inklusion eine Form der Adressierbarkeit von Menschen in funktionalen Systemen, nämlich die Art und Weise, in der sie in Kommunikationszusammenhängen als Personen behandelt werden. Inklusion hängt also davon ab, in welcher Art und Weise Menschen in ihren Äußerungen und Handlungen als relevante Ereignisse für die den jeweiligen Systemen eigenen Kommunikationen erfasst werden. In der Regel erfolgt dies mit Hilfe der Unterscheidung „zugehörig/nichtzugehörig" für Personen beziehungsweise „relevant/irrelevant" für die mit Personen verbundenen Kommunikationen. Inklusion stellt mithin eine abstrakte Beschreibung der Adressierung von Personen im Gesellschaftssystem bzw. in einzelnen Teilsystemen dar.

Die systemischen Strukturen der modernen Gesellschaft sind hinsichtlich ihrer Funktionalität offensichtlich nicht auf soziale Integrationsformen angewiesen, sondern im Gegenteil: Der Zugriff auf die Adressaten erfolgt nicht mehr durch die Ermöglichung individueller Internalisierung sozial integrierter Norm- und Wertemuster; Menschen sind in der modernen Gesellschaft potentiell desintegriert, insofern die Gesellschaft nicht mehr auf soziale Integrationsformen wie Familie, soziale Klassen usw. angewiesen ist, sondern den desintegrierten, freien, flexiblen, mobilen Menschen benötigt, der sich den unterschiedlichen Inklusionsanforderungen der Funktionssysteme anpassen kann. Wer an den Funktionssystemen teilhaben will, der muss sich deren Erwartungsstrukturen oder besser Inklusionsbedingungen anpassen können.

Die binären Codes der Funktionssysteme sind in der modernen Gesellschaft so allgemein konzipiert, „dass es in der Semantik der Funktionssysteme im Prinzip keine argumentativen Ressourcen mehr gibt, mit deren Unterstützung man behaupten könnte, dass es Menschen gibt, denen die Fähigkeit fehle, Wahrheiten nachvollziehen zu können, denen man kein Unrecht antun könne, oder für die niemand denkbar sei, der sie zu lieben imstande sein könnte" (Stichweh (2005, 182) Gleichwohl, „Inklusion muss man (...) als eine Form begreifen, deren Innenseite (Inklusion) als Chance der sozialen Berücksichtigung von Personen bezeichnet ist und deren Außenseite unbezeichnet bleibt. Also gibt es Inklusion nur, wenn Exklusion möglich ist" (Luhmann 1998, 620f.). Nicht jedes *Wer* bringt die personalen Voraussetzungen mit, um die Zugangsbedingungen zu bestimmten sozialen Feldern zu erfüllen. Darüber hinaus hängt das *Was* der Kommunikation von den Erwartungsstrukturen sozialer Systeme ab.

Um sich den jeweiligen und sehr unterschiedlichen wirtschaftlichen, familiären, politischen, pädagogischen etc. Inklusionsanforderungen personell-handelnd anzupassen, muss man sich als erwartungsstabile Person erweisen, d.h. man muss Geld haben, sich den schulischen Forderungen anpassen können, an Gott glauben, beziehungs- und konfliktfähig sein, ein Staatsbürger sein, der öffentlich reden und Interessen durchsetzen kann usw. Dysfunktionale Arten der Exklusion treten dann auf, wenn man möglicherweise eine dieser unterschiedlichen Systemerwartungen enttäuscht. Insofern lässt sich feststellen, „dass dieses Prinzip der Inklusion aller denkmöglichen Adressen in alle Funktionssysteme in der sozialen Wirklichkeit der Systeme nicht realisiert ist (...) Empirisch wird laufend sozialen Adressen die Vernunft- und Wahrheitsfähigkeit abgesprochen, werden sie als nicht rechtsfähige Subjekte aufgefasst und negiert man mit Blick auf sie ihre Liebesfähigkeit – und sei es nur in der Form, dass man sie in diesen verschiedenen Hinsichten nicht in Betracht zieht, sie gewissermaßen übersieht. Es kommen also Exklusionen massenhaft und millionenfach vor" (Stichweh 2005, 182).

In einer funktional differenzierten Gesellschaft ist jedes Individuum dazu aufgefordert, entsprechende Kompetenzen auszubilden und über geforderte Eigenschaften und Fähigkeiten zu verfügen, damit es bestimmte Inklusionsregeln erfüllen kann. Vom Individuum wird insofern „Erwartungsdisziplin, deshalb Einschränkung des Verhaltensrepertoires" verlangt (Luhmann 1995, 149). Der Mensch ist zur bloßen Umwelt einer ihm gegenüber verselbständigten Gesellschaft abgewertet, die sich zum dezentrierten Gebilde differenter Systeme verdichtet hat. Er ist folglich nur noch für die Erhaltung und Erweiterung eines eigensinnigen Systembestands von Bedeutung und zerfällt zu einem diversifizierten Individuum ohne moralischen Wert, dem die sozialen Systeme als lebenswichtige und Sinn spendende Kreuzungspunkte dienen.

Menschen mit einer Behinderung stellen diesen gesellschaftlichen Anspruch auf Inklusion ganz offensichtlich in Frage, „weil sie Inklusionsnotwendigkeiten (schon qua Körper) konterkarieren" (Fuchs 1995, 272). Mit ihren abweichenden Morphogenesen, eingeschränkten Wahrnehmungen, verlangsamten Prozessen der Informationsverarbeitung entsprechen sie nicht den routiniert erwartbaren Verhaltensweisen. Sie verfügen nicht über die geforderten systemrelevanten Eigenschaften und erfüllen damit nicht die Bedingungen, nach denen sich die Funktionssysteme selbst die Inklusion konditionieren. Der Sozialstaat tritt als Instrument der Inklusionsvermittlung auf. Die Bearbeitung von Exklusion fällt einem Konglomerat von Organisationen der Zweitsicherung innerhalb des Sozialstaates zu. Schwierigkeiten der Inklusion in verschiedene Funktionssysteme werden durch staatliche Angebote kompensiert. Experten der Fürsorge werden dafür bezahlt, Exklusionsvorgänge gegenüber Menschen mit Behinderungen aufzufangen.

2. Systemtheorie und Inklusive Pädagogik

Bisher hat es den Anschein, als käme die Theorie sozialer Systeme „gar nicht umhin, sich auf die Komplexitätssteigerung moderner Gesellschaften affirmativ einzustellen" (Habermas 1985, 426). Die handelnden und leidenden Menschen scheinen darin zu Spielbällen gesellschaftlicher Systemimperative abgewertet: Sie bekommen die Folgen ihres Handelns durch die Realität sozialer Systemzwänge abgerechnet – der Politiker am Erfolg, der Arbeiter an der Kontrolle seiner Leistungen, der Mensch mit Behinderung an der Widerspenstigkeit seines Körpers. Die unterschwellige Botschaft an Menschen mit Behinderung scheint zu lauten, dass man sich Exklusionsmechanismen nur durch Unterwerfung unter Organisationen der Fürsorge oder Anpassung an übliche Normalitäten entziehen kann. Die Sonder- und Heilpädagogik ließe sich mithin bestenfalls als ein sekundäres Funktionssystem sozialer Hilfe begreifen. Ihr fiele die Aufgabe der sozialstaatlichen Exklusionsbetreuung bei Risiken wie Behinderung und Krankheit zu.

Doch die Systemtheorie sieht nicht mehr daran vorbei, dass es im Zuge von Globalisierung und fortschreitendem Abbau des Sozialstaates in westlichen Demokratien wie auch weltweit verstärkt zu Ausgrenzungs- und Ausschlussmechanismen kommt. Luhmann selbst hat in seinen letzten Arbeiten eindringlich darauf hingewiesen, dass die in funktional differenzierten Gesellschaften gegebene Mehrfachabhängigkeit von Funktionssystemen Exklusionseffekte verstärkt

(1995, 1998, 2000). Er sah sich daher sogar zu der Befürchtung veranlasst, dass „die Variable Inklusion / Exklusion in manchen Regionen des Erdballs drauf und dran ist, in die Rolle einer Meta-Differenz einzurücken und die Codes der Funktionssysteme zu mediatisieren" (1998, 632).

Vera Moser, Professorin für Erziehungswissenschaft mit dem Schwerpunkt Allgemeine Heil- und Sonderpädagogik an der Justus-Liebig-Universität Gießen, greift diesen Gedanken auf. In *Konstruktion und Kritik. Sonderpädagogik als Disziplin* (2003) untersucht sie unter Zuhilfenahme der Systemtheorie die exkludierende bzw. selektierende Erzeugung von Differenz durch die Heil- und Sonderpädagogik. Kritisiert wird eine Sonderpädagogik, die ihre zentrale Differenz zur allgemeinen Pädagogik in anthropologischer Ausrichtung entwickelt hat: Der Begriff Behinderung erst liefert die Grundlage für eine besondere Klientel und die Ableitung spezifischer methodischer und didaktischer Konzeptionen. Exklusionsprozesse werden nicht mehr in ihrer gesellschaftlichen Dimension wahrgenommen, sondern den einzelnen Individuen zugerechnet, um diese weiterhin pädagogisch behandeln zu können.

„Wenn davon auszugehen ist, dass der Bildungsbegriff die Semantik des gesamten Erziehungssystems bestimmt, ließe sich die These formulieren, dass der Behinderungsbegriff in der Sonderpädagogik daran angeschlossen die Zuschneidung als Teildisziplin vornimmt" (ebd., 19). In Anlehnung an eine kritische Erziehungswissenschaft versucht Moser einen Bildungsbegriff zu entwickeln, mit dem „die soziale Problembeschreibung ‚Exklusion' in den Blick" genommen und die Perspektive der Heterogenität ins Zentrum der Aufmerksamkeit gerückt werden kann. „Sonderpädagogisches Handeln wäre damit weder durch eine eigene Institution, noch durch eine eigene Handlungsspezifität im Sinne einer Sonderform von Vermittlung / Aneignung und Lernen mit spezifischem Bildungsauftrag gekennzeichnet, sondern lediglich durch eine eigene Perspektivität, sowie durch einen eigenen theoretischen Referenzbereich bestimmt. Letzterer (...) wäre zu ergänzen um Kenntnisse hinsichtlich institutioneller und gesellschaftlicher Inklusions- und Exklusionsprozesse" (ebd., 145).

Nach Moser soll die Sonderpädagogik im Erziehungssystem eingebunden bleiben. Ihr obläge die Aufgabe, soziale Inklusion innerhalb des Systems aufrechtzuerhalten – durch den Bezug auf Heterogenität als zwangsläufigem Bestandteil des Systems selbst. Bildung erführe eine neue inhaltliche Bestimmung, insoweit sie nicht mehr nur der Produktion „Gebildeter", sondern der Bewerkstelligung von Inklusion als gesellschaftlicher Aufgabe dienen würde. Sie hieße nicht mehr nur Ermöglichung oder zumindest Verbesserung von Inklusion in andere Subsysteme, sondern „dauerhafte Bearbeitung von Inklusion". Im Zeichen lebenslangen Lernens würde sich die funktionale Ausrichtung der Sonderpädagogik von primärer Sekretion hin zu sozialer Inklusion verändern. „Damit käme Sonderpädagogik dem erteilten Auftrag der Integrationspädagogik nach" (ebd., 160).

Einerseits stellt Moser die Sonderpädagogik auf der Basis der soziologischen Systemtheorie Luhmanns in den Kontext gesellschaftlicher Differenzierungsprozesse, andererseits sieht sie die Leistung des Erziehungssystems aber gerade nicht in der „Selektion" für andere Teilsysteme. Den systemimmanenten Exklusionsprozessen soll entgegengewirkt werden, indem die sonderpädagogische Theoriebildung „vom Code normal/anormal bzw. behindert / nichtbehindert auf Exklusion / Inklusion im Sinne eines Wechsels von einer personalen hin zu einer strukturbezogenen Perspektive" umgestellt wird (ebd., 134). Darüber hinaus soll ein kritischer Bildungsbegriff – über die Erzeugung von Lernfähigkeit hinaus – auch in Bezug auf Anerkennung und Gerechtigkeit weiter entwickelt werden (ebd., 129). Allerdings vermisst man genauere Hinweise, wie eine solche doppelte Orientierung an sozialtheoretischer Analyse und normativer Reflexion entwickelt werden kann. Dem eigenen Anspruch, ihren bildungstheoretischen Entwurf für „das Feld der Ethik" (ebd., 15) zu öffnen, kann Moser nicht gerecht werden.

3. Inklusion aus machttheoretischer Sicht

Peter Fuchs (1995, 14) weist darauf hin, dass mit einer nur moralischen Forderung nach Integration zu wenig berücksichtigt wird, inwieweit jeder Versuch der (Re)Inklusion von Menschen mit Behinderungen in vorhandene soziale Systeme dort zur Einschränkung bereits eingespielter Handlungsabläufe führt: „Wenn ein schwer mehrfachbehindertes Kind in einem Normalkindergarten betreut wird (worauf man denn auch, lieber auf problemlosere Fälle zurückgreifend, weitgehend verzichtet), wird der Kindergarten es mit Wickel- und Fütterproblemen, mit Problemen zeitlicher, sachlicher und sozialer Ressourcen zu tun bekommen." Die mit Integration verbundenen Einschränkungen für die vorhandenen sozialen Systeme müssten infolgedessen mitberücksichtigt werden. „Die wie mir scheint, weitgehende moralisierte (deswegen diffuse) Diskussion von Integration / Segregation sollte (und deswegen die Betonung der Last- und Strapazenseite) zurückgeführt werden auf die Ausgangslage: Behinderung wird sichtbar, problematisch, regelungsbedürftig, weil es soziale Systeme gibt" (ebd., 15).

Aus den bisherigen Überlegungen ergibt sich allerdings auch umgekehrt die Frage, inwieweit eine an der Logik von System und Umwelt orientierte Beobachterhaltung zu wenig berücksichtigt, welche Veränderungen eine Kritik möglich macht, die die Gesellschaft nicht nur an den normativen Ansprüchen von funktionalen Systemen misst. „Wenn die Gesellschaft, in der wir leben, tatsächlich durch die Unterscheidung von Inklusion / Exklusion ‚supercodiert' ist, wie Luhmann nahe legt (...) und wofür vieles spricht, dann wäre die Soziologie gut beraten, die Foucaultsche Perspektive in den Mittelpunkt ihrer Forschungen zu rücken" (Schroer 2001, 45).

Das Potenzial einer genealogischen Kritik im Sinne Michel Foucaults besteht darin, dass sie Ungerechtigkeiten nicht nur an den Ansprüchen der Gesellschaft und ihren Teilsystemen misst, sondern sich das Recht herausnimmt, diese Ansprüche selbst auf ihre Machteffekte hin zu befragen. Vom normativen Standpunkt seiner machttheoretischen Forschungen aus gibt es keinen Grund mehr, Inklusion gegenüber Exklusion prinzipiell zu bevorzugen. Vielmehr sind beide Seiten im Blick zu halten, insofern von einem machtvollen Zusammenspiel von Einschluss und Ausschluss auszugehen ist. Mit seinen Befunden zur „Bio-Politik" und „liberalen Gouvernementalität" lässt sich zeigen, dass die individuellen Freiheiten und Rechte, welche die Individuen in ihrem Anerkennungskampf erlangen, zugleich auch mit einer wachsenden Inkludierung ihres Lebens in die gesellschaftliche Machtordnung verbunden sein können.

Mit Bio-Politik ist „nichts Geringeres als der Eintritt des Lebens in die Geschichte – der Eintritt der Phänomene, die dem Leben der menschlichen Gattung eigen sind, in die Ordnung des Wissens und der Macht, in das Feld der politischen Techniken" gemeint (Foucault 1986, 169). Foucault umschreibt damit „die Weise, in der man seit dem 18. Jahrhundert versuchte, die Probleme zu rationalisieren, die der Regierungspraxis durch die Phänomene gestellt wurden, die eine Gesamtheit von als Population konstituierten Lebewesen charakterisieren: Gesundheit, Hygiene, Geburtenziffer, Lebensdauer, Rassen..." (2004 II, 435). Im Laufe des 19. Jahrhunderts sieht er Machttechniken entstehen, die nicht mehr nur normierend auf den individuellen Körper und seine Leistungssteigerung gerichtet sind, sondern normalisierend auf die Vielfalt der Körper als durch Unfälle, Gebrechen und Tod geprägte Masse einwirken.

So gesehen weist „Bio-Politik" auf eine Gegenbewegung innerhalb der von der Systemtheorie angenommenen funktionalen Differenzierung der Gesellschaft in Subsysteme hin. Im Kontext einer alle gesellschaftlichen Subsysteme mediatisierenden Macht wird der Mensch als behandlungs- und erziehungsbedürftiges Individuum entdeckt und medizinisch-pädagogischen Interventionstechniken unterworfen. Durch Pädagogik und Medizin soll er von Bildungslosigkeit, Verhaltensauffälligkeit, Krankheit und Behinderung befreit werden. Krankheiten und Behinderungen werden zu gefahrvollen Risiken, denen man mit einem demographischen Wissen um die Häufigkeit, Ausbreitung der Ansteckungen, Statistiken und Sterblichkeitsraten begegnet. Menschen mit Behinderungen erscheinen nicht mehr als Vertreter einer besonderen Delinquenz, die in Hospitälern, Armenhäusern, Arbeits- oder Zuchthäusern verwahrt werden. Sie werden nach körperlichen, geistigen oder psychischen Auffälligkeiten unterteilt und in Sondereinrichtungen – Irren-, Taubstummen-, Blinden-, Krüppel- und sog. Heilanstalten für Schwachsinnige und Idioten – zum Zwecke der Heilung, Erziehung und Besserung interniert. Nicht zuletzt aus Furcht, die Gesellschaft könnte als Ganzes entarten, entsteht in der zweiten Hälfte des 19. Jahrhunderts die Heilpädagogik (Rösner 2002, 252ff.).

Foucault neigte lange dazu, mit „Bio-Politik" die totale Verwaltung der heterogenen Biomasse „Bevölkerung" zum Fluchtpunkt moderner Politik und Staatlichkeit zu erklären (Foucault 1986, 1999). In seiner Forschung zur „Geschichte der Gouvernementalität" (2004 I, II) zeichnet er jedoch ein weniger dramatisches Bild von Macht, die sich in der Form liberaler Staatlichkeit mit der Freiheit der Individuen eine inhärente Grenze setzt. Er beschreibt, wie die Bevölkerung seit dem 18. Jahrhundert zum Objekt und Instrument einer „aus den Institutionen, den Vorgängen, Analysen und Reflexionen, den Berechnungen und den Taktiken" gebildeten Gesamtheit wird, „welche es erlauben, diese recht spezifische, wenn auch sehr komplexe Form der Macht auszuüben, die als Hauptzielscheibe die Bevölkerung, als wichtigste Wissensform die politische Ökonomie und als wesentliches technisches Instrument die Sicherheitsdispositive hat" (2004 I, 162f.).

Die Analyse der Bio-Politik wird in das Konzept einer Gouvernementalität des modernen Staates eingebunden. „Gouvernementalität" (abgeleitet von dem französischen Adjektiv gouvernemental: die Regierung betreffend) ist eine Kunst der Regierung von Individuen, insofern sie Teil einer heterogenen und statistisch beschreibbaren Bevölkerung sind. „Unter Regierung verstehe ich die Gesamtheit der Institutionen und Praktiken, mittels deren man die Menschen lenkt, von der Verwaltung bis zur Erziehung" (2005, 116). Die entscheidende theoretische Verschiebung gegenüber dem Konzept der Bio-Politik besteht darin, dass die gouvernementale Vernunft sich „nur durch die Freiheit und auf die Freiheit eines jeden sich stützend" vollziehen kann (2004 I, 79). Die neue Regierungskunst stellt sich als Management der Freiheit in der Weise dar, dass der Liberalismus „nicht so sehr der Imperativ der Freiheit, sondern die Einrichtung und Organisation der Bedingungen ist, unter denen man frei sein kann" (2004 II, 97f.).

Freiheit, so Foucault, bildet folglich nicht das notwendige Gegengewicht zur Sicherheit und Kontrolle, sondern deren treibendes Prinzip. Sie stellt einerseits ein Kalkül der liberalen Macht dar, andererseits bleibt sie von nun an unhintergehbarer Anknüpfungspunkt für Kritik und bildet daher eine als Risiko erscheinende Grenze für die Macht. Im Zentrum der liberalen Regierungspraxis wird „ein problematisches, ständig wechselndes Verhältnis zwischen der Produktion der Freiheit und dem hergestellt, was, indem es sie herstellt, sie auch zu begrenzen und zu zerstören droht. (...) Mit einer Hand muss die Freiheit hergestellt werden, aber dieselbe Handlung impliziert, dass man mit der anderen Einschränkungen, Kontrollen, Zwänge, auf Drohungen gestützte Verpflichtungen usw. einführt" (ebd.).

Foucault lässt also keinen Zweifel daran, dass der moderne Staat auf die Produktion „normaler" Individuen wie auch auf die Sicherheit der Gesellschaft vor inneren Gefahren zielt. Das Leben des Einzelnen wie auch das Leben der Bevölkerung bilden nach wie vor den Bezugspunkt vielfältiger Politiken zu seiner Sicherung, Verlängerung und Qualitätssteigerung. „Leben" bleibt dabei mehr als nur ein von außen zu fassender Angriffspunkt für politische Interventionen. Es bildet ein gestalterisches Terrain, auf dem Steuerungs- und Optimierungsmaßnahmen operieren. Gleichwohl besitzt der von der liberalen Regierungspraxis verordnete Begriff der Freiheit für Foucault das Potential zur Überschreitung. Die Einsicht, dass Freiheit nichts anderes ist als „ein aktuelles Verhältnis zwischen Regierenden und Regierten" (2004 II, 97), eröffnet die Möglichkeit einer Kritik, in der es darum geht, „nicht auf diese Weise und um diesen Preis regiert (d. h. inkludiert bzw. exkludiert, H.-U. Rösner) zu werden" (1992, 12).

Das Verhältnis von Regierenden und Regierten wird auch durch eine Inklusive Pädagogik nicht überwunden, die dem Anspruch der Heterogenität von Schülerinnen und Schülern folgen möchte. Insofern ist mit Foucault daran zu erinnern, dass wir einer „Denktradition entsagen (sollten), die von der Vorstellung geleitet ist, dass „es keine Machtbeziehungen gibt, ohne dass sich nicht ein entsprechendes Wissensfeld konstituiert, und kein Wissen, das nicht gleichzeitig Machtbeziehungen voraussetzt und konstituiert" (1977, 39). Wenn die Inklusive Pädagogik der Gefahr entgehen möchte, einer naiven Inklusionsideologie zu verfallen, darf sie sich nicht damit begnügen, ihre Methoden und Konzepte losgelöst von machttheoretischen Überlegungen zur Problematik des Inklusionsbegriffs zu entwickeln. Ihre doppelte und paradoxe Aufgabe sollte sie darin sehen, sich einerseits für eine Pädagogik der Vielfalt einzusetzen und andererseits sich selbstkritisch als machtvolle Kulturtechnik zu hinterfragen.

4. Sozialintegration durch Anerkennung

Die bisherigen Überlegungen sollten deutlich machen, dass die Einführung des Begriffs Inklusion in zweierlei Hinsicht zu Problemen führt. Zum einen benutzt ihn eine soziologische Systemtheorie gerade nicht dazu, bestehende Strukturen zu ändern und behindertenspezifische Zuschreibungen aufzulösen. – Auf dem Monitor ihrer Beobachterperspektive erscheinen behinderte Menschen bestenfalls als Objekte der Sorge notwendiger Exklusionsbetreuung. Zum anderen lässt sich „Inklusion", unter machttheoretischen Gesichtspunkten betrachtet, auch als euphemistische Umschreibung neuer Techniken und Verfahren der sozialen Kontrolle beschreiben: Individuen werden nicht mehr auf der Grundlage vorgegebener Normen hierarchisiert und in Behinderte und Nichtbehinderte getrennt, sondern das Normale, die Verschiedenheit der Menschen, dient nun als Norm, um die Bedingungen zu organisieren, nach denen sie sich frei entfalten können. Ein disziplinierendes Prinzip der Ausrichtung an äußeren Normen wird durch ein regulatorisches Prinzip der Orientierung an faktischer Verschiedenheit ersetzt.

Das Gleiche lässt sich freilich auch über den Begriff der Anerkennung sagen, der in einer „affirmativen Kultur" zu einem öffentlichen „Instrument der symbolischen Politik" (Honneth 2004, 51) geworden ist, mit dem man es erreicht, „eine Art von Selbstwertgefühl zu schaffen, das die motivationalen Ressourcen für Formen der freiwilligen Unterwerfung liefert" (ebd., 53). Hier kann mit Foucault von einer Macht der Anerkennung gesprochen werden, die „dem unmittelbaren Alltagsleben gilt" und „die Individuen in Kategorien einteilt, ihnen ihre Individualität zuweist, sie an ihre Identität bindet und ihnen das Gesetz einer Wahrheit auferlegt, die sie in sich selbst und die anderen in ihnen zu erkennen haben" (Foucault 2005, 275). Gleichwohl, so der weitere Gedanke dieses Beitrags, sind wir dieser normalisierenden Anerkennung nicht ausgeliefert. Wir haben die Möglichkeit, die Fragen nach den Normen zu stellen, die die Macht haben, mich und den Anderen „als anerkennbares Subjekt einzusetzen oder auch auszusetzen" (Butler 2003, 32f.).

Der Begriff Anerkennung ist heute zu einem zentralen Begriff der politischen Philosophie geworden. Er bildet eine normative Richtschnur, um politische Ansprüche von marginalisierten Gruppen zu charakterisieren. Dabei wird die Hegelsche Figur eines „Kampfes um Anerkennung" von Axel Honneth (1992, 2003) und Judith Butler (2003, 2005) zur Grundlage unterschiedlicher Erklärungen einer sozialen Dynamik gemacht: Inzwischen setzt man sich auch in einer „Pädagogik der Anerkennung" (Hafeneger u. a. 2002) zum Ziel, Anerkennung als „zentrale Dimension pädagogischer Theorie und Praxis" für einen kritischen Bildungsbegriff stark zu machen. Zahlreiche Veröffentlichungen finden sich auch im Kontext der Heil- und Sonderpädagogik (Dederich 2001, Lindmeier 2001, Sasse 2001, Deppe-Wolfinger 2002, Jantzen 2002, Rösner 2002, Stinkes 2002, Katzenbach 2004, Wils 2004, Graumann u. a. 2005, Kuhlmann 2005).

Nach Honneth lassen sich die normativen Kriterien für Anerkennung „im Maß sowohl der sozialen Inklusion als auch der Individualisierung" erkennen (Fraser u. a. 2003, 299). In der modernen Gesellschaft, so Honneth, wurde „die soziale Anerkennungsordnung von Hierarchie auf Gleichheit, von Exklusivität auf Inklusion umgestellt" (ebd., 298f.). Eine durch den Gleichheitsgrundsatz geprägte Form der Sozialintegration macht es möglich, „dass alle Gesellschaftsmitglieder von nun an in gleichem Maße in das Netzwerk von Anerkennungsbeziehungen einbezogen werden, durch das die Gesellschaft im Ganzen sozial integriert wird" (ebd., 299). Sozialintegration wird um so eher den normativen Erwartungen der Gesellschaftsmitglieder gerecht, „je stärker sie jeden Einzelnen in die Anerkennungsbeziehungen einbezieht und ihm zur Artikulation seiner Persönlichkeit verhilft" (ebd., 302).

In einer Sozialordnung, „in der die Individuen die Möglichkeit einer intakten Identität der affektiven Fürsorge, der rechtlichen Gleichstellung und der sozialen Wertschätzung verdanken" (ebd., 215), sind für Honneth die Voraussetzungen dafür gegeben. Mit dieser Anerkennungsordnung ist für ihn zugleich aber auch der normative Rahmen gesetzt, innerhalb dessen sich soziale Inklusion zu vollziehen hat. Die institutionalisierten Prinzipien der Liebe, des Rechts und der Leistung legen im Einzelnen auch fest, „in welchen Aspekten Individuen auf soziale Anerkennung rechnen oder zu ‚sozialer Existenz' (Judith Butler) gelangen können" (ebd., 287): In Intimbeziehungen, die Praktiken Zuwendung und Fürsorge umfassen, haben sich die Mitglieder einer Gesellschaft als Individuen mit einer jeweils eigenen Bedürftigkeit wahrzunehmen. In Rechtsbeziehungen, die sich nach dem Muster der wechselseitigen Einräumung von gleichen Rechten wie auch Pflichten entfalten, müssen sie sich als Rechtspersonen achten, denen dieselbe Autonomie wie allen anderen Gesellschaftsmitgliedern zukommt. In den Sozialbeziehungen, in denen es um Konkurrenz und beruflichen Status geht, sollten sie sich als Subjekte schätzen, deren Leistungen von Wert für die Gesellschaft sind.

Von Fortschritt lässt sich nach diesem Konzept dennoch sprechen, insofern in den drei Prinzipien der Liebe, des Rechts und der Leistung ein „Geltungsüberhang" wirksam ist. Honneths Vorstellung läuft im Kern „auf die Hypothese hinaus, dass jede soziale Integration von Gesellschaften auf geregelte Formen der wechselseitigen Anerkennung angewiesen ist, an deren Unzulänglichkeiten und Defiziten sich stets wieder Empfindungen der Missachtung festmachen, die als Antriebsquelle gesellschaftlicher Veränderungen gelten können" (ebd., 282). Durch einen unentwegten Kampf um Anerkennung soll es dazu gekommen sein, dass „mit der Ausdifferenzierung der drei Anerkennungssphären der Liebe, der Rechtsgleichheit und des Leistungsprinzips zugleich eine Steigerung an sozialen Individualisierungsmöglichkeiten als auch ein Wachstum an sozialer Einbeziehung einhergeht" (ebd., 219).

Problematisch erscheint in Honneths Architektonik, dass er die Wertschätzung des Anderen mit dessen besonderen „Leistungen" verbindet und damit die internalisierten Wertmaßstäbe einer kapitalistisch orientierten Gesellschaft normativ auszeichnet (Rösner 2002, 120ff.). Hinzu kommt, „dass er die Wahrnehmung individueller Bedürftigkeit der Anerkennungsform der ‚Liebe' zuordnet und praktizierte Fürsorge damit in die Sphäre personaler Nahbeziehungen wie Familie und Freundschaft verweist" (Kuhlmann 2005, 157). Aus diesem Grund empfiehlt Iris Marion Young (2005), die von Honneth gesetzten Grenzen zwischen den Sphären der Liebe und Fürsorge einerseits und der Wertschätzung andererseits, durch eine Neubewertung des Leistungsbegriffs abzumildern.

Für Honneth sind es vor allem die „Expansionstendenzen des Prinzips der rechtlichen Gleichbehandlung, denen das Potential innewohnt, korrigierend in andere Anerkennungssphären einzugreifen und hier für die Sicherstellung von minimalen Identitätsbedingungen Sorge zu tragen" (Fraser u. a. 2003, 223). Gleichwohl sind es abhängige und verletzbare „Individuen, und nicht Rechtspersonen, die den Prozess einer moralisch sensibilisierten Sicht auf unsere Lebensverhältnisse immer wieder neu anstoßen" (Wils 2004, 89). Es ist die „Anerkennung der Abhängigkeit" (MacIntyre 2001) bzw. das „primäre Ausgesetztsein vor dem Anderen" (Butler 2003, 100), die dem Kampf um Anerkennung als moralische Triebfeder dienen.

Nach Butler (2003) haben alle bisherigen Anerkennungstheorien mehr über die Beziehung des Subjekts zur Moral nachgedacht und weniger darüber, inwieweit die Moral qua institutionalisierter Normen bei der Hervorbringung des Subjekts verantwortlich ist. Sie setzen voraus, dass Anerkennung bereits unversehrte Identität garantiert und Schutz vor deren Verletzung ermöglicht. Erst die Macht sozialer Normen, so Butler, erzeugt jedoch die Bedingungen für Identität und soziale Anerkennung. Die Verhältnisse, unter denen wir für uns soziale Anerkennung erlangen und soziale Existenz gewinnen, sind zugleich auch die Verhältnisse, die uns reglementieren.

Nur eine Theorie der Anerkennung, die diese Grenzen der Selbsterkenntnis akzeptiert, kann für Butler im Dienste eines verantwortlichen Umgangs mit sich selbst und dem Anderen stehen. Den „Schauplatz der Anerkennung" verortet sie einerseits im Rahmen von „Wahrheitsregimen" (2003, 32), auf der anderen Seite sucht sie aber auch nach einem erweiterungsfähigen und mitfühlenden „Vokabular der Anerkennung" jenseits identifizierender Zuschreibungen, das die „partizipatorische Basis des demokratischen Lebens" verbreitern soll (1998, 10).

5. Ausgesetztsein an den Anderen

Im Rahmen des Selbstverständnisses der Inklusiven Pädagogik wird „von einer – zwar administrativ teilbaren, aber – pädagogisch ununterteilbaren Gruppe mit einem großen Spektrum individueller Unterschiede und Gleichheiten ausgegangen". Die bisher in der Sonderpädagogik angesiedelten Unterstützungssysteme sollen weiterhin ihre Funktion erfüllen, „ergänzend für alle Situationen zuständig zu sein, in denen Exklusion oder Egalisierung droht. (…) Dabei erfolgt eine Eingrenzung von Fragestellungen nicht nur nach inhaltlichen Gesichtspunkten, sondern auch entsprechend den Bedürfnissen aller Beteiligten, nach dem Motto: Wer Bedarf hat, nimmt Unterstützung in Anspruch" (Hinz 2005, 77f.).

Das pädagogische Eingehen auf Heterogenität besteht darin, den Anderen in all seinen Facetten anzuerkennen und ihm eine volle Teilhabe am Bildungssystem zu ermöglichen. Die Menschen werden zunächst so genommen und gutgeheißen, wie sie sind, ohne dabei eine Perspektive ihrer gezielten Förderung aus den Augen zu verlieren. Nicht näher erklärt wird jedoch, wie sich hierbei die Innenperspektive und Außenperspektive im Verstehen des Anderen zur Deckung bringen lassen. Bei ihrer „Hinwendung zur ganzen Person" (Hinz 2004, 63) sollten sich die Vertreter einer Inklusiven Pädagogik jedoch vergegenwärtigen, dass das Vokabular, mit dem sie sich verstehend ihren Gegenüber zu nähern glauben, gleichwohl in perspektivische und kontextgebundene „Wahrheitsspiele" (Foucault) verstrickt bleibt.

Es wird immer von einem Wahrheitsregime festgelegt, „wer als Subjekt der Anerkennung in Frage kommt, und es bietet verfügbare Normen für den Akt der Anerkennung selbst" (Butler 2003, 32). Anerkennungstheorien üben Gewalt aus, wenn sie von der Voraussetzung ausgehen, dass verstehendes Anerkennen bereits unversehrte Identität garantiert und Schutz vor deren Verletzung ermöglicht. Zwischen Gerechtigkeit, die durch Institutionen oder Disziplinen ausgeübt wird und interpersonaler Anerkennung bleibt immer ein Spannungsverhältnis. Butler geht davon aus, „dass wir nicht deshalb aneinander gebunden sind, weil wir vernünftig denkende Wesen sind, sondern vielmehr deshalb, weil wir einander *ausgeliefert* sind und einer Anerkennung bedürfen, die den Anerkennenden nicht durch den Anerkannten ersetzt" (2005, 67).

„Was könnte es heißen, eine Ethik aus der Sphäre des Ungewollten zu entwickeln? Es könnte bedeuten, dass man sich diesem primären Ausgesetztsein vor dem Anderen nicht verschließt, dass man nicht versucht, das Ungewollte ins Gewollte zu überführen, sondern stattdessen eben die Unerträglichkeit des Ausgesetztseins als Zeichen einer geteilten Verletzlichkeit, einer gemeinsamen Körperlichkeit, eines geteilten Risikos begreift" (Butler 2003, 99f.). In der Beziehung der Nähe betrachten wir den Einzelnen nicht unter dem Gesichtspunkt abstrakter Bestimmungen, die für alle gelten. Er tritt aufgrund einer ursprünglichen und geteilten Erfahrung der Verletzbarkeit als das einzigartige Gegenüber einer asymmetrischen Verantwortung auf. „Die Aufgabe besteht zweifellos darin, diese primäre Prägbarkeit und Verletzbarkeit mit einer Theorie der Macht und Anerkennung zu durchdenken" (Butler 2005, 63).

Literatur

Adorno, T. W.: Negative Dialektik, Frankfurt a. M. 1980.
Ahrbeck, B. / Rauh, B. (Hrsg.): Behinderung zwischen Autonomie und Angewiesensein, Stuttgart 2004.
Baudrillard, J.: Agonie des Realen, Berlin 1978.
Butler, J.: Hass spricht, Zur Politik des Performativen, Berlin 1998.
Butler, J.: Kritik der ethischen Gewalt, Frankfurt a. M. 2003.
Butler, J.: Gefährdetes Leben, Politische Essays, Frankfurt a. M. 2005.
Deppe-Wolfinger, H.: Integration und Solidarität, in Warzecha, B. (Hrsg.), Münster 2002.
Foucault, M.: Überwachen und Strafen, Die Geburt des Gefängnisses, Frankfurt a. M. 1977.
Foucault, M.: Der Wille zum Wissen. Sexualität und Wahrheit, Erster Band, Frankfurt a. M. 1986.
Foucault, M.: Was ist Kritik? Berlin 1992.
Foucault, M.: In Verteidigung der Gesellschaft, Vorlesungen am Collège de France (1975/1976), Frankfurt a. M. 1999.
Foucault, M.: Schriften in vier Bänden. Dits et Ecrits, Band III (1976-79), Frankfurt a. M. 2003.
Foucault, M.: Geschichte der Gouvernementalität I, Sicherheit, Territorium, Bevölkerung, Frankfurt a. M. 2004.
Foucault, M.: Geschichte der Gouvernementalität II, Die Geburt der Biopolitik, Frankfurt a. M. 2004.
Foucault, M.: Schriften in vier Bänden, Dits et Ecrits, Band IV (1980-1988), Frankfurt a. M. 2005.
Fraser, N. / Honneth, A.: Umverteilung oder Anerkennung, Eine politisch-philosophische Kontroverse, Frankfurt a. M. 2003.

Fuchs, P.: Behinderung von Kommunikation durch Behinderung, in: Strubel, W. / Weichselgartner, H. (Hrsg.), Freiburg 1995.

Geiling, U. / Hinz, A. (Hrsg.): Integrationspädagogik im Diskurs, Bad Heilbrunn 2005.

Graumann, S. / Grüber, K. / Nicklas-Faust, J. / Schmidt, S. / Wagner-Kern, M. (Hrsg.): Ethik und Behinderung, Ein Perspektivwechsel, Frankfurt a. M. 2004.

Graumann, S. / Grüber, K. (Hrsg.): Anerkennung, Ethik und Behinderung, Beiträge aus dem Institut Mensch, Ethik, Wissenschaft, Münster 2005.

Greving, H. / Gröschke, D. (Hrsg.): Das Sisyphos-Prinzip, Gesellschaftsanalytische und gesellschaftskritische Dimensionen der Heilpädagogik, Bad Heilbrunn 2002.

Greving, H. / Mürner, C. / Rödler, P. (Hrsg.): Zeichen und Gesten – Heilpädagogik als Kulturthema, Gießen 2004.

Gusy, C. / Haupt, H.-G. (Hrsg.): Inklusion und Partizipation, Politische Kommunikation im historischen Wandel, Frankfurt a. M., New York 2005.

Habermas, J.: Der philosophische Diskurs der Moderne, Zwölf Vorlesungen, Frankfurt a. M. 1985.

Hafeneger, B. / Henkenborg, P. / Scherr, A. (Hrsg.): Pädagogik der Anerkennung, Grundlagen, Konzepte, Praxisfelder, Schwalbach / Ts. 2002.

Hinz A.: Von der Integration zur Inklusion – terminologisches Spiel oder konzeptionelle Weiterentwicklung? in: Zeitschrift für Heilpädagogik 53 (2002) 9, 354-361.

Hinz, A.: Vom sonderpädagogischen Verständnis der Integration zum integrationspädagogischen Verständnis der Inklusion!?, in: Schnell, I. / Sander, A. (Hrsg.), Bad Heilbrunn 2004.

Hinz, A.: Zur disziplinären Verortung der Integrationspädagogik – sieben Thesen, in: Geiling, U. u. a. (Hrsg.), Bad Heilbrunn 2005.

Steinfath, H. (Hrsg.): Was ist ein gutes Leben? Philosophische Reflexionen, Frankfurt a. M. 1998.

Honneth, A. (1992) Kampf um Anerkennung, Zur moralischen Grammatik sozialer Konflikte, Frankfurt a. M.

Honneth, A.: Anerkennung als Ideologie, in: WestEnd 1 (2004) Heft 1, 51-70.

Jantzen, W.: Dialog und symbolisches Kapital – über verborgene Voraussetzungen der Anerkennung, in Warzecha, B. (Hrsg.), Münster 2002.

Katzenbach, D.: Anerkennung, Missachtung und geistige Behinderung – sozialphilosophische Perspektiven auf den so genannten Paradigmenwechsel in der Behindertenpädagogik, in Ahrbeck, B. / Rauh, B. (Hrsg.), Stuttgart 2004.

Kuhlmann, A.: Behinderung und die Anerkennung von Differenz, in: WestEnd 2 (2005) Heft 1, 153-164

Lindmeier, C.: Die Legitimation der Heilpädagogik im Spannungsfeld der ethischen und politischen Anerkennung von Gleichheit und Verschiedenheit, in: Die neue Sonderschule, 46, 6, 2001, 1-18.

Luhmann, N.: Die Wissenschaft der Gesellschaft, Frankfurt a. M. 1992

Luhmann, N.: Inklusion und Exklusion, in Ders. Soziologische Aufklärung, Bd. 6, Die Soziologie und der Mensch, Opladen 1995, 237-264.

Luhmann, N.: Die Gesellschaft der Gesellschaft, Frankfurt a. M. 1998.

Luhmann, N.: Die Religion der Gesellschaft, Frankfurt a. M. 2000.

MacIntyre, A.: Die Anerkennung der Abhängigkeit, Über menschliche Tugenden, Hamburg 2001.

Moser, V.: Konstruktion und Kritik, Sonderpädagogik als Disziplin, Opladen 2003.

Nassehi, A.: Differenzierungsfolgen, Beiträge zur Soziologie der Moderne, Opladen 1999.

Rösner, Hans-Uwe: Jenseits normalisierender Anerkennung, Reflexionen zum Verhältnis von Macht und Behindertsein, Frankfurt a. M. / New York 2002.

Rösner, H.-U.: Behindertsein als kulturelles Wahr-Zeichen, Umrisse einer dekonstruktiven Kritik, in: Greving, Heinrich u. a. (Hrsg.), Gießen 2004.

Schnell, I. / Sander, A. (Hrsg.): Inklusive Pädagogik, Bad Heilbrunn 2004.

Schroer, M.: Die im Dunkeln sieht man doch, in: Mittelweg 36, Zeitschrift des Hamburger Instituts für Sozialforschung, 10 (2001), 33-46.

Stichweh, R.: Inklusion und Exklusion, Studien zur Gesellschaftstheorie, Bielefeld 2005.

Stinkes, U.: Zur schwierigen Frage nach der Anerkennung – Fürsorge oder Solidarität für Menschen mit Behinderung? In: Greving, H. / Gröschke, D. (Hrsg.), Bad Heilbrunn 2002.

Strubel, W. / Weichselgartner, H. (Hrsg.): Behindert und Verhaltensauffällig, Zur Wirkung von Systemen und Strukturen, Freiburg 1995.

Tervooren, A.: Pädagogik der Differenz oder differenzierte Pädagogik? in: Behinderte in Familie, Schule und Gesellschaft 26 (2003) 1, 26-36.

Warzecha, B. (Hrsg.): Zur Relevanz des Dialogs in Erziehungswissenschaft, Behindertenpädagogik, Beratung und Therapie, Münster 2002.

Wils, J.-P.: Respekt statt Ausgrenzung – Die Ethik der „Anerkennung", in: Graumann, S. u. a. (Hrsg.), Frankfurt a. M. / New York 2004.

Young, I. M.: Anerkennung von Liebesmühe – zu Axel Honneths Feminismus, in: DZPhil 53 (2005) 3, 415-433.

Sigrid Graumann
Biomedizin und die gesellschaftliche Ausgrenzung von Menschen mit Behinderung

Einleitung

Die Einstellung von Menschen mit Behinderung zur Biomedizin ist überwiegend – wenn auch nicht einheitlich – ambivalent bis ablehnend. Das „Leiden" an Krankheit und Behinderungen dient der ethischen Legitimation der Biomedizin. Dabei geht es nicht nur um neue Therapieaussichten, sondern auch um die „Beendigung von Leiden" durch Behandlungsabbruch und Sterbehilfe oder um die Vermeidung des „Leidens" von Paaren infolge der Geburt eines chronisch kranken oder behinderten Kindes durch Pränatal- und Präimplantationsdiagnostik (vgl. Dederich 2000, 231f.) Viele Menschen mit chronischen Krankheiten und Behinderungen sehen sich von der Biomedizin deshalb in ihrer Existenzberechtigung in Frage gestellt. Außerdem wird oft argumentiert, dass die Biomedizin entscheidend dazu beitrage, dass bestimmte Menschen „als abweichende Personen" wahrgenommen werden (Kuhlmann 2003).[1]

Außerhalb von behindertenpolitischen Kreisen fehlt hierfür häufig das Verständnis. Empirisch lasse sich eine Zunahme der Diskriminierung von Menschen mit Behinderung im Zuge des biomedizinischen Fortschritts nicht belegen (van den Daele 2003).[2] Es wird darauf verwiesen, dass der gesellschaftliche und politische Emanzipationsprozess von Menschen mit Behinderungen in jüngster Zeit deutliche Fortschritte zeigt. Das in Artikel 3 GG verankerte Diskriminierungsverbot und seine Umsetzung im Gleichstellungsgesetz zur Teilhabe und Selbst-

---

[1] Andreas Kuhlmann diskutiert die pauschale Ablehnung des medizinischen Modells von Behinderung durch große Teile der Behindertenbewegung auch durchaus kritisch, weil der Abbau sozialer Barrieren für viele Menschen mit Behinderung eben nicht ausreiche, um sich mit einer „beschädigten Physis" zu arrangieren. Die Berücksichtigung spezieller Bedürfnisse und der Angewiesenheit auf individuelle Betreuung drohten dabei aus dem Blick zu geraten. Er wendet sich gleichermaßen gegen eine zu pauschale „Normalisierungskritik", die nur soziale Barrieren sehe und das Angewiesensein auf medizinische Hilfe leugne wie gegen allzu interventionsfreudige Therapeuten. Beide säßen der Illusion auf, jede Beeinträchtigung „lasse sich in Griff kriegen".

[2] Unter Diskriminierung versteht Wolfgang van den Daele dabei offensichtlich lediglich die Missachtung individueller Rechte. In der Biomedizin-Kritik geht es aber in erster Linie um die Veränderung von gesellschaftlichen Werten, Normen und Rollenerwartungen, die den Weg bereiten könnten, dass die Missachtung individueller Rechte von behinderten Menschen als legitim erscheint. Derart komplexe soziale Zusammenhänge lassen sich allerdings kaum auf empirisch überprüfbare kausale Wirkungszusammenhänge reduzieren.

bestimmung behinderter Menschen trage dazu bei, von Menschen gemachte und gewollte Ausgrenzungen zu beseitigen. Die Entwicklung der Biomedizin habe dies ganz offensichtlich nicht verhindert.

Es besteht also keineswegs ein gesellschaftlicher Konsens darüber, dass Biomedizin etwas mit der Ausgrenzung von Menschen mit Behinderung zu tun hat. Unter Ausgrenzung verstehe ich hier das Gegenteil von Inklusion bzw. Einbeziehung in die Gesellschaft. Ausgrenzungsprozesse in diesem Sinne müssen keineswegs die explizite und direkte Vorenthaltung von gleichen Rechten darstellen. Auch Bewertungen und Normierungen, die manche Menschen von anderen Menschen als „nicht zur Norm gehörend" kennzeichnen, schließen Menschen aus Gemeinschaften aus. In diesem Sinne sind sie gleichfalls als Ausgrenzungen anzusehen. Diese können nicht nur die Vorenthaltung von gleichen Rechten legitimieren, sondern auch als solche betroffene Menschen schädigen, oder wie es Charles Taylor formuliert, kann „ein Mensch oder eine Gruppe von Menschen wirklichen Schaden nehmen, eine wirkliche Deformation erleiden (...), wenn die Umgebung oder die Gesellschaft ein einschränkendes, herabwürdigendes oder verächtliches Bild ihrer selbst zurückspiegelt" (Taylor 1997, 13).[1] Es handelt sich dabei um Schädigung der psychischen Integrität von Menschen. Um diese Form von gesellschaftlicher Ausgrenzung und Schädigung von Menschen mit Behinderung wird es mir im Folgenden vor allem gehen.

Die biomedizinische Sicht auf Behinderung

Vor einigen Monaten hörte ich auf einer Diskussionsveranstaltung den Beitrag eines Humangenetikers zu der Frage, ob die Präimplantationsdiagnostik in Deutschland zugelassen werden solle. Nach einer allgemeinen Einführung in die Verfahren der Präimplantationsdiagnostik zeigte er eine kurze Filmsequenz, in der ein etwa fünfzigjähriger Mann im Schlafanzug zu sehen war, der sich mit tapsig tänzelnden Bewegungen auf einer Linie, die auf dem Boden eines Behandlungszimmers markiert war, bewegte. Sichtlich angestrengt versuchte der Mann mit seinen Schritten, diese Linie zu treffen, was ihm allerdings nur schwer gelang. Mit dieser Sequenz, die offenbar zu medizinischen Anschauungszwecken – wahrscheinlich für den Unterricht von Studenten – gefilmt worden war,

---

[1] Charles Taylor beschäftigt sich in seinem berühmt gewordenen Aufsatz „The Politics of Recognition" (englisch 1992; deutsch 1997) mit der Politik der Anerkennung insbesondere von kulturellen Minderheiten. Den Ausgangspunkt für seine Thesen bildet der Zusammenhang von gesellschaftlicher Anerkennung und der Identität einzelner Individuen wie auch gesellschaftlicher Gruppen und Völker. Mit seiner These, dass „different blind principles", die gleiche Rechte für alle Bürger garantieren sollen, in Wirklichkeit oft gar nicht differenzneutral sind, sondern die Normen der Mehrheitskultur spiegeln und damit Angehörige gesellschaftlicher Minderheiten ausgrenzen, hat die Multikulturalismusdebatte in Kanada und den USA begonnen.

illustrierte der junge Arzt seine Erläuterungen zum Krankheitsbild von Corea Huntington.[1] Im Anschluss daran erklärte er dem Publikum an Hand von Fotografien, auf denen Balkenmuster zu erkennen waren, die der Krankheit zu Grunde liegende vererbte Genveränderung. Diese Veränderung, so fuhr er fort, könne auch schon in den Zellen von Embryonen und Föten nachgewiesen werden. Seine Botschaft war: Diese unheilbare neurodegenerative Krankheit mit der Folge einer schweren Behinderung könnte durch die Präimplantationsdiagnostik vermieden werden, zumal dies ohnehin mit der Pränataldiagnostik längst akzeptierte gesellschaftliche Praxis sei. Und wenn man das mit der Präimplantationsdiagnostik auf weniger belastende Weise für die Frau tun könne, dann sollte man es auch tun und die Gesetze so verändern, dass dies möglich ist. Das Publikum zeigte sich durchaus beeindruckt von dem Statement. Der These, dass solche Krankheiten verhindert werden sollten, schienen alle zuzustimmen. Die anschließende durchaus kontroverse Diskussion drehte sich im Wesentlichen darum, welche Mittel hierfür moralisch vertretbar sind und ob der unbedingte Schutz von menschlichen Embryonen dafür geopfert werden darf.

Ich habe dieses Erlebnis nicht erzählt, um zu diskutieren, ob die Präimplantationsdiagnostik gesetzlich zulassen werden sollte oder nicht. Ich möchte hier auch nicht auf die einzelnen Argumente eingehen, wie darauf, die Präimplantationsdiagnostik sei weniger belastend für Frauen als die Pränataldiagnostik, was ich für durchaus anfechtbar halte. Dazu habe ich an anderer Stelle Position bezogen (Graumann 2002; 2004). Mir geht es vielmehr darum, mit diesem Beispiel zu zeigen, dass der biomedizinische Umgang und Behinderung eine kulturelle Dimension besitzt, die in ethischen und politischen Diskussionen meist unbeleuchtet bleibt. Diese zeigt sich in geteilten aber unausgesprochenen Annahmen und Werthaltungen, wie hier in denen des Humangenetikers und des Publikums. In diesem Sinne stehen der Vortrag des Humangenetikers und die Reaktion des Publikums exemplarisch für einen bestimmten gesellschaftlichen Umgang mit Behinderung. Auf der genannten Veranstaltung wurde zwar ein konkretes ethisches Problem diskutiert, das durch die Anwendung eines biomedizinischen Verfahrens entsteht – nämlich die Selektion von menschlichen Embryonen, die im Labor gezeugt wurden, nach genetischen Kriterien. Die mit den medizinischen Eingriffsmöglichkeiten am Beginn des menschlichen Lebens einhergehenden Veränderungen bezüglich unseres gesellschaftlich-kulturellen Selbstverständnisses wurden jedoch nicht thematisiert. Nun liegt aber meines Erachtens genau in dieser kulturellen Dimension die eigentliche Schwierigkeit des biomedizinischen Umgangs mit Behinderung.

---

[1] Corea Huntington ist eine neurodegenerative Erkrankung, die autosomal dominant vererbt wird, meist erst in der zweiten Lebenshälfte auftritt und mit zunehmenden Beeinträchtigungen der Bewegungskoordination sowie mit psychischen Veränderungen verbunden ist. Die Betroffenen sind in zunehmendem Maße auf Hilfe und Unterstützung und im fortgeschrittenen Stadium auf Pflege angewiesen.

Um die kulturelle Dimension der Biomedizin zu verstehen, muss die Medizin als kulturelles System verstanden werden, wie es die Medizinanthropologie tut. Allgemein gesprochen, dienen kulturelle Systeme dazu, „die ‚Natur' der Welt auszudrücken und zugleich diese Welt gemäß ihrer Vorstellungen zu formen". Sie bieten eine „stimmige ‚selbstverständliche' Ordnung der Welt, die kulturelle Erklärungen als die ‚Wirklichkeit' darstellen und damit von den Partizipierenden nicht als symbolisch vermittelt, sondern als Realität empfunden werden" (Kalitzkus 2003, 7). Genau das scheint mir der Grund dafür zu sein, dass die Botschaft des Humangenetikers von Seiten des Publikums unwidersprochen blieb. Seine Aussagen blieben als Darstellung von Wirklichkeit unhinterfragt. Wenn aber diese „Wirklichkeit" unhinterfragt bleibt, sind wesentliche Aspekte in Bezug auf den Umgang mit Behinderung für die ethische Diskussion unzugänglich.

Den Begriff Biomedizin verstehe ich hier wie Vera Kalitzkus als Schulmedizin oder moderne Medizin. Von der Medizin anderer Zeiten und Kulturen unterscheidet sie sich insbesondere dadurch, dass sie wesentlich durch westliche und naturwissenschaftliche Vorstellungen geprägt ist (Kalitzkus 2003, 4). Das bedeutet auch, dass die Biomedizin dem Forschungsprogramm der modernen Naturwissenschaften folgt und die Ursachen von Krankheitsprozessen (wie von Lebensprozessen überhaupt) in immer kleineren Organisationseinheiten des Organismus sucht, angefangen bei Organen über Gewebe und Zellen bis hin zu Proteinen und Genen. Dahinter steht die Idee, den gesamten Organismus mit all seinen Phänomenen in die kleinsten organisatorischen Einheiten zu zerlegen und auf dieser Grundlage umfassend verstehen und eingreifen zu können (Olby 1990, 504). In dieser Logik stellen die Stammzellforschung und die Genforschung die vorläufigen Endpunkte der biomedizinischen Fortschrittsentwicklung dar. Wichtig dabei ist, dass Biomedizin nicht auf Stammzellforschung und Genforschung zu reduzieren ist, sondern im hier vertretenen Sinne die „ganze" naturwissenschaftlich fundierte Medizin umfasst.

Die beschriebene biomedizinische Sichtweise auf Lebensprozesse wie Krankheit und Behinderung hat sich offenbar mittlerweile tief in unser kulturelles Selbstverständnis eingeschrieben. So hat sich niemand auf der genannten Diskussionsveranstaltung darüber gewundert, dass die tapsig tänzelnden Bewegungen des Mannes in dem Filmausschnitt mit einem Balkenmuster, das eine genetischen Normabweichung darstellen sollte, in Verbindung gebracht wurde. Allen leuchtete offenbar sein, dass die Bewegungsbeeinträchtigung des Mannes kausal auf einen „genetischen Defekt" zurückzuführen seien. Und genau diesen Defekt, vermittelte die Präsentation weiter, hat die Medizin „im Griff"; sie kann ihn erkennen, darstellen, kontrollieren und gegebenenfalls verhindern.

Darin aber erschöpft sich die biomedizinische Sicht noch nicht. Für das biomedizinische Verständnis von Behinderung ist zudem charakteristisch, dass Behinderung als Minderung von Funktionsfähigkeit aufgefasst wird (Hirschberg 2003, 15). Die Bewegungen des Mannes veranschaulichten dies sinnbildlich.

Sich funktionstüchtig bewegen bedeutet, dem Strich auf dem Boden des Behandlungszimmers mit den Schritten exakt folgen zu können. Genau das aber konnte der Mann ganz offensichtlich auf Grund seiner krankheitsbedingten Beeinträchtigung nicht. In der biomedizinischen Sichtweise wird Behinderung gleichgesetzt mit der organischen Beeinträchtigung oder Schädigung. Der visuelle Eindruck der Bewegungsbeeinträchtigung des Mannes war übrigens auch das einzige, was die Zuschauer von dem Mann erfuhren. Auch in diesem Punkt illustrierte der Filmausschnitt treffend das biomedizinische Verständnis von Behinderung. Die Behinderung wird reduziert auf den Funktionsdefekt, die Lebensumstände und das subjektive Erleben des Menschen, der mit der Beeinträchtig lebt, bleiben außen vor (vgl. Kuhlmann 2003). Mit der Biomedizin treten also Behinderungen wie Krankheiten als eigene „Entitäten losgelöst vom Individuum" auf den Plan (Kalitzkus 2003, 20). Damit aber wird es konzeptionell auch möglich, dass Behinderungen und Krankheiten losgelöst von ihren Trägern bekämpft werden. Diagnostiziert und behandelt wird primär die Krankheit oder die Beeinträchtigung. Der Mensch, der damit lebt, verschwindet tendenziell dahinter. Dadurch wird es möglich, dass unter Prävention von Behinderung wie selbstverständlich auch die Verhinderung der Existenz der Träger von Krankheiten und Beeinträchtigungen als (vermeintlich) legitimes Ziel der Biomedizin verstanden werden können. Die Rechtfertigung der Präimplantationsdiagnostik zur Prävention von Corea Huntington ist dann die selbstverständliche Konsequenz. Aber auch Behandlungsverzicht, Behandlungsabbruch oder Sterbehilfe können vor diesem Hintergrund gegebenenfalls als völlig legitim erscheinen.

Die Biomedizin beansprucht Beeinträchtigungen mit naturwissenschaftlichen Begriffen und Kategorien objektiv zu beschreiben. Begriffe wie „Normabweichung", „Schädigung", „Funktionsstörung" und „Defekt", die solche Beschreibungen prägen, sind aber ganz offensichtlich wertende Bezeichnungen. Diese Wertungen werden allerdings nicht von der biomedizinischen Sichtweise alleine generiert. Mit Begriffen wie „Normabweichung", „Schädigung", „Funktionsstörung" oder „Defekt" verbinden sich naturwissenschaftliche Bezeichnungen mit einer historisch gewachsenen gesellschaftlichen Abwertung und Ausgrenzung von Menschen mit Behinderung, die tief in unserer Kultur verankert ist (vgl. Antor / Bleidick 2000, 60-75). Das bedeutet, dass die biomedizinische Sicht die kulturelle Bewertung von Behinderung nicht etwa hervorbringt, sondern eine bereits vorhandene Werthaltung spiegelt, aber auch neu prägt und verändert. Das Neue an der biomedizinischen Sicht auf Behinderung ist nun, dass diese Be- bzw. Abwertung von Behinderung hinter einer vermeintlich objektiven naturwissenschaftlichen Zugangsweise verschleiert wird. Damit aber entzieht sich die kulturelle Werthaltung zu Behinderung, die von der biomedizinischen Sicht transportiert wird, jeder kritischen Reflexion. Die Abwertung von Behinderung und – weil die Beeinträchtigung in Wirklichkeit eben nicht von ihrem Träger losgelöst werden kann – die Ausgrenzung von Menschen mit Behinderung erscheinen damit als Teil einer selbstverständlichen und unhintergehbaren Ordnung der Welt.

Mit dem bisher Gesagten möchte ich keineswegs alle Errungenschaften der Biomedizin in Frage stellen, die nicht zuletzt Menschen mit Behinderungen zu Gute kommen können. Dazu gehört ja auch die Tatsache, dass biomedizinisch-therapeutische Möglichkeiten bei bestimmten Behinderungen das Leben mit der Beeinträchtigung wesentlich erleichtert, die Lebenserwartung erheblich gesteigert oder sogar in manchen Fällen ein Leben mit der Beeinträchtigung überhaupt erst möglich gemacht hat. Das ist zweifellos gegebenenfalls die positive Seite der biomedizinischen Machbarkeit für einen Menschen mit Behinderung. Dieser steht aber auch eine negative Seite gegenüber, die mit der Loslösung der Behinderung vom Individuum, der Gleichsetzung von Behinderung mit „Normabweichung", „Schädigung", „Funktionsstörung" und „Defekt", der damit zusammenhängenden Bewertung von Behinderung und der Ausgrenzung von Menschen mit Behinderung zusammenhängt.

Anerkennung von Bedürftigkeit und Anerkennung von Differenz

Aus der Sicht vieler Menschen mit Behinderung wird der biomedizinische Umgang mit Behinderung deshalb als abwertend und ausgrenzend erfahren. Das ethische Problem des biomedizinischen Verständnisses von Behinderung ist damit in Bezug auf die kulturelle Dimension der Biomedizin offenbar ein Problem sozialer Anerkennung. In medizinethischen Debatten aber werden ethische Probleme in aller Regel auf der Ebene individueller Rechte, Interesse und Wünsche behandelt. Dabei steht die ethische Rechtfertigung von individuellen Rechtsansprüchen im Mittelpunkt, nicht aber deren tatsächliche soziale Anerkennung. Deshalb ist die Biomedizin-Kritik von Menschen mit Behinderung für viele Ethiker nicht nachvollziehbar. Das kann sich dann ändern, wenn ein Perspektivenwechsel von Fragen der Begründung von Rechtsansprüchen zu Fragen der gesellschaftlichen Anerkennung von Menschen mit Behinderung vorgenommen wird. Ich denke, dass die ethische Problematik des biomedizinischen Umgangs mit Behinderung ohne diese Perspektive nicht adäquat verstanden werden kann.

Die Anerkennungstheorien von Charles Taylor (1997), Axel Honneth (1998) und Nancy Fraser (2001) versuchen die üblicherweise getrennten Ebenen der Moralphilosophie, der Gesellschaftstheorie und der politischen Analyse in Ansätzen einer kritischen Gesellschaftstheorie zusammenzuführen (Fraser / Honneth 2003, 10). Im Blick dieser Anerkennungstheorien sind vor allem die sozialen Bewegungen von ethnischen und kulturellen Minderheiten sowie die Frauenbewegung. Sie eignen sich aber auch, die Biomedizinkritik der Behindertenbewegung zu verstehen.

Axel Honneth (1998) zufolge lassen sich drei Formen von Anerkennung in zwischenmenschlichen Beziehungen unterscheiden: Liebe, Recht und Wertschätzung. Die Erfahrung von allen drei Formen von Anerkennung stellen, wie Honneth zeigt, konstitutive Aspekte der personalen Identität dar.[1] Die erste kommt durch „emotionale Zuwendung" in persönlichen Nahbeziehungen, die zweite durch die „Zuerkennung von Rechten" im gesellschaftlichen Leben und die dritte durch die „gemeinsame Orientierung an Werten" in der kulturellen Sphäre zu Stande.

In persönlichen Nahbeziehungen erwirbt der Mensch durch die Anerkennung seiner Bedürftigkeit Selbstvertrauen. Dafür steht paradigmatisch die Eltern-Kind-Beziehung, deren Gelingen für das Kind existenziell ist. Das Kind ist voll und ganz davon abhängig, dass seine Eltern dazu bereit sind, seine Bedürfnisse liebevoll und umfassend zu befriedigen. Wie wir aus der Entwicklungspsychologie wissen, können Störungen in der frühkindlichen Beziehung zu den primären Bezugspersonen zu schweren psychischen Störungen führen. Von daher leuchtet völlig ein, dass die „Anerkennung der Bedürftigkeit" des Kindes grundlegend für die Entwicklung personaler Identität eines Menschen ist. Außerdem kann das Selbstvertrauen eines Menschen auch später im Leben jederzeit durch physische und psychische Verletzungen bedroht sein. Die Anerkennung von Bedürftigkeit ist damit die basalste Form von Anerkennung überhaupt. Sie ist keineswegs auf die Eltern-Kind-Beziehung und auch nicht auf andere familiäre und freundschaftliche Beziehungen beschränkt, sondern besitzt eine gesellschaftliche Dimension, weil die Hilfe, Unterstützung und Sorge für bedürftige Menschen institutionell gestützt, abgesichert und getragen werden muss. Wenn die Anerkennung von Bedürftigkeit in persönlichen Nahbeziehungen „privatisiert" wird, gerät diese gesellschaftliche Dimension aus dem Blick.

Im gesellschaftlichen Leben erwirbt der Mensch durch die gegenseitige Anerkennung von Rechten Selbstachtung. Das Kind erfährt, dass es als Subjekt von gleichen Rechten anerkannt wird und lernt außerdem, dass von ihm erwartet wird, die Rechte anderer zu respektieren und damit andere als Subjekte von gleichen Rechten anzuerkennen. Die Selbstachtung, die das heranwachsende Kind dadurch erwirbt, aber kann wiederum jederzeit durch die Erfahrung gesell-

---

[1] Axel Honneth (1998; 2003) bezieht sich dabei auf den frühen Hegel in den Jenaer Schriften, den er aktualisieren und für das Verständnis von sozialen Konflikten fruchtbar machen will. Mit dem Bezug auf Hegel übernimmt er aber auch die These, dass intersubjektive Anerkennung das Subjekt erst konstituiert. Da ich diese These für ausgesprochen problematisch halte, beziehe ich mich hier lediglich auf die analytischen Kategorien, die Honneth zur Unterscheidung von verschiedenen Formen von Anerkennung in sozialen Beziehungen anbietet. Auch andere Autoren, wie Charles Taylor (1997) und Nancy Fraser (2001, 2003) oder im deutschsprachigen Raum Birgit Rommelspacher (2002) würden sich als Bezug hierfür anbieten. Im Unterschied zu Honneth beschäftigen sich diese aber nicht mit der Anerkennung von Bedürftigkeit in persönlichen Nahbeziehungen, die m. E. die basalste und existenziellste Form der Anerkennung darstellt und für viele behinderte Menschen besonders relevant ist, sondern unterscheiden lediglich die Anerkennung von Rechten und die Anerkennung von Differenz.

schaftlicher Ausgrenzung und Entrechtung gefährdet sein. Auch die Anerkennung von Rechten besitzt eine gesellschaftliche Dimension, weil auch sie institutionell abgesichert und durch kulturelle Werte gestützt werden muss.

Durch die Erfahrung sozialer Wertschätzung schließlich, durch die kulturelle Anerkennung als Mensch mit besonderen Eigenschaften und Fähigkeiten, die Anerkennung von Differenz, erwirbt das Kind Selbstwertgefühl.[1] Auch das Selbstwertgefühl eines Menschen kann aber im Laufe seines Lebens durch die Erfahrung von Entwürdigung und Beleidigung Schaden nehmen: „Nichtanerkennung oder Verkennung kann Leiden verursachen, kann eine Form von Unterdrückung sein, kann den anderen in ein falsches, deformiertes Dasein einschließen" (Taylor 1997, 13). Die gesellschaftliche Dimension der Anerkennung von Differenz besteht darin, dass sie durch kulturelle Wertemuster und Rollenerwartungen vermittelt wird.

Alle drei Formen des Selbstbezugs – Selbstvertrauen, Selbstachtung und Selbstwertgefühl –, die Honneth beschreibt, stellen konstitutive Aspekte der personalen Identität von Menschen dar. Ihr Gelingen ist notwendig, damit ein Mensch eine unbeschädigte personale Identität entwickeln und bewahren kann. Störungen können in jeder der drei Formen von intersubjektiven Anerkennungsverhältnissen jederzeit zur Bedrohung der psychischen Integrität von Menschen führen. Das ist zumindest ein wichtiges Indiz dafür, dass es berechtigte Ansprüche auf Anerkennung in allen drei Formen von Anerkennungsverhältnissen gibt.

Der Anspruch auf Anerkennung gleicher Rechte in der gesellschaftlichen Sphäre ist in der normativen Ethik aber auch in der politischen Philosophie unstrittig. Davon unterscheidet sich ganz offensichtlich die Anerkennung und Erfüllung von Bedürfnissen in persönlichen Beziehungen, ohne die ein Mensch überhaupt nicht dazu in der Lage wäre, sich zu einem selbstbestimmten und unabhängigen Individuum zu entwickeln, das dazu in der Lage ist, seine Rechte wahrzunehmen und die Rechte anderer zu achten. Anerkennung von Bedürftigkeit in persönlichen Beziehungen schulden wir anderen nicht wechselseitig in gleicher Weise wie die Anerkennung von Rechten im öffentlichen Leben, sondern abhängig von der Qualität der persönlichen Nahbeziehung. Weil aber persönliche Nahbeziehungen auf emotionaler Bindung beruhen und „positive Gefühle gegenüber anderen Menschen unwillkürliche Regungen sind", seien sie nicht „beliebig auf eine größere Zahl von Interaktionspartnern" übertragbar (Honneth 1998, 174). Damit ist jedoch meines Erachtens noch keineswegs gesagt, dass es keinen berechtigten Anspruch auf die Anerkennung von Bedürftigkeit gibt, wie Honneth behauptet. Wenn Kinder der Anerkennung ihrer Bedürftigkeit letztlich ihre Existenz verdanken und wenn sie dadurch das Selbstvertrauen, das primär konstitutiv für die Entwicklung personaler Identität ist, erlangen und die Verletzung von Selbstvertrauen die psychische Integrität gefährdet,

---

[1] Honneth verwendet hierfür den Begriff „Selbstschätzung", gelegentlich aber auch den umgangssprachlichen Begriff „Selbstwertgefühl".

muss es auch einen begründeten Anspruch auf Anerkennung von Bedürftigkeit – ähnlich den Ansprüchen auf Anerkennung gleicher Rechte im öffentlichen Leben – geben. Auch dieser Anspruch ist universalisierbar, zum einen, weil wir alle als Kinder auf die Anerkennung unserer Bedürftigkeit angewiesen waren und zum anderen weil wir alle jederzeit – auch als unabhängige, selbständige Erwachsene im Vollbesitz unserer körperlichen und geistigen Fähigkeiten – durch Krankheit, Alter oder andere Lebensumstände wieder in die Abhängigkeit von der Sorge durch andere gelangen können. Und vielleicht wirken sogar „selbst die scheinbar autonomen Menschen", wie die Kantianerin Onora O'Neill anmerkt, „nur deshalb so, weil sie sich ganz auf die Sorge und Obhut anderer verlassen" (O'Neill 1996, 258).

O'Neill geht von einem allgemeinen Verpflichtungscharakter der Anteilnahme und Sorge für andere aus, die sie als „soziale Tugenden" bezeichnet. Diese würden allerdings „selektive Forderungen stellen. Dabei lassen sie es offen, gegenüber wem, wann und in welcher Weise die Tugend zum Ausdruck kommen soll" (O'Neill 1996, 251). Anteilnahme und Sorge kann von anderen Personen nicht erzwungen werden, wenn entsprechende emotionale Bindungen nicht vorhanden sind. Das gilt sogar für die Eltern-Kind-Beziehung. Um dem berechtigten Anspruch auf Anerkennung von Bedürftigkeit gerecht zu werden, sind durch Liebe und Anteilnahme getragene, persönliche Beziehungen unerlässlich. Eine Person muss sich affektiv von der anderen Person in ihrer Bedürftigkeit angesprochen fühlen, um die Bereitschaft zu haben, die Sorge für sie zu übernehmen, was ja unter Umständen einen hohen persönlichen Einsatz verlangt. Sie muss aber auch „soziale Tugenden" als moralische Haltung internalisiert haben. Die „Verkörperung von sozialen Tugenden" und die Qualität von persönlichen Beziehungen aber sind kulturell geprägt.[1] Das bedeutet, dass der Anspruch auf Anerkennung von Bedürftigkeit nicht alleine individualethisch sondern sozialethisch diskutiert werden muss. Daraus folgt, dass die Bereitschaft, die Bedürftigkeit von anderen anzuerkennen, institutionell gestützt und im kulturellen Wertesystem einer Gesellschaft verankert werden muss, um die Hilfe, Unterstützung und Sorge von bedürftigen Menschen gesellschaftlich garantieren zu können.

Auch der Anspruch auf Anerkennung von besonderen Eigenschaften und Fähigkeiten, der Anspruch auf Anerkennung von Differenz, ist moral- und politiktheoretisch umstritten. Selbst bei Charles Taylor, der am Beispiel von kulturellen Minderheiten so eindrücklich klar gemacht hat, welche schädlichen Folgen für das Selbstwertgefühl eines Menschen, der einer kulturellen Minderheit angehört, seine Geringschätzung durch die Mehrheitsgesellschaft haben kann, bleiben Ansprüche auf Anerkennung von Differenz unverbindlich. Taylor hält zwar die Geringschätzung anderer Kulturen, ohne diese wirklich zu kennen, für einen unverzeihlichen Akt der Arroganz und fordert eine gesellschaftliche Integrationspolitik, die es ermöglicht, andere Kulturen und Lebensweisen unvorein-

---

[1] Dabei spielt nicht zuletzt das Geschlechterverhältnis eine zentrale Rolle.

genommen kennen zu lernen. Er bezweifelt aber, dass es ein Recht auf Wertschätzung einer Kultur durch andere geben kann, weil Wertschätzung grundsätzlich nicht zu erzwingen sei: „Bei unserer Beschäftigung mit einer Kultur werden wir entweder etwas entdecken, das großen Wert besitzt, oder nicht. Aber zu fordern, dass wir etwas finden müssen, ist (...) unsinnig" (Taylor 1997, 66). Diese Sichtweise ist durchaus auch auf die Ziele und Probleme der Integration von Menschen mit Behinderung übertragbar. Selbst die besten Integrationskonzepte können die Wertschätzung von Menschen mit Behinderung durch andere nicht garantieren. Auch damit ist aber noch nicht gesagt, dass es keinen verbindlichen Anspruch auf kulturelle Wertschätzung geben kann. Schließlich ist auch die Erfahrung kultureller Wertschätzung offenbar notwendig für eine unbeschädigte personale Identität.

Die Diskursethikerin Seyla Benhabib versucht den Anspruch auf Anerkennung von Differenz moralphilosophisch zu begründen. Sie beschreibt zwei Auffassungen der Beziehung zwischen dem Selbst und dem Anderen, die in der zeitgenössischen Moraltheorie üblicherweise als unvereinbar gelten würden. Diese nennt sie den Standpunkt des „verallgemeinerten Anderen" und den Standpunkt des „konkreten anderen". Vom Standpunkt des „verallgemeinerten Anderen" aus, kämen jedem Menschen die gleichen Rechte und Pflichten zu. Der Standpunkt des „konkreten anderen" dagegen berechtige dazu, von anderen Verhaltensweisen zu erwarten, durch die die anderen sich als konkrete, individuelle Wesen mit bestimmten Bedürfnissen, Talenten und Fähigkeiten erkannt und bestätigt fühlen (Benhabib 1995, 161 f.). Diese beiden Anerkennungsbeziehungen entsprechen der Anerkennung von Rechten und der Anerkennung von Differenz. Bei beiden handelt es sich um solche, die reziprok voneinander eingefordert werden können: „Jeder darf mit Recht von uns dasselbe erwarten wie wir von ihm, darf dasselbe voraussetzen wie wir" (Benhabib 1995, 175f). Wenn aber auch der Anspruch als Subjekt mit individuellen Eigenschaften und Fähigkeiten anerkannt zu werden, verallgemeinert werden kann, ist er moraltheoretisch begründet, auch wenn die Anerkennung von Differenz nicht im strikten Sinn erzwungen werden kann.

Die Bereitschaft, Menschen mit „anderen" Eigenschaften und Fähigkeiten kennenzulernen und wertzuschätzen ist kulturell geprägt und in gesellschaftlichen Praktiken verankert. Die gesellschaftliche Wertschätzung von Menschen mit Behinderung und damit die Anerkennung ihrer Differenz kann in einer Gesellschaft unterschiedlich ausgeprägt sein und sie ist damit nicht unhintergehbar sondern veränderbar. Sie prägt die Bereitschaft zur Anerkennung von Bedürftigkeit in persönlichen Nahbeziehungen und sie verleiht oder entzieht der gesellschaftlichen Durchsetzung gleicher Rechte die normative Kraft. Alle drei Formen von Anerkennung hängen also eng miteinander zusammen.

Die drei Formen der Anerkennung in zwischenmenschlichen Beziehungen verweisen damit auf die Notwendigkeit der sozialethischen Reflexion von gesellschaftlichen Praktiken und kulturellen Wertemustern. Für die politische Philosophin Nancy Fraser ist die oberste sozialethische Norm, nach der gesellschaftliche Praktiken und kulturelle Wertemuster beurteilt werden müssen, die „partizipatorische Parität". Mit partizipatorischer Parität meint sie die gleichberechtigte und vollständige gesellschaftliche Partizipation von Menschen mit ihren besonderen Eigenschaften und Fähigkeiten, was ganz offensichtlich dem neuen behindertenpädagogischen Begriff der Inklusion sehr nahe kommt.[1] Aus ethischer Sicht ist damit zu prüfen, „ob die existierenden institutionalisierten kulturellen Wertemuster die partizipatorische Parität behindern und ob letztere durch bestimmte Alternativen gefördert würde – ohne dabei die bestehenden Disparitäten zu verschärfen oder gar neue ins Leben zu rufen" (Fraser 2003, 63).[2] Da aber der biomedizinische Umgang mit Behinderung kulturelle Wertemuster prägt, bedeutet das, dass aus anerkennungstheoretischer Sicht geprüft werden sollte, ob damit die partizipatorische Parität von Menschen mit Behinderung gefördert oder behindert wird.

Das biomedizinische Verständnis von Behinderung als Anerkennungsproblem

Der biomedizinische Umgang mit Behinderung ist auf allen drei Ebenen der Anerkennung in zwischenmenschlichen Beziehungen, der Anerkennung von Bedürftigkeit, der Anerkennung von Rechten und der Anerkennung von Differenz, relevant.

Die faktischen Möglichkeiten der Anerkennung von Bedürftigkeit haben sich durch die Biomedizin verbessert. So haben viele Menschen im Wachkoma heute Dank der Fortschritte der Intensivmedizin Lebensperspektiven, die vorher nicht

---

[1] Im Unterschied zu den üblichen Modellen der Integrationspolitik, die von unterschiedlichen gesellschaftlichen Wertegemeinschaften oder unterschiedlichen Bedürfnisgemeinschaften ausgehen und von der Mehrheitsgesellschaft lediglich Offenheit und Toleranz, von den gesellschaftlichen und kulturellen Minderheiten im Grunde aber aber die eigentliche Integrationsanstrengung fordern, kehrt Nancy Fraser die Verantwortungslast um. Sie nimmt die Mehrheitsgesellschaft für die institutionellen Praktiken und kulturellen Wertemuster in Verantwortung, die andere in die Gemeinschaft aktiv einschließen oder eben ausgrenzen.

[2] Im Unterschied zu Taylor und Honneth, für die der Begriff der Anerkennung eine Generalkategorie für eine kritische Gesellschaftstheorie darstellt, verfolgt Nancy Fraser ein viel bescheideneres Anliegen. Ihr geht in erster Linie darum, die gesellschaftspolitischen Anliegen sozialer Bewegungen kritisch zu reflektieren. Dabei unterscheidet sie *Anerkennung von Differenz* und *Umverteilung* als zwei verschiedene Typen von Forderungen nach *sozialer Gerechtigkeit*. Beide Forderungen sind ihrer Ansicht nach gleichermaßen notwendig, um soziale Gerechtigkeit zu erreichen. Die partizipatorische Parität ist der Maßstab dafür, inwieweit soziale Gerechtigkeit besteht. Die Biomedizin-Kritik der Behindertenbewegung geht aber über die Forderungen der sozialen Bewegungen, die Nancy Fraser im Blick hat, hinaus. Um diese zu verstehen sind m.E. die drei Formen von Anerkennung, wie ich sie hier diskutiert habe, relevant. Das Prinzip der partizipatorischen Parität aber lässt sich übertragen.

möglich gewesen wären. Dasselbe gilt für sehr unreif geborene Kinder, die heute mit intensivmedizinischer Hilfe überleben können. Die biomedizinische Praxis, die diese Lebensperspektiven ermöglicht hat, beruht auf einem kulturellen Wertemuster, das dem Leben eines Menschen unbedingten Wert beimisst und die Befriedigung seiner existenziellen Bedürfnissen fordert, ohne dass daran Bedingungen geknüpft werden. Genau dieses Wertemuster wird aber durch die Biomedizin zunehmend in Frage gestellt. Auch hierfür steht paradigmatisch die Eltern-Kind-Beziehung.

Die Anerkennung der Bedürftigkeit eines Kindes impliziert die Abhängigkeit des Kindes von seinen Eltern angenommen zu werden, ohne dass hieran Bedingungen an seine Eigenschaften oder Fähigkeiten geknüpft werden. Mit der Pränataldiagnostik hat die Biomedizin aber Möglichkeiten geschaffen, die Annahme eines Kindes davon abhängig zu machen, ob es voraussichtlich eine Behinderung haben wird. In der Praxis der Schwangerschaftsvorsorge hat sich die Pränataldiagnostik mittlerweile soweit durchgesetzt, dass jede schwangere Frau heute mit Untersuchungen konfrontiert wird, mit denen nach Auffälligkeiten bei ihrem Kind gesucht wird, die auf eine zu erwartende Behinderung hinweisen. Wird eine solche Auffälligkeit gefunden bleibt ihr meist lediglich die Entscheidung, die Schwangerschaft abzubrechen oder fortzusetzen. Die meisten Frauen entscheiden sich dann für einen Abbruch. Mit der Diagnose wird das Kind auf seine Beeinträchtigung reduziert. Die Praxis der Pränataldiagnostik hat sich der Prävention von Behinderung verschrieben. Das bedeutet plakativ ausgedrückt, dass die zu erwartende Behinderung abgelöst von dem zukünftigen Kind als feindliche Entität auftritt und „bekämpft" wird. Dadurch haben sich die sozialen Rollenerwartungen in Bezug auf die Familienplanung geändert. Die Frauen erfahren das als direkten oder indirekten Druck, kein behindertes Kind zur Welt zu bringen (vgl. Willenbring 1999). Ein neues Verantwortungsprofil hinsichtlich der Rolle von Elternschaft ist entstanden (Beck-Gernsheim 1991, 412). Die kulturelle Norm der unbedingten Annahme eines Kindes und damit der unbedingten Anerkennung seiner Bedürftigkeit ist brüchig geworden. Diese Entwicklung beschränkt sich aber nicht auf die Pränataldiagnostik, wie beispielsweise die aktuelle medizinethische Diskussion über Behandlungsverzicht und Sterbehilfe bei behinderten Neugeborenen und die Diskussion über die Einstellung der künstlichen Ernährung bei Wachkoma-Patienten zeigen. Mir geht es an dieser Stelle nicht darum, zu diesen Diskussionen im einzelnen Stellung zu nehmen. Wichtig ist mir hier zu zeigen, dass sich die kulturellen Wertemuster in Bezug auf die Anerkennung von Bedürftigkeit anderer durch den biomedizinischen Umgang mit Behinderung verändern. Es setzt sich offenbar zunehmend durch, dass an die Anerkennung der Bedürftigkeit anderer Bedingungen gestellt werden. Das aber kann erhebliche Folgen haben für die Verlässlichkeit von persönlichen Beziehungen überhaupt und zwar für die persönliche Bereitschaft, für andere zu sorgen, genauso wie für die gesellschaftliche Bereitschaft, die Hilfe, Unterstützung und Sorge für bedürftige Menschen solidarisch zu tragen.

Auch die kulturellen Wertemuster in Bezug auf die Anerkennung von Rechten scheinen sich mit der Biomedizin zu verändern. Ein Beispiel hierfür ist die Diskussion über die Zulässigkeit rein fremdnütziger Forschung mit Kindern und anderen nichteinwilligungsfähigen Menschen (vgl. Merkel 2003; Taupitz 2003). Rein fremdnützige Forschung ist aus ethischer und rechtlicher Sicht deshalb problematisch, weil eine Schädigung der betroffenen Person nicht – wie bei anderen medizinischen Eingriffen – durch einen Beitrag zu ihrem Wohlergehen „ausgeglichen" werden kann.

Die bisher allgemein akzeptierte Norm war deshalb, dass fremdnützige Forschung nur dann zulässig ist, wenn die davon betroffene Person freiwillig und informiert einwilligt. Läge keine freie und informierte Einwilligung vor, würde das bedeuten, dass sie im Interesse dritter instrumentalisiert wird. Stellvertretende Entscheidungen für Menschen, die nicht selbst für ihre Rechte einstehen können, sind daran gebunden, dass im Interesse ihres Wohlergehens entschieden wird. Da aber nicht davon ausgegangen werden kann, dass die Teilnahme an einem solchen medizinischen Versuch im Interesse der nichteinwilligungsfähigen Person ist, galt bislang, dass keine stellvertretende Entscheidung hierzu gegeben werden kann. Aus diesem Grund galt die fremdnützige Forschung mit nichteinwilligungsfähigen Menschen bislang grundsätzlich als ethisch inakzeptabel. Schon seit einigen Jahren ist das Verbot der rein fremdnützigen Forschung mit nichteinwilligungsfähigen Menschen, das im Nürnberger Codex von 1947 und in der Deklaration von Helsinki bis 1994 festgeschrieben wurde, aber Gegenstand von Kontroversen. Sowohl das „Übereinkommen über Menschenrechte und Biomedizin" (Europarat 1997) als auch die Neufassung der Deklaration von Helsinki (World Medical Association 2000) sehen die Möglichkeit der rein fremdnützigen Forschung an Nichteinwilligungsfähigen unter bestimmten Bedingungen vor, nämlich wenn die Forschung der Gruppe, der die betroffene nichteinwilligungsfähige Person angehört, zu Gute kommt. Von Mitgliedern einer definierten Solidargemeinschaft die Aufopferung von Rechtsgütern zum Vorteil anderer Gruppenmitglieder zu fordern, aber verletzt die ethische und rechtliche Norm des Instrumentalisierungsverbots. Das bedeutet außerdem eine eklatante Ungleichbehandlung, weil solche Solidarpflichten von einwilligungsfähigen Personen nicht verlangt werden (vgl. Picker 2000).

Die Relativierung der Anerkennung von Bedürftigkeit und der Anerkennung von Rechten, die ich hier angesprochen habe, hängt eng mit dem biomedizinischen Verständnis von Behinderung und damit mit der Anerkennung von Differenz in Bezug auf Menschen mit Behinderung zusammen. Die Reduktion von Behinderung auf Funktionsdefekte, ihre Ablösung von dem Menschen, der mit der Beeinträchtigung lebt, die Gleichsetzung von Behinderung und „Leiden" und die damit einher gehende Abwertung von Menschen mit Behinderung hindert diese dabei, eine unbeschädigte personale Identität auszubilden und zu bewahren. Christian Judith beschrieb dies in einem Streitgespräch, dass am 8. Februar 2001 in der Zeit abgedruckt war, besser und authentischer als ich das je könnte:

„Ich selbst habe 20 Jahre meines Lebens versucht, nicht behindert zu werden. Ich habe jede Krankengymnastik, jede Operation mitgenommen. Die Ärzte haben mir immer nur mein Unvermögen attestiert: ‚Er kann nicht Treppen steigen, nicht laufen, er kann dies nicht und das nicht.' Keiner hat gesagt: ‚Er ist ein schlaues Kerlchen, kann prima malen, Schach spielen, sich nett unterhalten, und er ist charmant.' Permanent habe ich mich über mein Nichtkönnen definiert, meine Behinderung als meinen Feind angesehen. Mittlerweile hat sich das gewandelt. Ich bekämpfe meine Behinderung nicht, sondern lebe mit ihr wie mit einer Freundin, die mich begleitet. Ich sage: Ich bin so, wie ich bin, weil ich so bin, wie ich bin, und wenn ich anders wäre, wäre ich anders, und das wäre schlecht."

Ich denke, es ist damit klar geworden, dass die gesellschaftliche Anerkennung von Menschen mit Behinderung auf allen drei hier besprochenen Ebenen durch den biomedizinischen Umgang mit Behinderung beeinträchtigt wird. Die sozialethische Norm der partizipatorischen Parität aber fordert, dass institutionalisierte kulturelle Wertemuster die gesellschaftliche „Inklusion" aller Menschen fördern und nicht behindern. Aus dieser Sicht ist eine Medizin zu fordern, die den ganzen Menschen mit seinen individuellen Lebensbedingungen und seinem subjektiven Erleben in den Blick nimmt. Das bedeutet nicht, dass die naturwissenschaftliche Medizin abgeschafft werden sollte, es bedeutet aber, dass der biomedizinische Umgang mit Behinderung kritisch hinterfragt und dort, wo sich ausgrenzende Tendenzen zeigen, korrigiert werden muss.

Literatur

Antor, G. / Bleidick, U.: Behindertenpädagogik als angewandte Ethik, Stuttgart 2000.
Beck-Gernsheim, E.: Technik, Markt und Moral, Über Reproduktionsmedizin und Gentechnologie, Frankfurt a. M. 1991.
Benhabib, S.: Selbst im Kontext, Frankfurt a. M. 1995.
Birnbacher, D.: Selektion am Lebensbeginn – ethische Aspekte, Vortrag auf dem Kongress für Philosophie, Konstanz 1999.
Dederich, M.: Behinderung, Medizin, Ethik. Behindertenpädagogische Reflexionen zu Grenzsituationen am Anfang und Ende des Lebens, Bad Heilbrunn 2000.
Europarat: Übereinkommen über Menschenrechte und Biomedizin vom 4. April 1997, in: Honnefelder, L. / Streffer, C. (Hrsg.): Jahrbuch für Wissenschaft und Ethik, Bd. 2, Berlin, 285-303.
Fraser, N.: Die halbierte Gerechtigkeit, Frankfurt a. M. 2001.
Fraser, N.: Soziale Gerechtigkeit im Zeitalter der Identitätspolitik. Umverteilung, Anerkennung und Beteiligung. Fraser, N. / Honneth, A. (Hg.): Umverteilung oder Anerkennung? Eine politisch-philosophische Kontroverse, Frankfurt a. M. 2003, 13-128.
Fraser, N. / Honneth, A.: Umverteilung oder Anerkennung? Eine politisch-philosophische Kontroverse, Frankfurt a. M. 2003.

Graumann, S.: Präimplantationsdiagnostik, in: Brähler, E. / Hauffe, U. (Hrsg.): Vom Stammbaum zur Stammzelle. Reproduktionsmedizin, Pränataldiagnostik und menschlicher Rohstoff, Gießen 2002, 205-221.

Graumann, S.: Präimplantationsdiagnostik, Embryonale Stammzellforschung und das Regulativ der Menschenwürde, in: Kettner, M. (Hrsg.): Politik der Menschenwürde, Frankfurt a. M. 2004, 122-144.

Hirschberg, M.: Die Klassifikation von Behinderung der WHO, IMEW Expertise 1, Berlin 2003.

Höfling, W. / Demel, M.: Zur Forschung an Nichteinwilligungsfähigen, Medizinrecht 17, 12, 1999, 540-546.

Honneth, A.: Kampf um Anerkennung. Zur Grammatik sozialer Konflikte, Frankfurt a. M. 1998.

Honneth, A.: Umverteilung als Anerkennung. Eine Erwiderung auf Nancy Fraser. In: Fraser, N. / Honneth, A. (Hg.): Umverteilung oder Anerkennung? Eine politisch-philosophische Kontroverse, Frankfurt a. M. 2003a, 129-224.

Kalitzkus, V.: Biomedizin und Gesellschaft. Ein ethnologischer Blick auf die Biomedizin. IMEW Expertise 2, Berlin 2003.

Kuhlmann, A.: Therapie als Affront. Zum Konflikt zwischen Behinderten und Medizin. Ethik in der Medizin 15, 3, 2003, 151-160.

Lübbe, W.: Das Problem der Behindertenselektion bei der pränatalen Diagnostik und der Präimplantationsdiagnostik. Ethik in der Medizin 15, 3, 2003, 203-220.

Merkel, R.: Nichttherapeutische klinische Studien an Einwilligungsunfähigen: Rechtsethisch legitim oder verboten? In: Bernat, E. / Kröll, W. (Hg.), Recht und Ethik der Arzneimittelforschung. Wien 2003, 171-206.

O'Neill, O.: Tugend und Gerechtigkeit. Eine konstruktive Darstellung des praktischen Denkens, Berlin 1996.

Olby, R. C.: Companion to the history of modern science. Routledge, London 1990.

Picker, E.: Menschenrettung durch Menschennutzung? Juristenzeitung 55, 14, 2000, 693-705.

Rommelspacher, B.: Anerkennung und Ausgrenzung. Deutschland als multikulturelle Gesellschaft. Campus, Frankfurt a. M. 2002.

Taupitz, J.: Forschung mit Kindern. Juristen Zeitung 58, 3, 2003, 109-160.

Taylor, C.: Die Politik der Anerkennung, in: ders. (Hrsg.): Multikulturalismus und die Politik der Anerkennung. Fischer, Frankfurt a. M. 1997, 13-78.

Van den Daele, W.: Empirische Befunde zu den gesellschaftlichen Folgen der Pränataldiagnostik: Vorgeburtliche Selektion und Auswirkungen auf die Lage behinderter Menschen, Wissenschaftszentrum Berlin 2003.

Willenbring, M.: Pränatale Diagnostik und die Angst vor einem behinderten Kind. Ein psychosozialer Konflikt von Frauen aus systematischer Sicht. Heidelberg 1999.

World Medical Association: Declaration of Helsinki / Edinburgh. Ethical Principles for Medical Research Involving Human Subjects, 1964 / 2000 (http://www.wma.net).

Ursula Stinkes
Skizzen zum Auseinanderdriften von ökonomischer Entwicklung und sozialer Integration – mit solidarisch-kritischen Anfragen an eine (Inklusions)Pädagogik[1]

Durch die Eskalation der Gewalt an der Berliner Rütli-Hauptschule und durch die öffentliche Niederlegung der Tätigkeit der Pädagog/inn/en, die einer Bankrott-Erklärung der Pädagogik gleichkommt, ist – oberflächlich betrachtet – das dreigliedrige Schulsystem in Frage gestellt. Dahinter verbergen sich jedoch strukturelle Probleme einer veränderten gesamtgesellschaftlichen Situation. Pädagogisch bedeutsam ist hier die entscheidende Frage, welche Art von Allgemeinbildung (behinderte und benachteiligte) Kinder und Jugendliche heute brauchen, angesichts ihrer Perspektive, keine / kaum berufliche Perspektiven zu haben? Welche Art von Bildung benötigt ein Mensch, wenn er aus den Registern normalbiografischer Lebensverläufe und -gestaltungsmöglichkeiten fällt und die Aussicht auf Unterhalt sichernde Vollerwerbstätigkeit nicht in seinem ‚Lebensplan' enthalten sein wird? Wie lässt sich von ‚Lebensplanung', von ‚Teilhabe' und ‚autonomer Selbstgestaltung' ‚einer Bürgerin/eines Bürgers' als Zielvorgabe einer (‚inklusiven') Pädagogik sprechen, wenn die Gesellschaft und die Politiker diese Bürgerin/diesen Bürger gar nicht benötigt, ja sich zu entsolidarisieren sucht?

Die Veränderungen des Arbeitsmarktes, des Gesundheits- und Steuersystems, und die (behinderten-)pädagogischen und bildungspolitischen Veränderungen werden in der Regel isoliert verhandelt. Stimmt mein Befund, dass in weiten Teilen der (Behinderten-)Pädagogik eine Art *Ausblendungsakrobatik* beobachtbar ist, die Folgen für die Debatten und die Praktiken für (behinderte und benachteiligte) Menschen hat? Ausgeblendet werden die soziale Geltung der Bildungszertifikate *und* das Auseinanderdriften von ökonomischer Entwicklung und sozialer Integration. Beide Aspekte spielen eine gewichtige Rolle bei der Beantwortung der Fragen, wofür Bildung für Kinder und Jugendliche heute taugt und wie sie arrangiert werden muss, damit sie auf die Not und Nötigung, das eigene Leben zu führen, Antworten geben kann.

---

[1] Für die inhaltlichen Hinweise und Diskussionshilfen danke ich meinem Kollegen Peter Jauch. Hans Weiß danke ich für seine Hilfe bei der redaktionellen Überarbeitung des Beitrages.

Vom fürsorgenden zum aktivierenden Wohlfahrtsstaat

Die ökonomische Entwicklung in Deutschland hat sich in dem letzten Jahrzehnt grundlegend verändert. Mit Dingeldey (2006) möchte ich im Folgenden diese Entwicklung knapp skizzieren: Dingeldey beschreibt diesen Wandel eindrücklich als Vollzug vom fürsorgenden zum aktivierenden Wohlfahrtsstaat. Um strukturelle Folgen marktwirtschaftlicher Prozesse sozial abzufedern, entstand der fürsorgende Wohlfahrtsstaat. Umfassende Schutzrechte des individuellen Arbeitsverhältnisses (bspw. Kündigungsschutz, Berufsschutz usw.) wurden zur Risikobegrenzung bzw. -sicherung zum Zweck der Versorgung der Sozialbürger eingeführt. Kontrolle spielte eine untergeordnete Rolle. Sozialpolitische Ziele waren: Freiheit als Freiheit von materieller Not und (relative) Gleichheit als Angleichung materieller Lebens- und Einkommensverhältnisse. Krisenerscheinungen wie Inflation und zunehmende Arbeitslosigkeit und Beschränkungen staatlicher Steuerungssouveränität durch Globalisierung der Wirtschaft führten dazu, ab den späten 70er und 80er Jahren des letzten Jahrhunderts, unter dem Label *schlanker Staat* oder *New Public Management* im Zusammenhang mit den Verwaltungsmodernisierungen die Rückführung der Staatstätigkeit auf Kernaufgaben zu diskutieren und auch umzusetzen (vgl. Blanke u. a. 2001). Leistungen, die bislang vom Staat erbracht wurden, werden nun im Hinblick auf Gewährleistung, Finanzierung oder aber hinsichtlich der Durchführung von Maßnahmen differenziert (vgl. Dingeldey 2006). Sie beschreibt die Ziele dieser Entwicklung pointiert als Verringerung der Leistungstiefe öffentlicher Verwaltung durch zunehmende Ausgliederung von Aufgaben. So wurden beispielsweise die volle Privatisierung bzw. die langsame Verbetriebswirtschaftlichung im Non-Profit-Bereich (Wohnheime, Altenheime etc.) forciert. Die Einführung neuer Managementkonzepte im öffentlichen Sektor führte zur spürbaren Reduzierung sozialer Dienstleistungsangebote und zugleich zu Qualitätsverschlechterungen. In Großbritannien prägte Giddens' Vorstellung von Freiheit, Gleichheit und Gerechtigkeit die Umsetzung im Wohlfahrtsstaat. Gleichheit wird nicht mehr als materielle Gleichheit, sondern als Chancengleichheit verstanden, die im Sinne der Umverteilung von Möglichkeiten erreicht wird. Freiheit wird definiert als Handlungsautonomie bzw. als Politik der Lebenschancen. Neoliberale Minimalabsicherungen werden nicht als ausreichend erachtet, um Menschen abzusichern. Aufgabe sei nun eine Arbeitsmarktaktivierung, Förderung des lebenslangen Lernens, Bildung von Netzwerken, Selbsthilfe, Kultivierung von Sozialkapital (vgl. Dingeldey 2006, 6). Dingeldey sieht die Gefahr dieser Entwicklung deutlich: „Insgesamt gehen damit die ‚neuen' sozialpolitischen Ziele der Aktivierung und Befähigung nicht nur mit einem partiellen Rückzug des Staates etwa bei der Leistungserbringung einher, sondern auch mit der Ausweitung staatlicher Steuerungsanforderungen im Sinne der Entwicklung von Formen reflexiver Steuerung ..." (Dingeldey 2006, 6).[1]

Seit 1998 fanden im Kontext der auf den britischen Diskurs rekurrierenden Ideen, wie sie im Schröder-Blair Papier festgehalten sind (und bei heftigem Widerstand der Gewerkschaften und der politischen Öffentlichkeit) ebenfalls Reformen in Richtung einer aktivierenden Sozialpolitik statt. Der neoliberal inspirierte Slogan hieß/heißt: ‚Fordern und Fördern'. Dieser Slogan wurde zur Legitimation der Reformen der Arbeitsmarktpolitik genutzt, die ihren vorläufigen Höhepunkt in den Hartz-Gesetzen fanden (vgl. Dingeldey 2006, 7). Das Konzept des ‚aktivierenden Staates' wurde im Zusammenhang mit der Verwaltungsmodernisierung weitergeführt. Es sollte eine Aufgabenteilung zwischen Bürger und Leistungsempfänger geben, wobei Fragen der Gegenleistungen und Verantwortungsteilung geklärt (New Public Management) wurden: Bürger/inne/n sollte mehr zugetraut und zugemutet werden, indem man sie primär als Kunden versteht (vgl. Hombach 1999, 41-45).

Sowohl im Hinblick auf das normative Konzept des aktivierenden Wohlfahrtstaates als auch vor der Folie der Umsetzung der Arbeitsmarktpolitik sind für Dingeldey (2006, 8 f.) folgende Aspekte des aktivierenden wohlfahrtstaatlichen Paradigmas *problematisch*:

1. Ungeklärt bleibt, wie eine ausreichende Nachfrage nach Arbeitskraft geschaffen werden kann: Wozu, wofür sollen Arbeitslose bzw. Haupt- oder Förderschüler aktiviert werden, wenn ein Defizit der Nachfrage entsteht? Im politischen Diskurs herrscht das „Blame-the-Victim-Spiel", d. h., die Opfer werden zu Tätern umdefiniert, die entweder ‚umzuerziehen' bzw. ‚weiter auszubilden' sind oder eben aus der Solidargemeinschaft herausfallen. In dem Konzept des aktivierenden Staates könne das Problem der defizitären Arbeitskräftenachfrage (ebd. 2006, 8) vor allem hinsichtlich des Rückgangs der Arbeit im unteren Lohnsektor nicht gelöst werden.

2. Inklusion verfolgt konsequent das neue sozialstaatliche Ziel der Aktivierung und Befähigung eines jeden Menschen bzw. Bürgers. Damit ist jedoch implizit die Förderung der Universalisierung der Arbeitsmarktteilhabe (bspw. Arbeit auf dem ersten Arbeitsmarkt für alle benachteiligten und behinderten Menschen) verbunden. Dies erfordert, dass sich der aktivierende Staat als *Gewährleistungsstaat* (!) konstituiert. Kann der Staat diese Voraussetzung erfüllen, d.h. sozial- und steuerungspolitisch realisieren? Allein in der Arbeitsmarktpolitik erfordert die Gewährleistung der Arbeitsmarktteilhabe für alle Bürger/innen ne-

---

[1] Es täusche sich also bitte keine/r: Die schön verpackten Reden beispielsweise über (Schul-) Evaluation, die endlich nötig wäre, weil Pädagog/inn/en sich nicht ihrer ‚Verbindlichkeit' herzustellenden Tätigkeit bewusst genug wären – diese Forderungen finden ihren Ursprung schlicht vor allem *auch* in einer politisch gewünschten gesamtgesellschaftlichen Entwicklung, von der man viel sagen kann, nur nicht, ob sie in der Tat wünschbar ist und ob ihre propagierten positiven Effekte die negativen überwiegen werden.

ben der direkten Förderung oder Assistenz durch Beratung, Vermittlung, Unterstützung, Aus- und Weiterbildung usw. weitere aufeinander abgestimmte infrastrukturelle Dienstleistungsangebote und ein breites Umfeld der (Unter-)Stützung. Je nach Zielgruppe lässt sich die Liste der bereitzustellenden Dienstleistungen noch erweitern.

3. Nach Dingeldey (2006) muss ein aktivierender Staat bei einer konsequenten Umsetzung seiner Ziele als „employer of last resort" agieren, d. h. faktisch ein Recht auf Arbeit durch staatliche Beschäftigungsangebote gewähren. Aber die Förderangebote sind nur eine Seite der Medaille, da sie ja unweigerlich mit Forderungen gegenüber den Sozialstaatsbürgern verbunden sind, die zu tragen sicherlich die wenigsten bereit wären!

4. Um in der Tat die *Universalisierung* der Arbeitsmartteilhabe als sozialpolitische Norm zu etablieren, würde es notwendig sein, negativ konnotierte Interpretationen des aktivierenden Staates, wie Kürzung sozialer Leistungen, Ausweitung des Arbeitszwangs, Einschränkung sozialer Rechte usw. einzuführen (ebd.). Mittelfristig blieben restriktive Regulierungen nicht nur auf Arbeitslose, Sozialhilfeempfänger beschränkt, sondern würden sich auf andere Personengruppen ebenso beziehen. Dabei ist sicherlich zu denken an die Menschen, die sich in den Übergängen zwischen Beschäftigung und sozialstaatlich abgesicherter Nicht-Erwerbstätigkeit befinden, zwischen Bildung und Ausbildung, in Übergängen von Erwerbstätigkeit und Rente, in Phasen der Erwerbsfreistellung für Geburt und Kindererziehung. Denkbar wäre auch, dass hier die noch ‚zugesicherte' Rente für behinderte / benachteiligte Menschen, so sie auf dem ersten Arbeitsmarkt beschäftigt waren, vakant werden könnte.

Alles in allem ist das Konzept des aktivierenden Staates für Dingeldey (2006) ambivalent: Die Ausweitung befähigender Politikstrategien würden mit einer Ausweitung von Zwang und sozialer Kontrolle unauflösbar verbunden. Beide Elemente setzten letztlich einen Wandel von Steuerungsstrategien voraus. Darunter werden Prozesse verstanden wie Problemanalyse, Strategieentwicklung, Abstimmungs- und Kompromissfindung und im Grunde eine umfassende Kontrolle verschiedener Akteure auf verschiedenen politischen Ebenen, über verschiedene Handlungsebenen hinweg bis hin zu unterschiedlichen Evaluationen auf verschiedenen Ebenen zu ihrer Rückvermittlung (!) in einen politischen Prozess hinein. Dingeldey spricht daher nicht zu Unrecht von einer umfassenden und erfolgreichen Verwirklichung aller Ziele des aktivierenden Staates als „Ausweitung sozialstaatlicher Intervention" (ebd. 2006, 9). Es liegt die Vermutung nahe, das Label der Aktivierung werde genutzt, um *einseitige Leistungskürzungen* und die *Erhöhung des Arbeitszwangs* zu kaschieren, ohne dass ein umfassender Wandel in Richtung der Eigenverantwortung *und* (!) sozialstaatlicher Gewährleistungsverantwortung (Daseinsfürsorge) stattfindet.

Der aktivierende Wohlfahrtsstaat spricht die/den aktiven Bürger/in an, die/der ihr bzw. sein Leben ‚empowert', selbst gestalten kann, autonom ist – diese/r

Bürger/in existiert als Forderung im Konzept zur Erhöhung von Eigenverantwortung. Aber diese Forderung ist nur dann nicht blanker Zynismus, wenn eine sozialstaatliche Gewährleistungsverantwortung auch stattfindet! Am Beispiel des Gesundheitswesens lässt sich dieser Zynismus einsichtig machen: Prozesse der Ökonomisierung und Privatisierung stehen für die Entwicklung einer zunehmenden Mittelverknappung im Gesundheitswesen. Knappe Güter werden nach der Zahlungsfähigkeit der Empfänger vergeben. Wir haben es mit einem Prozess zu tun, der Menschen für ihre Gesundheitssicherung mehr und mehr selber verantwortlich zu machen sucht, sie in die Pflicht nehmen will. Dies ist die Idee der Eigenverantwortung – eine kompatible Idee, deren Nähe zu neoliberalen Positionen unschwer zu erkennen ist. Die Verbindung entfaltet eine große Kraft unter jenen, die progressive Leitbilder des gesundheitlichen Empowerment und die liberal-konservative Strömung (,fördern und fordern') integrieren wollen (vgl. Bauer 2006).

Diese Entwicklung wird im behindertenpädagogischen Bereich fast ausschließlich – und dies ist eine Gefahr – in ihren durchaus positiven Effekten für behinderte Menschen wahrgenommen. Denn tatsächlich wird z. B. der Versorgungssektor nicht emanzipatorischen, sondern Gewinninteressen untergeordnet. Für die Akteursebene bedeutet dies die Privatisierung von Gesundheit. Nicht die Einbeziehung eines aktiven Subjekts (Steigerung des Selbst-Managements) ist das Problem, sondern die Annahme, dass jede/r Nutzer/in über die individuellen oder sozialen Ressourcen oder ‚Selbstgestaltungsmöglichkeiten' ohne bzw. mit Unterstützung verfügen könne, um die erwarteten Selbst-Leistungen dann irgendwann zu erbringen. Dies ist insofern problematisch, wenn immer wieder ein Wandel von der gesundheitlichen Fremd- zur Selbstverantwortung *als universelle, alle gesellschaftlichen Gruppen gleichermaßen einbeziehender Wandel* verstanden werden soll (ebd. 20f). Übergangen wird damit, dass es sich hierbei um einen (universellen) Wandel der Patienten- zur ‚Kundenrolle' handelt. Die Ressourcen, die Kompetenzen, die dafür notwendig sind und zuweilen volltönend proklamiert werden, sind meist bei den mittleren und oberen Sozialmilieus durchaus voraussetzbar, aber nicht unbedingt bei den unterprivilegierten, ressourcenarmen Milieus, und dies auch nicht mit Unterstützung. Weiß (2000) konnte in Bezug auf Kinder in Armutslagen in seiner jüngsten Publikation eindrücklich aufzeigen, dass Probleme des eigenverantwortlichen Gesundheitshandelns hier zu verorten sind. Vernachlässigung der Bevölkerungsgruppen, die einen hohen Bedarf an begleitender Information, Beratung, Vorbeugung und Unterstützung haben, zeigen Prozesse der Erosion solidarischer Sicherungsprinzipien im Gesundheitswesen an. Ungleichheiten (ebd.) sind unmittelbar an die Nutzung des Versorgungssystems gekoppelt, denn eine unzureichende gesundheitliche Versorgung betrifft dabei vor allem sozial benachteiligte Bevölkerungsgruppen. Die Benachteiligungsproblematik wird dabei in doppelter Hinsicht zu einer Grundproblematik des Gesundheitswesens: zum einen weil die Erkrankungswahrscheinlichkeit (inkl. dem Schweregrad der Erkrankung) von

Faktoren gesellschaftlicher Ungleichverteilung direkt abhängig ist (vgl. hierzu Mielck 1998; Weiß 2000; Weiß 2001), da Ressourcenarmut und Ressourcenreichtum manifesten Einfluss auf den individuellen Gesundheitszustand und auf den Grad der Angewiesenheit auf Versorgungsleistungen besitzen. Zum anderen besteht die Bedeutung benachteiligender Lebensbedingungen in einer Verringerung des Selbsthilfepotentials der Betroffenen (Bauer 2006). Gesundheitsrisiken und die Fähigkeit, Erkrankungen und Schädigungen vorzubeugen, sie frühzeitig zu therapieren, zu bewältigen, sind sozial ungleich verteilt. Es sind vor allem diese Gruppen, die das größere Risiko tragen, zu erkranken, behindert zu sein, frühzeitig zu sterben (BMFSFJ 2002; Weiß 2000). Sie verfügen über nur eingeschränkte Möglichkeiten der Kontrolle ihrer Lebensumstände, haben geringe Einkommen und den niedrigsten Bildungsstand. Ihre Gestaltungsmöglichkeiten sind – absolut entgegen den von einer beispielsweise inklusiven Pädagogik in Aussicht gestellten und an den Maßstäben mittelstandssozialisierter Normalbiografien gemessenen Lebensstilen – gering bzw. deutlich anders gelagert (vgl. Hiller 1994a/b; Schroeder; Storz 1994; Jauch 2004). Mit diesem kritischen Einwand frage ich an, in wie weit eine Pädagogik der Vielfalt auf einen Begriff der Allgemeinbildung zurückgreift, der hinsichtlich seiner inhaltlichen Bestimmung doch an den Metaphern der Steigerung bzw. der ‚Vervollkommnung' des Einzelnen bzw. der Gattung orientiert bleibt?

Jauch (2004, 56) formuliert scharf: „Den als ‚Kunden' neukonzipierten Adressaten sozialer Dienste verheißen die angesprochenen Neuerungen eine Befreiung besonderer Weise. Signalisiert der Fachdiskurs mit der Formel Empowerment den Abschied vom Pauschalangebot, so lockt eine Vermarktung mit der Freiheit der Wahlmöglichkeit und der Einflussmacht der Nachfrager. Dass die in marktliberalen wie professionellen Selbstbestimmungsdiskursen präsente Chiffre des „Unternehmertums in eigener Sache (Selbstmanagements etc.) auf fruchtbaren Boden fällt, zeigt sich in den Hoffnungen, die Betroffene in Assistenzmodelle und persönliche Budgets setzen ... Hieran teilzuhaben ist ernsthaft niemand zu verwehren." (ebd.) Die Freiheiten des Marktes haben jedoch Widersprüche, die sich nicht verflüchtigen lassen: Asymmetrie in klassischen Helfer-Klienten-Beziehungen entschärfen oder beseitigen sich nicht durch Transformation in Kunden-Lieferanten-Beziehungen und die Träger werden – so vermutet Jauch – auch in Zukunft Niveau und Gestalt des Leistungsangebotes maßgeblich bestimmen.

Überflüssig werden

Was fällt ins Auge? Reale Verhältnisse in unserer Gesellschaft sind entschieden anders gestrickt, als dass sie sich durch eine auf Zeit gestellte Inklusion in Schulen für alle Ausgrenzungsprozesse ‚aufheben' könnten. Ausgrenzung ist ein prozesshaftes Geschehen und bemisst sich weniger denn je als ein Ort außerhalb der

Gesellschaft, sondern an den Normen und materiellen Möglichkeiten einer Gesellschaft, die allen Menschen ein Mindestmaß an gleichen Lebenschancen verspricht, dieses Versprechen aber immer weniger einlösen kann. Weder Ausgrenzung noch Inklusion können als klar definierte Zustände gedacht werden, vielmehr werden sie täglich von Menschen, Systemen, Institutionen und in Interaktionen und Beziehungsstrukturen hergestellt und verändert. In einem kapitalistischen Gesellschaftssystem kommt aber dem ökonomischen System (Arbeitsmarkt) nach wie vor eine große bzw. zentrale Bedeutung zu, denn es beeinflusst entscheidend über Interdependenzketten das Schicksal des Individuums in seinen anderen zentralen Teilbereichen des Lebens wie soziale Interaktion, Wohnen, Freizeit, usw. Im Zuge der Globalisierung wird die soziale Unsicherheit, die Orientierungslosigkeit größer und die Unbeeinflussbarkeit von ökonomischen Entwicklungen erzeugt bei den Jugendlichen das Gefühl, als politische/r Bürger/in nur noch wenig zur eigenen sozialen Sicherung und zur Entwicklungsrichtung der Gesellschaft beitragen zu können. Wenn die Orientierung auf den Arbeitsmarkt und die sozialen Unterstützungsmöglichkeiten sowie die Netzwerke häufig enttäuscht worden sind, geht bei den Jugendlichen das Selbstwertgefühl und das Gefühl der Zugehörigkeit verloren. Kronauer u. a. (1993) sprechen hier von einer ‚inneren Kündigung' gegenüber der Gesellschaft, deren Folge sei, dass Normen der Gesellschaft keine Geltung mehr hätten. Wer studieren will, was das konkret heißen kann, der hatte Gelegenheit dazu anhand der Gewalt-Eskalation an der Berliner Rütli-Hauptschule. Ob den Jugendlichen der Berliner Rütli-Hauptschule geholfen ist durch eine so genannte ‚Schulreform' (Zusammenschluss von Haupt- und Realschule) oder ob sie nicht doch dauerhaft eine berufsbezogene Perspektive benötigen, die über den Schulalltag hinaus Möglichkeiten des Managements des eigenen Lebens in der Lage ist aufzuzeigen, dies wird sich erweisen müssen.

Die Unsicherheit der Jugendlichen ist keine unerwünschte Folge der unsteten Märkte (vgl. Sennett 1998). Die Nettoeinkommen der privaten Haushalte zeigen doch auf, wovon abhängt, wer wie an den materiellen und kulturellen Gütern einer Gesellschaft teilnehmen kann. Heitmeyer (2005, 2) bemisst an ihnen den Integrationsgrad einer Gesellschaft und warnt vor ihrer Unterschätzung in der Wahrnehmung und Einschätzung der Bevölkerung: In Westdeutschland hat das Nettovermögen im reichsten Viertel seit 1993 um 27,5 Prozent zugenommen, im ärmsten Viertel nahm es um fast 50 Prozent ab; in Ostdeutschland nimmt es im reichsten Viertel um fast 86 Prozent zu und im ärmsten Viertel um 21 Prozent ab. Nach Heitmeyer (2005, 2) gibt es immer mehr Belege für Spaltungsprozesse und Polarisierung innerhalb der Gesellschaft, d. h. ökonomische Umverteilungen von unten nach oben, Entfernungen von Überflüssigen aus dem öffentlichen Bereichen, Generalverdächtigungen gegenüber den Lebensstilen oder religiösen Überzeugungen ganzer Gruppen (Muslime, Punks, Obdachlose usw.). Zum Teil werden Gruppen gegen andere instrumentalisiert oder als Bedrohungspotenzial hingestellt. Die Situation schwacher Gruppen gar nicht erst zu thematisieren, damit sie aus der öffentlichen Wahrnehmung und Diskussion ausgeschlossen, ‚vergessen' sind, ist eine andere Möglichkeit. Es droht die Gefahr, dass sich die Ungleichwertigkeit von Gruppen und einzelnen Menschen, die ihnen angehören, verschärft. 91 Prozent in einer repräsentativen Umfrage des Bielefelder Forschers sind davon überzeugt, dass die Reichen immer reicher und die Armen immer ärmer werden. Dass bei uns immer mehr Menschen an den Rand gedrängt werden, registrieren 85 Prozent.

Die Angst, selbst arbeitslos zu werden, verbindet sich zunehmend mit dem Verlust von Anerkennung am Arbeitsplatz wie im privaten Alltag. „Die Ergebnisse zeigen deutlich, dass mit wahrgenommenen Spaltungsprozessen auch Abwertungen und feindselige Einstellungen gegenüber Zugewanderten und Menschen mit fremder Religion sowie das Einklagen von Etabliertenvorrechten einhergehen. In desintegrationsgefährdeten Gruppen wirkt die wahrgenommene soziale Spaltung geradezu als Verstärker für menschenfeindliche Abwertungen. Es geht dann um alles, die Aufwertung der Eigengruppe dient dazu, sich nicht selbst am unteren Rand der Gesellschaft verorten zu müssen" (Heitmeyer 2004, 3).

Mit Sennett sind diese Entwicklungen in den neuen, überwältigenden Kapitalismus einprogrammiert. Heitmeyer schreibt dazu (2005, 2): „Die erreichten Kontrollgewinne des Kapitals gegenüber Politik führen dazu, dass die eigenen Logiken und Maßstäbe – ohne wirksame Gegenkräfte – autoritär gegen die Gesellschaft in Stellung gebracht werden können. Unsicherheit und Angst ‚unten' werden als unausweichlicher Systemzwang dargestellt. Eine losgelöste Moral bei den Eliten ‚oben' dient so dazu, die Bevölkerung einzuschüchtern. Konkurrenz wird als Naturgesetz plakatiert, Effizienz wird auch als Mechanismus der sozialen Desintegration einkalkuliert."

Mit anderen Worten, es geht um zunehmende Zustände gesellschaftlicher Anomie, die, folgt man etwa Heitmeyer und Sennett, im Verlauf von Modernisierungsprozessen in neuer Form und mit ungeahnter Schärfe hervorgetreten ist. Man schaue sich nur seit den 1990er Jahren die Veränderungsprozesse vor allen Dingen im neuen Osten der Republik an: die Gettoisierung des ländlichen Raums (vgl. Willisch 1999). Vogel (2000) formuliert pointiert, dass gleichzeitig ein Ansteigen des Prestiges der Erwerbsarbeit verzeichnet werden könne, denn wer nicht erwerbstätig sei, der sei ein Nichts. Dies gelte für Arbeitslose genauso wie für die, die sich aufgrund von familiären Bindungen oder auch aus gesundheitlichen Gründen nicht am Erwerbsleben beteiligen könnten. „Machen wir uns nichts vor: Frauen bringt Kindererziehung keine soziale Anerkennung ein und Männer, die hauptberuflich Hausmann sind, werden in den Augen der Öffentlichkeit eher belächelt als anerkannt. Alle Sonntagsreden von der geteilten Elternverantwortung helfen da nichts, weil die Zeiten der totalen Erwerbsarbeitsfixierung angebrochen sind" (Vogel 2000, 363). Diese Veränderung veranlasst Dahrendorf (vgl. 2000, 1065) zu der Diagnose, dass überall in den Gesellschaften der Weg von ständischen zu vertraglichen Bindungen sich abzeichnet. Der

Arbeitsvertrag wäre die fast einzige noch übrig gebliebene Methode, um dem Leben von Menschen Struktur zu geben. Aber in dem Maße, in dem das nicht mehr die Regel, ja bei vielen nicht mehr die Lebenserfahrung ist, entstehe eine Leere. Denn dauerhafter Erwerbsarbeit kommt auf allen Ebenen des gesellschaftlichen Zusammenlebens eine Integrationsmacht zu. Aber es ist gerade *diese* Fixierung, die den Status der Erwerbslosen so prekär macht: Entzug sozialer Aufmerksamkeit, drohende materielle Not, herausfallen aus den sozialen Netzen, Abstieg, Deprivation. Es geht darum, nicht mithalten zu können, überflüssig zu sein. Bourdieu bezeichnete diesen Umstand als ‚sozialen Tod' durch Arbeitslosigkeit (vgl. Vogel 2000). Ausgrenzung ist hier ein mehrdimensionaler Prozess.

Derzeit sind in Deutschland ca. 5 Millionen Menschen ‚geringfügig beschäftigt' und ca. 0,8 Millionen Menschen so genannte ‚Leiharbeiter'. Dahrendorf bezeichnet diese Gruppe als „modernisierungsbedroht". Als deutliche „Modernisierungsverlierer" sind ca. 1 Million dauerarbeitslose Menschen und eine ‚stille Reserve' von ca. 3-5 Millionen Arbeitslosen zu begreifen. Die Modernisierungsausgesparten haben üblicherweise einen wenig gesicherten Arbeitsplatz mit mehr oder weniger prekären Arbeitsbedingungen. Die Branchen und Betriebsbereiche, in denen sie tätig sind, kennzeichnet ein hoher Anteil einfacher manueller Bedienungs- und Montage-Arbeit. Es sind überwiegend Männersektoren (z. B. Automobilbau) bzw. Frauensektoren (Dienstleistungsgewerbe). Nach Schumann (2002, 8) sehen sich diese Erwerbstätigen in Service, Verkauf und Verwaltung hohen Leistungsanforderungen ausgesetzt bei inhaltsentleerten, gering qualifizierten, unselbständigen Arbeiten und oft noch wachsender Beschäftigungsgefährdung. Ihr Dilemma sei altbekannt und ihre Situation gekennzeichnet durch hohe Unsicherheit und Leid: fachlich unterfordert, physisch und / oder psychisch überfordert, mit geringer Arbeitsmarktkraft.

Die *Modernisierungsbedrohten* sind die Prekär-Beschäftigten, also jene befristet Beschäftigten, die als Leih- oder Zeitarbeiter/innen im Dienstleistungssektor oder Industriesektor arbeiten. Niedriglohn und Niedrigqualifikation kennzeichnen ihre Situation (Schumann 2002). Hierzu zählen eine ständig wachsende Zahl von Menschen, die zwar arbeiten, aber dennoch im innerhalb der Armutsgrenzen leben. Sie haben auszukommen mit einem Minimum an monetären Möglichkeiten, um ihren alltäglichen Bedarf zu bestreiten. Ihre Situation im Alter ist völlig ungeklärt, d. h., bereits jetzt ist absehbar, dass sie zu der großen Schar derjenigen zählen werden, die von Armut im Alter bedroht werden. Wer seine Situation nicht als Zwischenetappe begreifen kann, bewegt sich auf einer beruflichen Abstiegsspirale. Ihre Situation als ‚Jobhopping' zu bezeichnen und dies als Ausdruck von Freiheit und Flexibilität zu kennzeichnen, wäre purer Zynismus. Der Mangel an einer dauerhaften Beschäftigung, die gesucht wird, erfordert ein solches Verhalten. Die Instabilität ihrer Arbeit zwingt ihnen eine Lebenssituation auf, die von einem Höchstmaß an Unsicherheit gekennzeichnet ist (Schumann 2002, 9).

Die *Modernisierungsverlierer*, also jene, die nicht einmal mehr eine Chance haben, lassen sich nach Schumann in der Kategorie von Arbeit / Beschäftigung nur noch negativ fassen (ebd. 2002, 9). Es sind zumeist unfreiwillig ausgegrenzte, arbeitslose Menschen. Meist redet man hier von abgebrochenen Schulkarrieristen oder von so genannten überalterten Arbeitern, aber es sind mittlerweile nach Schumann (2002, 9) auch ehemalige Angestellte, Höherqualifizierte und kleinere Selbständige und von den Freisetzungen aus Wirtschaft und Verwaltung betroffene Menschen. Eine große Zahl der kaum/nicht zu vermittelnden Abgänger/innen der Haupt- und Förderschulen sind ebenso vom Arbeitsmarkt ausgeschlossen. Sie können zum Teil allenfalls in den immer geringer werdenden Arbeitsplätzen im untersten Lohnsektor Arbeit finden.

Es ist zu fragen, ob wir nicht realisieren müssen, dass viele Jugendliche, aufgrund der gesteigerten Anforderungen von Wettbewerb und Konkurrenz sowie des Rückgangs der Beschäftigungsmöglichkeiten im unteren Lohnsektor, keinen Platz mehr im Erwerbsleben finden. Es handelt sich bei ihnen nicht um Erwerbsunfähige, behinderte Menschen oder so genannte ‚Sozialfälle', sondern um die Vielen, die Donzelot (1994) als ‚unnütze Normale' bezeichnet hat und Castel (2000) als ‚Überflüssige' kennzeichnet. Sobald eine Nichtbeteiligung am Erwerbsleben in Aussicht steht, sobald überdeutlich wird, dass die Perspektive für einen Jugendlichen die ist, dass sie/er zu den ‚Überflüssigen' inmitten einer Überflussgesellschaft (vgl. Vogel 2001) gehört, wird Unordnung, Verbrechen, Verfall, Gewalt, Rebellion, Renitenz, aber vor allem Desintegration um sich greifen: Angst vor Arbeitslosigkeit, Befürchtungen eines niedrigen Lebensstandards, negative Zukunftserwartungen. Die Menschen wissen nicht mehr, was los ist, was sie tun sollen, wo sie stehen (Heitmeyer 2005). Diese Angst vor dem sozialen Abstieg betrifft nicht nur die Jugendlichen, sondern auch die mittleren und gehobenen Soziallagen, also die, die noch mehr zu verlieren haben – forciert durch ‚Hartz IV' – als Ausdruck massiver sozialer Abstiegsgefahr. Nach Heitmeyer vertraten 2005 ca. 87 Prozent der Befragten die Auffassung, dass die Gesellschaft auseinander falle. Zwischen 2002 und 2005 ist der Zweifel an der Solidarität mit Hilfsbedürftigen spürbar gewachsen. Auch die Zweifel daran, dass Menschen bei uns fair miteinander umgehen, stiegen bemerkenswert auf über 70 Prozent an. Und dass der Wohlstand gerecht verteilt sei, bezweifeln 87 Prozent. Grundprinzipien einer integrationsfähigen Gesellschaft wie Solidarität, Fairness und Gerechtigkeit scheinen daher zur Disposition zu stehen (vgl. Heitmeyer 2005). Nach Heitmeyer spiegelt sich in solchen Ergebnissen nicht etwa, dass wir einer vermehrten Anstrengung bedürfen, möglichst frühzeitig mit Inklusion in den Schulen zu beginnen. Sein Befund ist eindeutig: ein derart überwältigender Kapitalismus sei nicht in der Lage, soziale Integration zu sichern, geschweige denn soziale Kohäsion zu erzeugen. Aber dies sind wesentliche Voraussetzungen dafür, dass Mehrheiten und Minderheiten, mit ihren starken und schwachen Gruppen, friedlich zusammenleben, dass überhaupt Integrationsprozesse stattfinden können.

Offene Fragen

Schule und das Ausbildungssystem sind im Grunde nur bedingt in der Lage, auf die Tatsache, dass die Gesellschaft in sehr unterschiedliche soziale Lagen und Milieus zersplittert ist, zu reagieren. Noch viel weniger sind sie in der Lage, auf das milieuspezifische Gewordensein (Habitus) in der Weise sich zu verhalten, dass Kinder und Jugendliche wirklich damit umgehen und für ihre Zukunft lernen können. Als eine Ursache mag die permanente Blindheit vor der sozialen Ungleichheit gelten, die dauerhaft mit dem (idealistisch-präformierten) Bildungsideal (Stinkes 2005) der formalen Gleichheit aller und den Metaphern der individuellen Vervollkommnung der/des Einzelnen operiert. Als eine Konsequenz daraus kann man die Permanenz des Insistierens auf individuelle Förderpläne lesen wollen, deren innere Logik einzig und allein nur einen Unterschied kennt: die Ungleichheit der Begabung. Kinder und Jugendlichen aus den prekären sozialen Lagen finden sich in den Hauptschulen und Förderschulen bzw. Schulen für Erziehungshilfe. Sie durchlaufen einen Bildungs- und Ausbildungsweg, der permanent an ihren sozial präformierten individuellen Begabungen ansetzt, aber die Augen verschließt vor ihren sozialen Umständen, denen zu entkommen ihnen auch kein individueller Förderplan und kein gemeinsames Lernen am gemeinsamen Gegenstand helfen. Ihre Zukunft sieht in der Regel so aus, dass sie sich einstellen müssen mit ihren Bildungszertifikaten der Haupt- oder Förder- bzw. Erziehungshilfeschule auf eine Abfolge unterschiedlicher Tätigkeiten auf dem Arbeitsmarkt, auf verschiedene Einkommensquellen und auf unstete Formen von Einkünften und damit auf die Brüchigkeit der zeitlichen Strukturierung des eigenen Lebens, der subjektiven Sinnstrukturierung und der sozialen Anerkennung (Bourdieu 1997).

Jauch macht deutlich (2005), dass wir meistens so tun – und dies vor allem in der Schule –, als wäre für die meisten Schüler/innen viel mehr drin: Vorbereitung auf einen normalbiografischen Weg, von dem wir eigentlich von vornherein wissen müssten, dass dieser in den meisten Fällen eine Illusion sei. Dies liegt sicher auch darin begründet, dass die Jugendlichen nicht nur durch die Orientierung an den Werten der ‚Subkultur des Quartiers' (Dangschat 2000), sondern auch an ihren Bildungszertifikaten scheitern: Ihr ‚kulturelles Kapital' können sie im Lebens-Spiel nicht einsetzen, denn es lässt sich kaum umwandeln als Tauschwert auf dem Arbeitsmarkt (vgl. Bourdieu 1992). Jugendliche sind sich bewusst, dass ihre Chancen nicht gleich sind im Arbeits- und Wohnungsmarkt (Kohorteneffekt) – gleichzeitig sollen sie der Gesellschaft ihre Fähigkeiten zeigen, diese progressiv anbieten, wobei sie gleichzeitig von eben dieser Gesellschaft abgewiesen werden. Dieser Prozess überfordert viele Jugendliche in dem Prozess der Identitätsfindung (vgl. Dangschat 1998, 131). Die meisten Jugendlichen werden sich auf ein Leben als Provisorium einrichten müssen und zwar hinsichtlich ihrer Arbeit wie auch ihres Privatlebens. „Der Weg in und durch die berufliche Bildung ist für Abgänger der Förderschulen ein besonderer. Es ist ein

Weg, der ihnen formal Integration in ein berufliches Dasein und in auskömmliche Arbeit verspricht, aber faktisch für viele nur eine Verlängerung von Ausgrenzungserfahrungen liefert und meist in Zonen von Arbeit und Leben führt, die mit hochfliegenden Träumen und Verheißungen wenig zu tun haben. Die nachschulischen Wege führen die meisten dieser Jugendlichen seit langem und recht zielsicher – wenn überhaupt (man denke hier etwa an die Caring-Karrieren vieler Frauen) – in randständige und mit prekären Beschäftigungsbedingungen behaftete Arbeitsmarktsegmente" (Jauch 2005).

Die Jugendlichen durchlaufen häufig mehrere Maßnahmestationen und gelangen dann trotzdem in keine stabile Beschäftigung. Auch in den traditionell kleinen Segmenten im unteren Lohnsektor in Handwerk, Landwirtschaft und Hauswirtschaft, die ihnen (wenn überhaupt) noch zugänglich sind, werden sie enttäuscht (Jauch 2005). Denn dieser Berufs- und Tätigkeitsbereiche zeichnen sich heutzutage durch eine sehr geringe Beschäftigungsstabilität aus, zumal sie statt zu wachsen, eher schrumpfen, wodurch die Anteile diskontinuierlicher Erwerbstätigkeit deutlich steigen (Jauch 2005; Solga 2002, 2003). Da Niedriglöhne nicht mehr Beschäftigung erzeugen (vgl. Grunert 2003), sondern allenfalls Folgeprobleme nach sich ziehen wie atypische Beschäftigungsverhältnisse, brechen gerade die Beschäftigungsmöglichkeiten im Niedriglohnsektor weg.

Zu realisieren gilt auch, dass sich bereits über 50 Prozent der Niedriglohnarbeiter/innen innerhalb der Sparten Hilfsarbeit in der Landwirtschaft, Floristin, Aufseherin, Friseurin, Glas- und Gebäudereinigerin, Assistentin im Kindergarten usw. *trotz* Vollzeit-Erwerbseinkommen im Armutslohn-Bereich befinden (vgl. Schäfer 2003). 70 Prozent der Un- und Angelerntentätigkeiten werden von Abgängern der Haupt- und Förderschülern belegt. In diesem nachweislich schrumpfenden Segment befinden sich eben auch jene, die Sonderausbildungen durchlaufen haben; aber zunehmend mehr solche, die höher qualifiziert sind. Förderschüler bewegen sich hinsichtlich ihrer Erwerbs-Verdienste im Niedrig- und Armutslohnbereich (vgl. Bispink, Kirsch, Schäfer 2003), was kaum dazu taugt, sich gegen Risiken abzusichern, um sich dann noch eine Lebensführung anzueignen, die irgendwie mit Kriterien bürgerlicher Vorstellung überein gehen. Es ist, so Jauch (2005) daher in der Tat wenig sinnvoll, nach der Schule noch einmal zur Schule zu gehen, damit sich Ausbildungsreife hebe, nur damit man dann doch tue, was andere tun, die nach der Schulpflicht gleich irgendeinen Job annehmen.

Was ist nun zu folgern? Weiterhin eine Gettoisierung, eine Separierung innerhalb des dreigliederigen Schulsystems oder Inklusion? Können die Haupt-, Förder- und Erziehungshilfeschule die Erwartungen einlösen, die an sie gestellt sind? Aber welche Erwartungen werden gestellt: auf Allgemeinbildung, auf kompensatorische oder optimale Leistungsförderung, auf Teilhabe, auf individuelle Förderung zum Zweck der Vervollkommnung, der Höherbildung, des ‚Weiter', ‚Besser', ‚Inkludierter' ...? Sicher ist nur dies: Weder die Gettoisierung, die Separierung noch eine integrative Schule können derzeit wirklich befriedigende Lösungen für die gegenwärtige und zukünftige Situation von soziokulturell benachteiligten Kindern und Jugendlichen bieten.

Integration – Inklusion

In letzter Zeit (seit ca. 2000) wird in der Sonderpädagogik der Begriff der ‚Inklusion' zusätzlich zum Begriff der ‚Integration' genutzt (vgl. Biewer 2000; Boban 2000; Hinz 2000). Seine Verbreitung erfolgte in der Fachöffentlichkeit sehr rasch (vgl. Begemann 2002; Feuser 2002; Reiser 2003; Sander 2003).[1] Hinz bezeichnet Inklusion „... als theoretischen Reflex eines geschärften Focus angesichts einer konzeptionell verflachten und zunehmend problematischen Praxisentwicklung" von Integration (Hinz 2000b, 230). Es geht ihm und anderen Inklusionsbefürworter/inne/n (Boban 2000; Sander 2006; Hinz 2004 u. a.) vor allem um eine Vertiefung des Integrationsgedankens, um ‚Fehlformen' der Integration zu vermeiden. Der am häufigsten beschriebene Mangel in der Praxis von Integration bestehe in einem Verständnis von Integration als organisatorischer, additiver Maßnahme, die im Grunde an der schulischen und außer- wie nachschulischen Lebenswelt aller Kinder und Jugendlichen nichts ändere. Beobachtbar ist diese Entwicklung beispielsweise an den zwar in bester bildungspolitischer und pädagogischer Absicht eingerichteten so genannten ‚Außenklassen' in Baden-Württemberg. Die Rahmenbedingungen für diese Außenklassen sind so aufgestellt, dass Integration als bloßes Additum eines ansonsten unveränderten Unterrichtsgeschehens erscheint. Boban und Hinz (2000, 244f) zählen viele weitere Beispiele für solche Fehlentwicklungen der Integration auf und man könnte schlussfolgern, dass sie diese ‚Misere' als Fehlen eines neuen Zielbegriffs deuten, d. h. um die Qualität der Integration zu sichern, müsse diese optimiert werden: Inklusion als optimierte Integration. Dazu Reiser: „Der Wechsel des Zielbegriffs (Inklusion statt Integration) hat den Hintergrund, dass die mit dem alten Begriff verbundene Praxis defizitär geworden ist. Die visionäre Kraft des Begriffs Integration scheint abgenutzt" (2003, 308). Hier wird argumentiert (vgl. Hinz 2002, 354f; Reiser 2003, 308; Sander 2003, 316f), dass die Integration in Deutschland insgesamt in einen Prozess des Stockens geraten sei, weil Integrati-

---

[1] Sander (vgl. 2002) hat die Herkunft und die unterschiedlichen Lesarten des Begriffs Inklusion herausgearbeitet: Während im kanadisch-französischen Raum inclusion mit ‚intégration' übersetzt wird, ist in der deutschsprachigen Fassung der vielzitierten Salamanca-Erklärung von 1996 (Begemann 2002; 2003; Feuser 2002; Reiser 2003; Sander 2003) inclusion meistens mit Integration übersetzt. Sander weist darauf hin, dass die englische Version (Salamanca-Statement 1994) von Inklusion rede, aber keine präzise Definition liefere. Daher kommt in der deutschsprachigen Fassung dieses Dokuments das Wort Inklusion nicht vor. Im weiteren Verlauf der Darstellung zur Herkunft des Begriffs positioniert sich Sander – unter Bezugnahme auf die Ausführungen zu diesem Themenkomplex von Hinz (2000a/b) – deutlich pro Inklusion.

on als sonderpädagogische Veranstaltung unterschiedliche Formen der Förderung zulasse und sich von totaler Integration mithin abgrenze (vgl. Hinz 2003, 332 f.) Eine richtig verstandene Inklusionspädagogik könne sich nicht auf die Einbeziehung der behinderten Kinder beschränken und lehne im Gegensatz dazu als *Querschnittsfach* der *Erziehungswissenschaft* alle Formen strukturell organisierter und durchgesetzter Separierung ab und entspreche daher der *totalen* oder uneingeschränkten, konsequenten Integration (ebd., 333) „Das Leitprinzip, das diesem Rahmen zugrunde liegt, besagt, dass Schulen alle Kinder, unabhängig von ihren physischen, intellektuellen, sozialen, emotionalen, sprachlichen oder auch anderen Fähigkeiten aufnehmen sollen. Das soll behinderte und begabte Kinder einschließen, Kinder von entlegenen oder nomadischen Völkern, von sprachlichen, kulturellen oder ethnischen Minoritäten sowie Kinder von anders benachteiligten Randgruppen oder -gebieten" (Salamanca-Erklärung 1996, 14).

Boban und Hinz deuten nun diese Passage der Salamanca-Erklärung als Erweiterung über die bisherige Integrationspädagogik. Diese wäre von einer Zwei-Gruppen-Theorie ausgegangen – es gibt nichtbehinderte und behinderte Kinder –; hingegen beinhalte das Inklusionskonzept eine „...systemische Sichtweise, die in Klassen der allgemeinen Schule *eine* heterogene Lerngruppe vorfindet, die aus diversen Mehrheiten und Minderheiten besteht – unter sprachlichen, ethnischen, religiösen, sozialen, lebensweltlichen, geschlechterrollen-, behinderungsbezogenen und anderen Gesichtspunkten..." (Boban / Hinz 2000, 133).

Nach Hinz soll diese Diskussion zwar theoretisch nichts Neues bringen, aber für praktische Veränderungen zwingend notwendig sein, da sich eine Umbruchsituation für behinderte Menschen *im Ganzen* abzeichnen würde. Seine Idee ist, dass es in der Entwicklungsgeschichte von Unterstützungssystemen nach einer Phase der Institutionsreform eine Phase der De-Institutionalisierung gibt, in der man behinderte und benachteiligte Menschen als Kund/inn/en auch außerhalb von Institutionen optimal fördert. An diese Phase soll sich die Phase des Lebens mit *Unterstützung* anschließen, in der man nicht auf Kund/inn/en, sondern auf *Bürger/innen* trifft, die eine Umgestaltung der Umwelt im Sinn einer inklusiven Gesellschaft anstrebt, die Bürgerrechte aller ihrer Bürger respektiert und zu Realisierungen hilft. Bedeutsam ist also hier der Kontext, die Stoßrichtung für Hinz, insofern er von einer umfassenden Umbruchsituation im Sinne der Bewegung der Inklusion im schulischen wie außerschulischen Sinn spricht.

Wie immer sich dieser Diskurs bei den Integrations- und Inklusionsbefürworter/inne/n auch weiter gestalten wird, hinsichtlich der Frage danach, wie sich die Integrationspraxis in der BRD konzeptionell und länderbezogen faktisch derzeit darstellt, teile ich Hinz' Einschätzung nicht, die einem Aufbau von Strohpuppen ähnelt zum Zweck des besseren Verkaufs der eigenen Argumente. Es werden sorgfältige Analysen notwendig sein, um die Frage zu beantworten, ob überhaupt (!) und unter welchen länderspezifischen Bedingungen die konkrete Integrationspraxis ins ‚Stocken' geraten sein soll. Mit Preuss-Lausitz formuliert: „Andreas Hinz aber behauptet, die ‚Praxis der Integration' sei ‚individuumzentriert', die Inklusion aber ‚systemisch'; integrative Praxis sei ‚fixiert auf die administrative Ebene', die ‚Inklusion' aber beachte die ‚emotionalen, sozialen und unterrichtlichen Ebenen'; Integration setzte auf ‚Kontrolle durch ExpertInnen', Inklusion auf ‚kollegiales Problemlösen im Team'; Integration betreibe ‚spezielle Förderung für Kinder mit Behinderung', die Inklusion aber ‚gemeinsames und individuelles Lernen für alle' (Hinz 2003, 331; 2004, 45f.). Empirisch behauptet Hinz absurde Gegensätze, belegen kann er sie nicht. Sie stellen eine Abwertung der bisherigen integrationspädagogischen Praxis dar, damit der neue Begriff als das Ensemble aller guten Pädagogik umso heller strahle" (Preuss-Lausitz 2005, 76 f.).

Die Diskussion um Inklusion trägt hinsichtlich der Art und Weise, wie sie geführt wird, verengte ‚professionsspezifische' Züge: So erfreulich sein mag, dass im Zuge der Präzisierung des Inklusionsbegriffs jenseits der ‚Behinderung' immerhin u. a. ‚Benachteiligung' als Lebenslagenproblematik in den Fokus integrativer Bemühungen erscheint, so erschreckend naiv wirkt diese Wahrnehmung: als könne man Probleme der Ausgrenzung behinderter und benachteiligter Menschen und des ‚Überflüssigwerdens' der Gesellschaft durch Inklusion zukünftig und auf Dauer gestellt dadurch ‚aufheben', dass alle an allem teilhaben – als gute Bürgerinnen und Bürger, indem begonnen wird mit dem Besuch einer Schule für alle. Das mag ein möglicher Ansatz sein, aber problematisiert er die soziale Geltung der Bildungszertifikate im Kontext veränderter ökonomischer Entwicklungen eines aktivierenden Wohlfahrtsstaates, der kaum Gewährleistungsverpflichtungen übernimmt, wie z.B. eine Daseinsfürsorge bei Nicht-Vollerwerbstätigkeit (Grundabsicherung für jede/n Bürger/in)?

Kinder und Jugendliche haben ein Recht darauf, von Bildung und Ausbildung Antworten zu erhalten auf die Not und die Nötigung, das Leben führen zu müssen. Nicht mehr, nicht weniger. Ausgangspunkt sind sie, ihre Lebenssituation, ihre Lebenswelt. Lebensverläufe soziokulturell benachteiligter Jugendlicher zeigen immer wieder, dass hier Brüche auftreten, dass das Bild eines harmonischen, kontinuierlichen Lebensverlaufs grundsätzlich in Frage steht. Diese teils selbst inszenierten bzw. vom Leben ‚zugeführten' Bruchstellen können sich verschärfen, da ihnen häufig der familiäre Hintergrund und ein stabiles Netz fehlen, welche helfen, diese Bruchstellen zu ‚kitten'. Schule, die sich an bürgerlich orientierten Lebensstilen ausrichtet und dabei die besondere Problemlage der soziokulturell benachteiligten Jugendlichen nicht beachtet, macht sich nicht radikal genug klar, wie weit sie von der Lebenswelt der Schüler/innen entfernt ihre Zielstellungen bestimmt und unter Umständen ihre individuellen Förderpläne ausrichtet.

Das klassische Bildungsverständnis hat leider ausschließlich einen ‚perfekten Menschen', also einen nicht auf andere angewiesenen oder von anderen abhängigen, sondern einen rationalen, selbstbestimmten, starken, eigenständigen Menschen vor Augen. Metaphern der Steigerung, Muster der Effizienz, der Höherentwicklung und Vervollkommnung des einzelnen Menschen und der Gattung sind hier leitend. Nach diesem Verständnis ist der Mensch prinzipiell einer, der sein Leben selber gestalten kann. Diese ‚mutige' Formel übersieht die Angewiesenheit, die Eingebundenheit in soziale Verhältnisse, in denen Menschen leben. Von Erziehung und Bildung wird dann erwartet, dass der Selbstgestaltungsprozess fast alles ermöglicht: Inklusion, Teilhabe, unbegrenzte Kompetenzentwicklung. Wenn man die durchaus positiven Entwicklungen der letzten Jahre zur individuellen Förderung, Lebensplanung und Schulentwicklung, Evaluation und Diskussion um Bildungsstandards im Sonderschulbereich (SfG/Förder-schule)[1] einmal bewusst ‚gegen den Strich' auch negativ lesen will, dann könnte der Eindruck entstehen, als wäre die Pädagogik eine ‚olympische Disziplin' des ‚Weiter, Höher, Besser' im Sinne einer allumfassenden ‚individuellen (bzw. systemorientierten) Kompetenzsteigerung'. Mit diesem (beinahe ‚klassischen') Verständnis zielt Bildung auf ein Muster der Vervollkommnung, das in der Pädagogik (alt)bekannt ist, jedoch nicht mehr in die heutige Zeit passt.

Die Grundfrage lautet für die *Pädagogik*: Welche Bildung brauchen Kinder und Jugendliche? Es gibt keine Bildung*en*. Wir benötigen eine Reflexion, die keinen Reflex auf eine besondere Gruppierung darstellt und ihre besondere Lebenssituation, sondern eine Grundsatzdiskussion, die willens ist, von den Verhältnissen der Kinder und Jugendlichen auszugehen und anzielt, dass diese lernen, sich zu den (schwierigen) Verhältnissen in ein Verhältnis setzen zu können, das ihnen erlaubt, ihr Leben zu leben. Wir brauchen einen *veränderten Bildungsbegriff*, der als Ausgangspunkt für alle Menschen Begrenztheit, Abhängigkeit bzw. Angewiesenheit von den Verhältnissen in denen wir leben anerkennt.[2] Nur in Ab-

---

[1] Ich beziehe mich hier auf die Anstrengungen in Baden-Württemberg zur Schulentwicklung.
[2] Wir brauchen das Bewusstsein, dass Abhängigkeit eine Würde ist und kein Makel, für den man sich schämen muss. Richard Sennett (2002) weist zu Recht darauf hin, dass der Glaube, Abhängigkeit sei demütigend, aus dem Kanon liberaler Gedanken über das Erwachsensein stammt. Als Ursache für den unterstellten subjektiven Verfall bei Sozialhilfeempfängern wird die Tatsache verstanden, dass Abhängigkeit im Leben des aufgeklärten Menschen einen unvollkommenen Zustand darstellt, der zwar für das Kind normal, aber für den Erwachsenen eher ‚anormal' sei. Man bezeichnet dieses Zusammenhangs als ‚Infantilisierungsthese', weil angenommen wird, dass Abhängigkeit erwachsene Menschen dazu bringt, sich wie Kinder zu verhalten. Kant hat die Infantilisierungsthese, die viele Politiker heute bewegt, prägnant und dramatisch formuliert, indem er von der Aufklärung als einem Zustand sprach, in welchem der Mensch aus einer selbstverschuldeten Unmündigkeit herausfinden könne, wenn er nur mutig genug sei, sich seines Verstandes zu bedienen. Mit der Infantilisierungsthese werden Kindheit und Erwachsensein, Unreife und Reife zu politischen Kategorien – der Unterschied liegt nach diesem Verständnis in der Abhängigkeit. Abhängig zu sein, erscheint dann als eine Unwürdigkeit. Abhängigkeit wird allenfalls eine Kategorie für Kinder, behinderte, alte und arbeitslose Menschen. Respekt verdient sich stattdessen der, welcher vernünftig und unabhängig, also selbstbestimmt und autonom handelt. Es gehört zu den kulturellen Folgen dieses Denkens, dass Menschen sich *tatsächlich* gedemütigt fühlen, wenn sie um Hilfe bitten oder ihre Schwächen offenbaren müssen. Ganz im Gegensatz dazu steht die Tatsache, dass Men-

hängigkeit von Verhältnissen, unseren Ressourcen, von Möglichkeiten und Unterstützungshilfen können Kinder und Jugendliche ihr Leben führen. Bildungsprozesse können nicht nivellieren, nicht verhindern, dass die Fähigkeit, Fähigkeiten auszubilden, Grenzen hat. Bildung kann nicht länger absehen von realen Verhältnissen: Die kulturbürgerlich-idealistische Vorstellung von autonomer bzw. individueller Selbstverwirklichung/-gestaltung hat Grenzen ihrer Verallgemeinerbarkeit. Eine auf einen ‚imperfekten' Menschen hin angelegte Bildung (Benner), die mit einer ebenso aktiven wie auch passiven Struktur des Menschen rechnet (vgl. Stinkes 2005)[1], zwingt zum Nachdenken über eine Bildung jenseits von Steigerungsmetaphern, nämlich im Horizont von Metaphern des Durchhaltens, Ertragens, Erträglichmachens, des Aushaltens, des Widerstandes und Widerstehens usw. (vgl. Baur, Mack, Schroeder 2004). Was wir benötigen, ist eine Orientierung am anderen, an einem *Klima der Sympathie, der Solidarität und der Mitverantwortung* und dies inmitten eines aktivierenden Wohlfahrtsstaates, dessen Gesellschaft nach Heitmeyer (vgl. 2005) sich in einem Prozess der Desintegration und Entsolidarisierung befindet.

Nachfolgende Fragen drängen sich in diesem komplexen Zusammenhang auf:
- Die dargelegte Diskussion zu Fragen der Inklusion erscheint mir nicht nur angesichts der ‚harten Realität' für behinderte Kinder und Jugendliche in soziokulturell benachteiligten Verhältnissen eine professionsspezifische Spielerei. Fragen nach der Gegenwart und Zukunft von Kindern und Jugendlichen sind wichtig, die Motive und Zielstellungen, die Methoden und Möglichkeiten einer Pädagogik angesichts eines tief greifenden Wandels der Gesellschaft: Hat die Inklusionsdiskussion unter der Bedingung des Auseinanderdriftens ökonomischer Entwicklungen und integrativer Potentiale in der Gesellschaft nicht die Frage danach zu stellen, welche Wirkung sie sich von ihren (schulbezogenen) konzeptionellen, strukturellen und praktischen Vorschlägen verspricht?[2] Der

---

schen auf andere Menschen angewiesen sind, um sich als vollständig zu erleben. Abhängigkeit setzt voraus, dass man sich als unvollständiges, ergänzungsbedürftiges Wesen erlebt; wer sich als vollständig erleben will, benötigt dazu einen anderen, den man möglicherweise nicht ganz versteht – und gerade in diesem teilweisen Nicht-Verstehen kann sich im Erlebensmoment gegenseitiger Ergänzung ereignen.[1] Eine Skizze zu einem veränderten Bildungsbegriff am Muster der Leiblichkeit findet sich in Stinkes 2005. Eine entsprechende Buchpublikation dazu ist in Arbeit.

[2] Die materialistische Behindertenpädagogik hat – unter Rückgriff auf kulturhistorische gesellschaftskritische Aspekte – *stets den Bezug zwischen Gesellschaft und Behinderung verdeutlicht*. Es geht im Kontext einer Gesellschaftskritik um ein *politisches Engagement* als Entfaltung eines neuen organisatorischen, ökonomischen und pädagogischen Rahmens für Integration. Integration ist kein ‚totaler Zustand', sondern ein Prozess (!), ein Weg, den es herzustellen gilt: „So müssen tragfähige gesellschaftliche Perspektiven und in gleicher Weise differenzierte wie komplexe Einstellungen und Haltungen ausgebildet werden, Perspektiven der gesetzlichen Absicherung von Antidiskriminierung und Gleichstellung entwickelt ... (werden) ..." (Feuser 2002, 9f).

Einbezug eines Lebens nach der Schule unter der Bedingung eines sich wandelnden Wohlfahrtsstaates (vom fürsorgenden zum aktivierenden) erfordert eine ‚realitätsnahe' Schule, die willens und in der Lage ist, den Schüler/inne/n ein Angebot zu machen, das geeignet ist, künftiges Leid zu mindern und die Selbstachtung und den Lebensmut zu fördern.[1]

- Es gibt viele ermutigende und positive Beispiele der Integration von soziokulturell benachteiligten und behinderten Menschen. Hier ist vor allem auf das Konzept der Alltagsbegleitung von Hiller (1997, 4. Aufl.) zu verweisen, das von Pädagog/inn/en das Verständnis einer Allgemeinbildung als Sympathie, Solidarität und Mitverantwortung, als die Bereitschaft und Fähigkeit zur Einmischung in Verhältnisse im Interesse benachteiligter und unterdrückter Menschen verlangt. Sie zeugen auch davon, dass für Kinder und Jugendliche als Pädagoge verantwortlich zu sein, einen „…Angriff auf die bislang allgemein akzeptierte Trennung von Privatsphäre und Öffentlichkeit" darstellt (Hiller 2004, 16). Hier wäre zu fragen, ob das pädagogische Konzept der Alltagsbegleitung generalisierbar wäre für eine pädagogische Grundhaltung der Vergegenwärtigung und der Kultivierung von Routinen (vgl. Hiller 2004, 16f)?

- Müssen wir uns nicht verabschieden von dem bürgerlichen Verblendungszusammenhang, das *einzelne* Individuum könne durch Erziehung und Bildung eine Gestalt repräsentieren, die in der Gesellschaft den ‚Bürger/die mündige Bürgerin' ausmacht: autonom, selbstgestaltend, (voll)erwerbsfähig, kompetent, integriert, teilhabend….? Wieso kommen wir auf den Gedanken, dass wir ohne einander existieren können? Wieso ist Abhängigkeit, Angewiesenheit und Fürsorge *ausschließlich negativ* konnotiert? Wer lebt nicht in Netzwerken? Plessner sprach vom Menschen als ‚exzentrische Positionalität', Bourdieu vom ‚Habitus', Merleau-Ponty von der ‚Ambiguität', Levinas von der ‚Passivität'. Diese Auflistung ließe sich fortsetzen und so unterschiedlich die Begriffe und Inhalte auch sein mögen, sie kreisen um die Abhängigkeit oder Angewiesenheit unserer Existenz, denn diese wird von den genannten Autoren als zutiefst sozial verstanden. Der Mensch ist ein Mängelwesen, inkompetent, defizitär, deviant. Sich selbst überlassen, sind wir uns selbst kaum zu trauen und schon gar nicht zu überlassen. Wir benötigen Netzwerke, Freunde, Systeme, Strukturen und nutzen die verfügbaren Ressourcen und Möglichkeiten, die wir angeboten erhalten. Könnte nicht erst aus einer solchen Sichtweise für Kinder und Jugendliche ein Selbstverständnis erwachsen, das sie von dem (internalisierten) Makel und der Scham der ‚schändlichen Hilfsbedürftigkeit' befreit und ihnen Möglichkeiten eröffnet, Haltungen vermittelt, Hilfen einzufordern, sie zu nutzen, wo sie angeboten werden, durchzuhalten und sogar auszuhalten, wenn Hilfen nicht möglich sind?

---

[1] Steht damit nicht auch zur Diskussion, dass u. U. der Verweis auf eine allgemeine, basale, kindgerechte Pädagogik nicht zureicht angesichts der Verletzungen, die dem/derjenigen zugefügt werden, die/der den dominanten kulturellen ökonomischen und moralischen Normen nicht entsprechen kann oder will und die/der von der Gesellschaft nicht akzeptiert/anerkannt wird?

- Es gibt ermutigende Beispiele der unterstützten Beschäftigung auf dem ersten Arbeitsmarkt. Trost / Böhringer (2004, 168) schreiben: „Materielle Leistungen (wie z. B. Lohnkostensubventionierungen) und Unterstützungsstrukturen (wie z. B. Integrationsfachdienste) sind unverzichtbare, notwendige, aber noch nicht hinreichende Voraussetzungen für Erfolge bei der beruflichen Eingliederung von Menschen mit Behinderung. Daneben muss zugleich eine kompetenzorientierte Haltung treten, mit der die Lehrer und Betreuer ihren Blick auf die Fähigkeiten und Möglichkeiten eines Menschen mit (geistiger) Behinderung richten und ihm damit die ungeteilte Wertschätzung seiner Person vermitteln".
Trotz dieser Erfolge bleibt angesichts sich wandelnder gesamtgesellschaftlicher Rahmenbedingungen (aktivierenden Wohlfahrtsstaat; Auseinanderdriften von ökonomischer Entwicklung und sozialer Integration; Wegbrechen der Erwerbsmöglichkeiten im unteren Lohnsektor; zunehmende Aufkündigung der sozialstaatlichen Gewährleistungsverantwortung etc.), die drängende Frage, ob nicht auch jenseits von WfbM und Arbeitsassistenz ein Bewusstsein für *wertschätzende*, andere Formen der Beschäftigung möglich werden müssten?
- Solidarisiert sich unsere Gesellschaft mit behinderten und benachteiligten Kindern und Jugendlichen, mit denen, die ‚überflüssig werden', den ‚Modernisierungsbedrohten' und denen, die schon ‚verloren' haben, dergestalt, dass sie die Augen öffnet und sich verabschiedet von der Vorstellung der Vollerwerbstätigkeit für jede/n Menschen? Es ist blanker Zynismus, dass zwar allenthalben auf gesellschaftliche Integration, auf Solidarität gegenüber Schwächeren hingewiesen wird, aber dass im Grunde nichts dazu beigetragen wird, dass jemand, der mit unsicheren Arbeitsverhältnissen und (auch tariflich geregelten) Armutslöhnen bzw. dauerhafter Arbeitslosigkeit konfrontiert ist, mit seinem Leben zurecht kommt. Rechte zu haben, aber keine Ressourcen, das ist grausam. Genau das realisieren die Jugendlichen der Berliner Rütli-Hauptschule. Was heißt heute Solidarität, Anerkennung, Hilfsbedürftigkeit? Sind wir bereit, eine Grundabsicherung für jeden Menschen zu gewähren und dafür auf einen Teil des Standards zu verzichten, einfach weil wir wissen, dass Vollerwerbstätigkeit nicht mehr für alle Menschen dieses Landes möglich ist?

Integration *als* Wertbegriff wird ernsthaft niemand ablehnen wollen – dies muss hier abschließend deutlich festgehalten werden. Wir brauchen aber eine findige, kluge und realistische Praxis, die sich beispielsweise nicht von (inclusiven) Werten absolut in Beschlag nehmen lässt im Sinne eines ‚Alles oder Nichts', sondern ihren Kontext reflektiert und ihre großen Worte als das behandelt, was sie eben sind: Werte, also sehr allgemeine Prinzipien. Damit aber ist noch lange keine Pädagogik, keine Praxis oder eine Form der Wirklichkeit oder Verwirklichung bestimmt.
Andererseits sei gewarnt vor der Einschätzung der Wirklichkeit von ihrer Wirksamkeit her, denn auf der Ebene der Werte würde keiner nach dem Muster argumentieren können bzw. dürfen: ‚Inklusion ist falsch, weil die Realisierung

unter den gegebenen Bedingungen nicht möglich ist'. Die Argumentation müsste lauten: Inklusion ist auf der *Ebene der Werte* eine Selbstverständlichkeit, sie entspricht grundlegenden normativen und zum Teil in der Verfassung niedergelegten Prinzipien. Man *kann* gar nicht gegen Inklusion sein, ohne sich als Verfassungs‚feind' zu outen. Aber – gerade deshalb! - kann man damit pädagogisch, politisch, praktisch (zunächst) gar nichts Konkretes anfangen![1]

Literatur

Bundesministerium für Familien, Senioren, Frauen und Jugend (BMFSFJ) (Hg): Elfter Kinder- und Jugendbericht. Bonn 2002.

Baur, W. / Mack, W., Schroeder, J. (Hg): Bildung von unten denken. Aufwachsen in erschwerten Lebenssituationen – Provokationen für die Pädagogik. Bad Heilbrunn 2004.

Bauer, U.: Die sozialen Kosten der Ökonomisierung von Gesundheit, in: Aus Politik und Zeitgeschichte, 2006, B 8–9, 17–24.

Begemann, E.: Theoretische und institutionelle Behinderungen der Integration und der ‚inclusion', in: Eberwein, H., Knauer, S. (Hg): Handbuch Integrationspädagogik. 6., vollständig überarbeitete und aktualisierte Auflage. Weinheim, Basel 2002, 126–139.

Biewer, G.: „Inclusive Schools" – Die Erklärung von Salamanca und die internationale Integrationsdebatte, in: Gemeinsam leben 8, (4), 2000, 152-155.

Bispink, R. / Kirsch, J. / Schäfer, C.: Projekt Mindeststandards für Arbeits- und Einkommensbedingungen und Tarifsysteme für das Ministerium für Wirtschaft und Arbeit des Landes Nordrhein-Westfalen. Projektbericht. WSI Düsseldorf 2003.

Blanke, B. / Bandemer, S. von: Der „aktivierende Staat", in: Gewerkschaftliche Monatshefte, 6, 1999, 321–330.

Blanke, B. / Bandemer S. von / Nullmeier F. / Wewer G. (Hg): Handbuch zur Verwaltungsreform. 2., erweiterte und durchgesehene Aufl. unter Mitarbeit von Stefan Plaß. Opladen 2001.

Boban, I.: It's not Inclusion ... – Der Traum von einer Schule für alle Kinder, in: Hans, M. / Ginnold, A., (Hg): Integration von Menschen mit Behinderung – Entwicklungen in Europa. Neuwied 2000, 238–247.

Boban, I. / Hinz, A.: Förderpläne – für integrative Erziehung überflüssig!?, in: Mutzeck, W. (Hg): Förderplanung. Grundlagen – Methoden – Alternativen. Weinheim 2000, 131-144.

Bourdieu, P.: Die verborgenen Mechanismen der Macht. Hamburg 1992.

Bourdieu, P.: Das Elend der Welt. Zeugnisse und Diagnosen alltäglichen Leidens an der Gesellschaft. Konstanz 1997.

Bourdieu, P.: Arbeitslosigkeit als Tragödie des Alltags, in: Ders.: Der Tote packt den Lebenden. Schriften zu Politik und Kultur. Hamburg 1997

Bröckling, U. / Krasmann, S. / Lemke, T. (Hg): Gouvernementalität der Gegenwart. Studien zur Ökonomisierung des Sozialen, Frankfurt am Main 2000.

Bundesministerium für Gesundheit und Soziale Sicherung (Hg): Integrationsfachdienste zur beruflichen Eingliederung von Menschen mit Behinderung in Deutschland. Abschlussbericht der wissenschaftlichen Begleitung zur Arbeit der Modellprojekte des Bundesministeriums für Arbeit und Sozialordnung in 16 Bundesländern (durchgef. von Kastl, J., Trost, R., PH Ludwigsburg, Fakultät für Sonderpädagogik/Reutlingen) 2003.

---

[1] Es ist ein Unterschied zwischen Handlungspraxis und Analyse angesprochen.

Butterwegge, C. / Holm, K. / Imholz, B.: Armut und Kindheit. Hamburg 2004, 2.Aufl.
Castel, R.: Metamorphosen der sozialen Frage. Eine Chronik der Lohnarbeit. Konstanz 2000.
Castel, R.: Die Fallstricke des Exklusionsbegriffs, in: Mittelweg, 36 (9) 2000, 11–25.
Dahrendorf, R.: Über den Bürgerstatus, in: Brink, B. van den / Reijen, W. van (Hg): Bürgergesellschaft, Recht und Demokratie. Frankfurt am Main 1995, 29–43.
Dahrendorf, R.: Die globale Klasse und die neue Ungleichheit, in: Merkur. Deutsche Zeitschrift für europäisches Denken. Heft 619, 2000, 1057–1068.
Dangschat, J.: Sozialräumliche Aspekte der Armut im Jugendalter, in: Klocke, A. / Hurrelmann, K. (Hg): Kinder und Jugendliche in Armut. Umfang, Auswirkungen und Konsequenzen. Opladen, Wiesbaden 1998, 112–135.
Dingeldey, I.: Aktivierender Wohlfahrtsstaat und sozialpolitische Steuerung, in: Aus Politik und Zeitgeschichte, 2006, B 8–9, 3–9.
Donzelot J.: Die Förderung des Sozialen, in: Donzelot, J. / Meuret, D. / Miller, P. / Rose, N. (Hg): Zur Genealogie der Regulation. Anschlüsse an Michel Foucault. Mainz 1994, 109-160.
Dörner, K.: Ein gelingendes Leben bedarf auch der Last. Interview, in: Die Zeit (11) 2003, 24–26.
Elsner, G. / Gerlinger, T. / Stegmüller, K. (Hg): Markt versus Solidarität. Gesundheitspolitik im deregulierten Kapitalismus. Hamburg 2004, 25–41.
Feuser, G.: Prinzipien einer inklusiven Pädagogik. In: Behinderte in Familie, Schule und Gesellschaft 24, Nr.2, 2001, 25–29.
Feuser, G.: Gemeinsames Lernen am gemeinsamen Gegenstand, in: Hildeschmidt, A. / Schnell, I. (Hg): Integrationspädagogik. Weinheim, München 2002, 19–35.
Feuser, G.: Von der Integration zur Inclusion. „Allgemeine (integrative) Pädagogik" und Fragen der Lehrerbildung. Vortrag an der pädagogischen Akademie des Bundes, Niederösterreich anlässlich der 6, Allgemeinpädagogischen Tagung am 21.03.2002 in A-2500 Baden 2002, in: http://www.feuser.uni-bremen.de/texte/Int%20Inclusion%203%20-PA%20Baden-%20Artikel.pdf, 1-15.
Grunert, G.: Lohnniveau und Beschäftigung, in: WSI-Mitteilungen, (6) 2003, 353–359.
Heitmeyer, W.: Die gespaltene Gesellschaft, in: http://zeus.zeit.de/text/2004/50/Studie_Heitmeyer, 2004.
Heitmeyer, W.: Die verstörte Gesellschaft, in: Die Zeit (51) 2005, 24–25.
Heitmeyer, W. / Imbusch, P. (Hg): Integrationspotenziale einer modernen Gesellschaft. Wiesbaden 2005.
Hiller, G. G.: Ausbruch aus dem Bildungskeller. Pädagogische Provokationen. Langenau-Ulm 1991, 2. Aufl.
Hiller, G. G.: „...irgendwie fehlt mir die Unterstützung und auch der Mut dazu". Eine Untersuchung zur Frage: Was wird aus den Absolventen von Berufsvorbereitungsjahren?, in: Schroeder, J., Storz, M. (Hg): Einmischungen. Alltagsbegleitung junger Menschen in riskanten Lebenslagen. Langenau-Ulm 1994a, 85–106.
Hiller, G. G. / Schroeder, J.: Alltagsbegleitung junger Menschen im Landkreis Reutlingen. Eine Bestandsaufnahme über Initiativen zur nachgehenden Betreuung Jugendlicher und junger Volljähriger. Vorschläge zur Koordinierung und zum Ausbau der Maßnahmen, in: Schroeder, J. / Storz, M. (Hg): Einmischungen. Alltagsbegleitung junger Menschen in riskanten Lebenslagen. Langenau-Ulm 1994b, 169–207.
Hiller, G. G.: Ausbruch aus dem Bildungskeller. Pädagogische Provokationen. Langenau-Ulm 1997, 4. Aufl.
Hiller, G. G.: Welche Bildungsangebote brauchen Kinder und Jugendliche für Lernhilfe an Hauptschulen und in Berufsvorbereitungsklassen?, in: Hessisches Landesinstitut für Päda-

gogik (Hg): Über das Miteinander der Verschiedenen. Integrierende Pädagogik und Schulprogramm. Wiesbaden 2001, 57–66.

Hinz, A.: Sonderpädagogik im Rahmen von Pädagogik der Vielfalt und Inclusive Education. Überlegungen zu neuen paradigmatischen Orientierungen, in: Albrecht, F. / Hinz, A. / Moser, V. (Hg): Perspektiven der Sonderpädagogik. Neuwied 2000a, 124–140.

Hinz, A.: Vom halbvollen und halbleeren Glas der Integration – gemeinsame Erziehung in der Bundesrepublik Deutschland, in: Hans, M. / Ginnold, A. (Hg): Integration von Menschen mit Behinderung – Entwicklungen in Europa. Neuwied 2000b, 230–237.

Hinz, A.: Von der Integration zur Inklusion – terminologisches Spiel oder konzeptionelle Weiterentwicklung?, in: Zeitschrift für Heilpädagogik 53, 2002, 354–361.

Hinz, A.: Die Debatte um Integration und Inklusion – Grundlage für aktuelle Kontroversen in Behindertenpolitik und Sonderpädagogik?, in: Sonderpädagogische Förderung 48, 2003, 330–347.

Hinz, A.: Vom sonderpädagogischen Verständnis der Integration zum integrationspädagogischen Verständnis der Inklusion!?, in: Schnell, I. / Sander, a. (Hg): Inklusive Pädagogik. Bad Heilbrunn 2004, 41–74.

Hombach, B.: Die Balance von Rechten und Pflichten sichern. Der aktivierende Sozialstaat – das neue Leitbild, in: Soziale Sicherheit, 48 (2) 1999, 41–45.

Honneth, A.: Desintegration. Bruchstücke einer soziologischen Zeitdiagnose, Frankfurt am Main 1994.

Jauch, P.: Der Bürger, das Engagement und die Verantwortung – Anmerkungen zu emergenten Koalitionen des Wandels, in: Baur, W. / Mack, W. / Schroeder, J. (Hg): Bildung von unten denken. Aufwachsen in erschwerten Lebenssituationen – Provokationen für die Pädagogik. Bad Heilbrunn 2004, 47–76.

Jauch, P.: Förderschüler im Übergang in Erwerbsarbeit – Provokationen zum Thema. Vortrag am 2. Mai 2005 im Rahmen des Lehrgangs ‚Schulprofil' der Bodelschwingh-Schule Reutlingen an der Landesakademie für Fortbildung und Personalentwicklung an Schulen in Calw. (unveröffentlicht) 2005.

Koch, A. / Bäcker, G.: Mit Mini- und Midi-Jobs aus der Arbeitslosigkeit? Die Neuregelungen zur Beschäftigungsförderung im unteren Einkommensbereich, in: sozialer Fortschritt, (4) 2003, 94–102.

Kronauer, M. / Vogel, B. / Gerlach, F.: Im Schatten der Arbeitsgesellschaft. Arbeitslose und die Dynamik sozialer Ausgrenzung. Frankfurt a. M. / New York 1993.

Pongs, A.: In welcher Gesellschaft leben wir eigentlich? 2 Bände, München 1999 / 2000.

Preuss-Lausitz, U.: Entwicklungslinien und Zukunftsperspektiven der Integrationspädagogik. Es ist normal, verschieden zu sein – und was folgt daraus?, in: Sonderpädagogische Förderung 50, 2005, 70-80.

Rödler, P.: geistig behindert? – Menschen lebenslang auf Hilfe anderer angewiesen? Grundlagen einer basalen Pädagogik. Frankfurt am Main 2000.

Rödler, P. / Berger, E. / Jantzen, W. (Hg): Es gibt keinen Rest! – Basale Pädagogik für Menschen mit schwersten Beeinträchtigungen. Berlin, Neuwied 2001.

Reiser, H.: Vom Begriff Integration zum Begriff Inklusion – Was kann mit dem Begriffswechsel angestoßen werden? In: Sonderpädagogische Förderung 48, 2003, 232–233.

Salamanca-Erklärung: Pädagogik für besondere Bedürfnisse. Die Salamanca-Erklärung und der Aktionsrahmen zur Pädagogik für besondere Bedürfnisse. Angenommen von der Weltkonferenz „Pädagogik für besondere Bedürfnisse: Zugang und Qualität", Salamanca, Spanien 7.-10. Juni 1994. In dtsch. Sprache herausgegeben von der österreichischen UNESCO-Kommission. Linz 1996.

Sander, A.: Von der integrativen zur inklusiven Bildung. Internationaler Stand und Konsequenzen für die sonderpädagogische Förderung in Deutschland, in: Hausotter, A. / Boppel, W. / Meschenmoser, H. (Hg): Perspektiven sonderpädagogischer Förderung in Deutschland. Dokumentation der Nationalen Fachtagung vom 14.–16. November 2001 in Schwerin. Middelfart 2002, 143–164.

Sander, A.: Von Integrationspädagogik zu Inklusionspädagogik. In: Sonderpädagogische Förderung 48, 2003, 313–329.

Sander, A.: Inklusive Pädagogik verwirklichen – Zur Begründung des Themas, in: Schnell, I. / Sander, A. (Hg): Inklusive Pädagogik. Bad Heilbrunn 2004, 11–22.

Schäfer, C.: Effektiv gezahlte Niedriglöhne in Deutschland. In: WSI Mitteilungen (7) 2003, 420-428.

Schröder, G. / Blair, T.: Der Weg nach vorne für Europas Sozialdemokraten. In: Blätter für Deutsche und Internationale Politik, 7, 1999, 888–896.

Schroeder, J. / Storz, M.(Hg): Einmischungen. Alltagsbegleitung junger Menschen in riskanten Lebenslagen. Langenau-Ulm 1994.

Schumann, M.: Das Ende der kritischen Industriesoziologie?, in: SOFI-Mitteilungen 30, 2002, 1-15.

Sennett, R.: Der flexible Mensch. Die Kultur des neuen Kapitalismus. Berlin 1998.

Sennett, R.: Respekt im Zeitalter der Ungleichheit. Berlin 2002.

Solga, H.: Ausbildungslosigkeit als soziales Stigma in Bildungsgesellschaften. Ein soziologischer Erklärungsbeitrag für die wachsenden Arbeitsmarktprobleme von Personen ohne Ausbildungsabschluss, in: Kölner Z. f. Soziologie u. Sozialpsychologie 53, 2002, 476–505.

Solga, H.: Das Paradox der integrierten Ausgrenzung von gering qualifizierten Jugendlichen, in: Aus Politik und Zeitgeschichte, 2003, B 21–22, 19–25.

Stinkes, U.: Im Focus einer zeitgemäßen Bildungstheorie: der Andere, in: Hiller, G. G. / Jauch, P. (Hg): Akzeptiert als fremd und anders. Pädagogische Beiträge zu einer Kultur des Respekts. Ulm 2005, 52-60.

Trost, R. / Böhringer, K.-P.: „Da hab ich gesehen, aha, jetzt kann ich was…". Biografische Skizze zum Weg eines Schülers der Schule für Geistigbehinderte zur Arbeit auf dem allgemeinen Arbeitsmarkt und zum Hausbesitz, in: Baur, W. / Mack, W. / Schroeder, J. (Hg): Bildung von unten denken. Aufwachsen in erschwerten Lebenssituationen – Provokationen für die Pädagogik. Bad Heilbrunn 2004, 157–170.

Vogel, B.: Am Rande der Arbeitsgesellschaft. Neue Befunde zu Arbeitslosigkeit und Ausgrenzung, in: Verhaltenstherapie und psychosoziale Praxis, (3) 2000, 359–368.

Weiß, H.: Kindliche Entwicklungsgefährdungen im Kontext von Armut und Benachteiligung. Erkenntnisse aus psychologischer und pädagogischer Sicht, in: Weiß, H. (Hg): Frühförderung mit Kindern und Familien in Armutslagen. München, Basel 2000, 50–70.

Weiß, H.: Armut und soziale Benachteiligung: Was bedeuten sie für die Heil- und Sonderpädagogik?, in: Die neue Sonderschule 46, 2001, 350–367.

Willems, H.: Die ‚gespaltene Stadt' – Sozialräumliche Differenzierung und die Probleme benachteiligter Wohngebiete, in: Heitmeyer, W. / Imbusch, P. (Hg): Integrationspotenziale einer modernen Gesellschaft. Wiesbaden 2005, 138– 145.

Willisch, A.: Drogen am Eichberg oder Feuer im Ausländerheim. Die Ghettoisierung ländlicher Räume, in: Mittelweg 36 (6), 1999/2000, 73–86.

Christian Mürner
Keiner ohne Mangel – Alle sind behindert
Sprichwort und Schlagzeile als verbale Inklusion

Niemand lebt ohne Mängel,
Wir sind Menschen, keine Engel.
Diese zwei unkommentierten Zeilen finden sich in der populärsten deutschen Sprichwörtersammlung. (Nr. 6775) Karl Simrock veröffentlichte sie erstmals 1846. Er wollte, wie es im Vorwort heißt, die konkrete „körnige Kraft des sprichwörtlichen Ausdrucks"[1] gegenüber der abstrakten Rede zur Geltung bringen. In der Philosophie diskutierte man nämlich allgemein über die natürlichen Mängel des Menschen.[2] Neugeborene kommen generell zu früh zur Welt, sie sind auf Pflege, Unterstützung, Begleitung und Ausgleich angewiesen. Diesen anthropologischen Ausgangspunkt akzentuiert das anfangs zitierte Sprichwort. Eine Variante lautet: *Auf Erden lebt kein Menschenkind / An dem man keinen Mangel find't.* (Nr. 6977) Beide Sprichwörter kennzeichnen die menschlichen Mängel als die entscheidende Differenz zur Vollendung und den Engeln, den Boten Gottes. Doch kann es Menschen gelingen, durch kulturelle Anstrengungen, durch körperliche Interaktion und den kommunikativen Umgang mit Symbolen Nachteile zu kompensieren.

1
Das Sprichwort ist eine erfolgreiche Kulturtechnik. Es lebt auf im Gebrauch. Problemlos lässt es sich verwenden bei verschiedenen Gelegenheiten, beim Einkaufen auf dem Wochenmarkt oder bei der Vermittlung von Forschungsergebnissen. Ein Sprichwort kann komplexe Situationen zusammenfassen und bewerten. Es erlaubt eine scheinbar einfache Verständigungsmöglichkeit über soziale oder kulturelle Unterschiede hinweg. Der Eindruck entsteht, dass Sprichwörter alle einbeziehen und niemanden ausschließen.

2
Das Sprichwort gilt ursprünglich als eine landläufige Redewendung. Es steht offensichtlich in Zusammenhang mit dem Sprechen. Mehr noch, es kann als Sprechakt begriffen werden. Mit dem Einsatz eines Sprichworts fasst man nicht nur einen Sachverhalt zusammen, sondern greift ein, bringt Regeln ins Gedächt-

---

[1] Simrock 1846 / 1988, 23.
[2] vgl. Hörisch 2004, 51, in Bezug auf Herder 1772.

nis oder versucht das soziale Gewissen anzuregen.[1] Das alltägliche Sprichwort kann unterschieden werden von einem eher einmaligen Spruch, einem Urteils- oder Zauberspruch zum Beispiel. Abgrenzen lässt es sich, wenn auch mühsam, von den „geflügelten Worten", von Aphorismen oder Maximen, Zitaten oder Metaphern. Zudem wurde die „sprichwörtliche Redensart" als „offener verbaler Ausdruck" bestimmt. Während man Sprichwörter definierte als „allgemein bekannte, festgeprägte Sätze, die eine Lebensregel oder Weisheit in prägnanter, kurzer Form ausdrücken".[2] In der Sprichwörterforschung (griech. Parömiologie; Sprichwort: lat. Proverbium) ist man jedoch auch der Ansicht, dass es keine erschöpfende Klärung ihres Grundbegriffs gibt. Jedenfalls gehört zu Sprichwörtern eine volksnahe, gebräuchliche und oft lehrhafte Tendenz. Letzteres allerdings in einer von den Brüdern Grimm in ihrem Deutschen Wörterbuch fein differenzierten Diktion, *die ohne ausgesprochenen lehrhaften ton doch lehrhafte wirkung erzielt.*

3

Der Zweck der frühen Sprichwörter-Sammlungen, in ihrer Blütezeit im 16. Jahrhundert, war pädagogisch-didaktischer Art.[3] Sie wurden eingesetzt, um mit ihnen vor allem moralisch orientierten Unterricht zu erteilen. Die Pädagogik will *den Leuten aufs Maul schauen* und geht das Wagnis ein, mit Sprichwörtern zu lehren und zum Lernen anzuhalten.

Sprichwörtliche Redewendung finden sich demnach auch in heilpädagogischen Texten. Zum Beispiel bei Bleidick, der einen Aufsatz folgendermaßen betitelte: „Lernbehinderte gibt es eigentlich gar nicht. Oder: *Wie man das Kind mit dem Bade ausschüttet*".[4] Bleidick wandte sich gegen die damalige Debatte, die den Begriff „Lernbehinderung" problematisierte, dies sei „schädlich für die zweckmäßige pädagogische Förderung der Betroffenen". Die von Bleidick benutzte Formulierung zählt zu den Sprichwörtern, „die am schönsten in ein Bild umgesetzt werden können". Schon 1512, in Thomas Murners „Schelmenzunft" gibt es dazu einen prägnanten Holzschnitt. Das Sprichwort wurde im Übrigen von Reformatoren und Gegenreformatoren gleichermaßen angewandt.[5] Der große Gegenspieler von Bleidicks kritischem Rationalismus in der Behindertenpädagogik der 1980er Jahre, Jantzen, notierte an einer Stelle seiner „Allgemeinen Behindertenpädagogik", dass ausgehend von einem materialistischen Standpunkt viele bisherige Erkenntnisse *vom Kopf auf die Füße* zu stellen seien.[6] Kobi hingegen schrieb in seiner umfassenden und unabhängigen Darstellung der „Grundfragen der Heilpädagogik", dass über die objektiven, empirischen Fakten

---

[1] vgl. Hörisch 2004, 271ff.
[2] Röhrich / Mieder 1977, 3; vgl. Röhrich 1994, 14.
[3] vgl. Röhrich / Mieder 1977, 42 / 104.
[4] Bleidick 1980, 127.
[5] vgl. Göttert 2005, 125ff.
[6] Jantzen 1987, 271.

hinaus beim „(heil-)pädagogischen Verständnis" die Auseinandersetzung über die subjektive Fragestellung nach dem Sinn den Ausschlag gebe, was aber kein *tout compendre c'est tout excuser* bedeute, im Gegenteil, „schwierig und hinderlich" könne empfunden werden, dass im genannten Bereich „auch das unverständlich und absurd Erscheinende miteinzuschließen" sei.[1] Der Ablehnung des französischen Sprichworts und dessen universaler Entschuldigung im vereinnahmenden Einfühlungsvermögen folgt eher eine Paradoxie. Sprichwörtlich ausgedrückt: *Könnt jeder sein mangel verstehn, so würd keiner auff den andern sehen*.[2]

In der Behindertenbewegung wurde analog der beliebten sprichwörtlichen Standardform *Lieber X statt Y* folgendes Schlagwort kreiert: *Lieber lebendig als normal*.[3] Bei Simrock (Nr. 4247) heißt es: *Lieber Hammer als Amboss*. Diese Art Sprichwörter oder Slogans sind die positive Umkehrung der oft diskriminierenden Vergleiche „mit anderen, die es noch schlechter haben"[4]: *Besser ein Übel als zwei. Besser hinken als gar auf Krücken gehen. Besser schielen als blind sein.* Usw. *Wissen ist Macht* würden Behindertenexperten gern für sich allein beanspruchen, sagte Cloerkes in der „Soziologie der Behinderten",[5] dabei sei es glaubwürdiger, wenn Menschen mit Behinderung selbst die Öffentlichkeitsarbeit übernähmen. Das Sprichwort vom maßgeblichen Wissen wird in der Regel als Zitat Francis Bacon (1561-1626) zugeschrieben.[6]

Um die mehr oder weniger zufällig herausgegriffenen Stellen noch durch zwei weitere zu ergänzen: Speck stellte im „System Heilpädagogik" fest, im Kapitel über „Integration", dass dabei der „Grundsatz" (er nennt es nicht Sprichwort): *Jedem das Seine!* zu beachten sei.[7] Allerdings werde, bemerkte Lindmeier, die Heilpädagogik und deren Selbstverständnis dadurch dominiert, dass der Erziehungsverlauf *ins Stocken gerate*.[8] Womit gemeint sein kann, dass durch eine Behinderung allgemein pädagogische Hilfsmittel stagnieren und erst speziell pädagogische Abhilfe ermöglichen. Es heißt ja: *Dem Narren wäre zu helfen, wenn man die rechte Ader träfe*. – Nebenbei erwähnt, hat Wander in der Vorrede seines Lexikons „die Sprichwörter die Adern genannt, die das Blut nach allen Theilen des Körpers leiten, um dadurch ihre Wichtigkeit in dem geistigen Leben eines Volks zu bezeichnen".[9]

---

[1] Kobi 1993, 5. Aufl., 366ff.
[2] Wander, 1830-80 / 2004, Bd. 3, 359.
[3] Radtke / Sierck 1982, 149.
[4] Seiler 1922, 323.
[5] Cloerkes 2001, 112.
[6] vgl. aber Wander 1830-80 / 2004, Bd. 5, 304.
[7] Speck 1988, 288.
[8] Lindmeier 1993, 256.
[9] Wander 1830-80 / 2004, Bd. 1, 5.

4

In Simrocks Sprichwörtersammlung finden sich zum Stichwort *Narr* rund hundert Eintragungen, fast eintausendvierhundert bei Wander, dem Pädagogen, Revolutionär und größten deutschen Parömiografen. Der Narr ist eine außergewöhnlich bekannte, säkularisierte, volksnahe Figur. Er löste den Begriff des Sünders ab. Man sagt: *An Narren ist nirgend Mangel.*[1] Auf einem Flugblatt aus der 1. Hälfte des 17. Jahrhunderts – es ist wahrscheinlich um 1625 entstanden –, sind sechzehn „Teutsche Sprichwörter" illustriert. (Abb. 1) Eines davon, das zweite in der letzten Reihe heißt: *Eein jeder hatt seinen eygnen narren.* Drei Männer sind zu sehen, hinter denen wie ein Schatten eine kleinere, identisch gekleidete Figur steht, die eine Narrenkappe trägt. Man kommentierte diese Zeichnung als Zurechtweisung des „Lasters der Eitelkeit". Mit den drei Figuren würden stellvertretend die Trugbilder von „allen Betrachtern bzw. allen Menschen" angesprochen. Schatten und Mangel sind im Übrigen im Sprichwort praktisch austauschbare Begriffe: *Ein jeder Leib hat seinen schatten vnd seinen mangel.* Das Sprichwort vom eigenen Narren könnte ebenso durch das folgende ersetzt werden: *Fremde Mängel sehen wir eher als die unsern.*[2] Dies wird, mit einer verdeutlichenden moralischen Ergänzung, im Flugblatt in der dritten Zeile im zweiten Bild illustriert: *Wild jedem sagen wer er ist / so must auch hören waß dir brist.* Ein Mann mit einem Buckel weist mit dem Zeigefinger auf einen anderen mit einem großen Bauch und Hinterteil, dieser zeigt energisch zurück.

Abb.1: Anonym, Teutsche Sprichwörter, 1. Hälfte des 17. Jahrhunderts
© Germanisches Nationalmuseum Nürnberg, HB 14925

---

[1] Wander 1830-80 / 2004, Bd. 3, 878; vgl. Göttert 2005, 177.
[2] Wander 1830-80 / 2004, Bd. 3, 359 und ebd., Bd. 3, 6; vgl. Escher 1981, 61.

5

Keiner ohne Mangel heißt das Sprichwort an prominenter Stelle in der oberen rechten Ecke des Flugblatts aus der 1. Hälfte des 17. Jahrhunderts. Es zeigt eine Prozession oder Demonstration von acht behinderten Figuren. Sie sind auf dem Bild in einem Bogen von oben links nach rechts unten und von dort wieder nach links auf einem öden leicht geneigten Gelände unterwegs. Sie werden von hinten nach vorne stets ein wenig größer dargestellt. Die beiden letzten bewegen sich auf den Knien oder in einer Wanne und mit Stützhilfen in den Händen. Die nächsten beiden haben Stöcke und Gehhilfen. Der fünfte hat verdrehte Arme und Beine. Die drei großen Figuren im Vordergrund zeigen von rechts nach links: Einen Blinden mit zerlumpten Kleidern, einem langen weißen Bart, einer Schale, einem Stock und einem kleinen dunklen struppigen Hund an der Leine. In der Mitte steht eine Frau, mit hängendem Kopf, in sich gekehrt, mit Gehhilfe, einem Arm ohne Hand in einer Schlinge und fehlendem linken Fuß. Rechts neigt sich ein Mann fast aus dem Bild, daher wird sein großer Buckel besonders beachtet, er geht mit kräftigen Armen auf kurzen Krücken, mit einem Holzbein. Diese Illustration des Sprichworts *Keiner ohne Mangel* kann man analog der Schlagzeile als Schlagbild bezeichnen.[1] Die Figuren werden durch die Behinderung gekennzeichnet, nicht durch eine existenzielle Sichtweise, nicht durch ihre Individualität oder eine gesellschaftliche Position.

Abb. 2: Anonym, Teutsche Sprichwörter, 1. Hälfte des 17. Jahrhunderts (Ausschnitt)
© Germanisches Nationalmuseum Nürnberg, HB 14925

---

[1] vgl. Diers 1997, 7.

Verschiedene Behinderungsarten veranschaulichen die Mängel der Menschen im Allgemeinen. Insofern entspricht das Sprichwort dem Slogan *Alle sind behindert*, (– obwohl es genau genommen adäquat heißen müsste: *Keiner ist nicht behindert.*) Diese Schlagzeile ist seit etwa dreißig Jahren hin und wieder zu hören, wenn es um die wohlwollende Charakterisierung des Verhältnisses von Menschen mit und ohne Behinderung geht.[1] Meistens wird die Schlagzeile *Alle sind behindert* von nicht behinderten Mentoren ins Gespräch gebracht. Deshalb ist die Illustration zu *Keiner ohne Mangel* dafür kontraproduktiv, denn sie dürfte sich nicht auf behinderte Figuren beschränken. Zudem gibt es Behinderungen, die nicht abbildbar oder sichtbar sind. Allein die Visualisierung erscheint eher als Ausschluss, als Exklusion. „Bildliche Zeugnisse zeigen [...] oft den Realursprung von Redensarten, die wir sonst nicht mehr verstehen", notiert Röhrich.[2] Aber beide, Sprichwort und Schlagzeile, beinhalten den Wunsch einer verbalen Inklusion.

Führt die doppelte Verneinung (*Keiner ohne*) des Mangels zur positiv gewerteten Inklusion? Ist die ontologische Vereinnahmung (*Alle sind*) ein Garant für die Aufhebung der negativ bewerteten Behinderung? Diese Fragen lassen sich beantworten, wenn Standort und Kontext klar sind, von denen aus Sprichwörter und Schlagzeilen gebraucht werden.

Der Altmeister der deutschen Sprichwörtersammlungen, Johannes Agricola, erläutert die Redewendung *Es hatt hende vnd füß / was der man redet* 1534 wie folgt: „Ein gerader / vngestümmelter leib hatt sein art an henden vnd fuessen. Mit den henden richtet er auß was er zu schaffen vnd zu handeln hat. Die fuesse tragen den leib vnd hende / wo der leib hyn will / daß hende vnd fuesse vil gelte / bey uns Deutschen, als wol gestalt wolgezieret / vnd wolgethan / volkomen vn da kein mangel an ist."[3] Der Mangel wird in dieser Erklärung ausdrücklich der Vollkommenheit gegenübergestellt. Sebastian Franck 1541 schrieb: „Es ist kein Mensch auff Erden / er hat einen Gebrechen / vnd Gott allein hat keinen mangel an ihm."[4] Das Sprichwort *Keiner ohne Mangel* kann also auch heißen: *Niemands ohn Gebrechen.* Oder genauer: *Ein jeder Mensch hat seine Gebrechen.* „Gebrechen" klingt lange nicht so elegant wie „Mangel", meint aber offensichtlich das Gleiche. Das „Gebrechen" gilt jedoch als eine gebrandmarkte Abweichung, der „Mangel" aber, zumal er als weit verbreitet gilt, lässt sich dagegen eher tolerieren. Wander kommentierte kritisch: „Das Vorurtheil nennt die, welche mit einem ungewöhnlichen körperlichen Gebrechen behaftet sind, von Gott Gezeichnete; ihr sittlicher Werth richtet sich aber, wie bei allen andern Menschen, lediglich nach ihren Handlungen."[5]

---

[1] vgl. Klee 1980, 11.
[2] Röhrich 1978, 104.
[3] Agricola 1534 / 1970, Nr. 445; vgl. Röhrich, 1994, 645.
[4] Franck 1541 / 2000, 222.
[5] Wander 1830-80 / 2004, Bd. 2, 586; vgl. Wander 1830-80 / 2004, Bd. 5, 1377; Bd. 3, 606.

Verallgemeinernde oder einbeziehende Sprichwörter und Schlagzeilen (wie beispielsweise *Niemand ist genetisch perfekt,* auch *Nobody is perfect* oder als Variante *No Body is perfect[1]*) klingen prägnant fürs Erste. Sie sind in einem (behinderten-)politischen Kontext gut verwendbar, allerdings inzwischen mit wenig Überraschungswert. Sie sind aber auch trügerisch. Sie täuschen Inklusion vor, wo unter Umständen (noch) keine besteht.

Bei einer Tagung der Bundesarbeitsgemeinschaft Hilfe für Behinderte in Bonn hielt der damalige Bundespräsident Richard von Weizsäcker 1993 eine Rede, deren Titel *Es ist normal, verschieden zu sein* einen nahezu sprichwörtlichen Bekanntheitsgrad erhielt. Weizsäcker sagte, Behinderung sei eine „Last, die sich erleichtern lässt, wenn es uns gelingt zu lernen, wie wir uns auf Verschiedenheit einstellen können". Man dürfe „nicht allgemein von ‚Behinderten' sprechen, das würde ja den ganzen Menschen treffen. In Wahrheit sind doch nur Teilbereiche, einzelne Fähigkeiten eingeschränkt."

Schon der Refrain eines amerikanischen Songs von 1968 wurde sprichwörtlich: *Different strokes for different folks (Verschiedene Dinge [Wege oder Gedanken] für verschiedene Leute.)* Doch erinnert dies nicht ein wenig an das Sprichwort: *Der Geschmack ist verschieden* oder *Über den Geschmack lässt sich nicht streiten?[2]* Allerdings beschäftigte sich ebenso der bekannte Humanist Erasmus von Rotterdam um 1500 mit dem antiken Sprichwort *So viele Menschen, so viele Meinungen* und dem anschließenden lapidaren Satz: *Jeder hat seine eigene Art.[3]*

Die illusionslose Inklusion könnte sich auf Sprichwörter und Schlagzeilen wie die folgenden berufen: *Es ist keiner nichts und keiner alles.* Oder: *Ex perfecto nihil fit (Aus dem Perfekten wird nichts).* Oder das folgende, das eines der ältesten Sprichwörter sein soll: *Allzuviel ist ungesund.[4]*

Die „Aktion Grundgesetz" warb von 1997 bis 1999 für die Gleichberechtigung behinderter Menschen mit Slogans wie: „Jeder Mensch ist mehr oder weniger behindert." – „Behindert ist man nicht. Behindert wird man." – „Sind Sie etwa normal?" – „Geistig behindert ist auch normal." Kuhlmann kritisierte diese Werbeschlagworte als „gnadenlose Gleichmacherei", sie würden „Behinderung ins verklärende Licht des Natürlichen, des Allzumenschlichen tauchen". Dabei ginge das Verständnis für die „fragile Verfasstheit" behinderter Menschen verloren. Doch hätten diese Slogans oft einen „guten polemischen und strategischen Sinn", wenn sie „Blickwechsel" beispielsweise bei Zugangsbeschränkungen in die Diskussion bringen.[5]

---

[1] vgl. Henn 2004, 172; vgl. Göttert 2005, 204.
[2] vgl. Göttert 2005, 158; vgl. Wander 1830-80 /2004, Bd. 1, 1598.
[3] Erasmus von Rotterdam 1500 / 1985, 72.
[4] vgl. Wander 1830-80 / 2004, Bd. 2, 1238; vgl. Kobi 2004, 192; vgl. Erasmus von Rotterdam 1500 / 1985, 112; vgl. Agricola 1534 / 1970, Nr. 37; vgl. Mieder 1979, 29 / 144.
[5] Kuhlmann 2002, 63.

Anne Waldschmidt fragt: „Ist Behindertsein normal?"[1] Sie antwortet, dass trotz der zunehmenden Flexibilität dessen, was als normal betrachtet werde, Behinderung weiterhin „den negativ beurteilten Gegensatz zu einem positiv besetzten Phänomen" bilde. Die Unterscheidung zwischen mit und ohne Behinderung liefert den idealen „Fluchtpunkt", dass doch stets *alle* gemeint sind.

6

Das Sprichwort zählt zu den „einfachen Formen". Walter Benjamin sprach 1935 vom Sprichwort als einer „Schule des plumpen Denkens".[2] Benjamin bezog sich auf Brecht, der das plumpe Denken in dem Sinn positiv verstand, als allein dieses „im Handeln zu seinem Recht" komme.

Grob und formelhaft folgt das Sprichwort *Keiner ohne Mangel* in etwa dem Muster *Kein A ohne B* wie in *Kein freud ohn leyd* oder *Keine Rosen ohne Dornen* oder auch *Keine Feier ohne Meier*.[3] Der „formelhafte Gebrauch der Negation" *Kein – ohne* „drückt die untrennbare Verbindung zweier Gegenstände oder Erscheinungen aus, die meist in Gegensatz stehen, indem das eine etwas Angenehmes, das andere etwas Unangenehmes bezeichnet."[4] In *Keiner ohne Mangel* ist die erste Negation also bemerkenswerterweise positiv gedacht, weil sie bedeutet, dass alle einbezogen werden – oder eben inkludiert sind.

Einfach oder formelhaft heißt nicht naiv oder nicht flexibel. Im Gegenteil gelten Sprichwörter als kleine „Wortkunstwerke", als „Lebensregeln" und „Erfahrungssätze". Obwohl auf Anhieb verständlich, sind Sprichwörter doch oft auch „erklärungsbedürftig". „Ein Sprichwort muss konkret stimmen, meint aber selten das Bezeichnete."[5] Insofern ist es symbolisch, metaphorisch oder bildhaft. Daraus entsteht – genauso wie aus einer voreiligen Verallgemeinerung – oft seine „Doppeldeutigkeit". Ist es direkt oder indirekt gemeint? Ist die Personifizierung ernst oder im übertragenen Sinn gedacht? „Bildhafte Sprichwörter und Redensarten dienen oft der Gedankenverhüllung bei negativer Bewertung von Mitmenschen."[6] Pointiert kann man, im Zusammenhang vieler diffamierender Sprichwörter, fragen: Darf man über Narren lachen? Die Antwort, dass wir alle „samt und sonders im großen Narrenspital unsere Kämmerchen haben" passt zwar gut zum Sprichwort *Keiner ohne Mangel* und setzt Ironie und den „Humor als Heilmittel" ein, aber das Lachen bleibt doppeldeutig. Manchmal erfolgt es auf Kosten anderer, manchmal „bringt es Bewegung in festgefahrene Muster".[7]

Das berühmte Sprichwörterbild von Pieter Bruegel d. Ä. von 1559, das über hundert sprichwörtliche Redewendungen versammelt, zeigt eine „verkehrte

---

[1] Waldschmidt 2003, 83 / 98; vgl. Weisser 2005, 48f.
[2] Benjamin 1935 / 1972, 446; vgl. Jolles 1930 / 1958.
[3] vgl. Egenolff 1548 / 1967; vgl. Röhrich / Mieder 1977, 61; vgl. Mieder 1975, 11.
[4] Seiler 1922, 188.
[5] Röhrich / Mieder 1977, 52ff.
[6] Röhrich / Mieder 1977, 93; vgl. Seiler 1922, 316.
[7] Gruntz-Stoll 2002, 4; vgl. Mönkemöller 1912 / 1983, 12 / 67.

Welt". Auf diesem „narragonischen Gesellschaftsbild"[1] ist jedoch jeder mit sich selbst beschäftigt. Im Vordergrund, fast in der Bildmitte, malte Bruegel einen lachenden knienden Mann, mit einer Holzschiene am rechten Schienbein, der sich in eine durchsichtige Kugel beugt: *Wer durch die Welt will, muss sich krümmen.* Das bedeutet aber gerade nicht eine besondere Toleranz gegenüber Mängeln, sondern meint eher die Rücksichtslosigkeit und Durchtriebenheit derjenigen, die für sich einen Vorteil sehen, wenn sie ihre Ansicht und Position gegenüber anderen durchsetzen.

7

Das Sprichwort ist ein Art Sprachspiel, wie es Ludwig Wittgenstein 1945 umschrieb und hervorhob, „dass das Sprechen der Sprache ein Teil ist einer Tätigkeit, oder einer Lebensform".[2] Im Gebrauch oder im Diskurs ist das Sprichwort aber auch einem „Wahrheitsspiel" vergleichbar, indem es aufgrund der genannten lehrhaften Tendenz unter anderem um einen Machtanspruch geht. „Spiel" wird hier verstanden als ein zielgerichtetes disziplinierendes Verfahren. Allerdings lässt sich hinzufügen, dass die Belehrung und damit ein potenzieller Herrschaftseffekt bei der Verwendung eines Sprichworts begrenzt ist. Denn: „Lehrhaftigkeit ist dabei nur eine von vielen Funktionsmöglichkeiten, denn Sprichwörter agieren auch oft als Ratschlag, Trost, Warnung, Rechtfertigung, Argument, Erklärung, Feststellung und Charakterisierung, um nur einige wenige Beispiele zu nennen."[3] Es sind selbstverständlich nicht die Sprichwörter selbst, die agieren, sondern die Menschen, die diese in bestimmten Situationen verwenden, denen sie einfallen oder auch nicht. Insofern unterscheiden sich bei der Anwendung Objekt- und Metasprache. Schafft das Sprichwort in einem bestimmten Kontext eine konkrete Verbindung zur Erfahrung der Kommunizierenden oder des Themas, kann es eine prägnante Feststellung sein, eine „abgekürzte Reflexion".[4] Wird ein Sprichwort jedoch eher als universale rhetorische Figur eingesetzt, um *über* etwas oder jemanden im Sinn einer Rangordnung zu urteilen, dann mutiert es zum Mythos, zur Ideologie.

8

Sprichwörter behandeln allgemein interessierende, relevante Themen, bringen unter Umständen komplexe Sachverhalte auf den Punkt. Ist es verwunderlich oder beeindruckend, dass Mängel, Gebrechen oder Behinderungen im Spiegel des Sprichworts so eine große Rolle spielen – wie beispielsweise auf dem erwähnten Flugblatt? Durch die Verallgemeinerung geht es gerade nicht um einzelne existenziell bedeutende behinderte Figuren, oder anders ausgedrückt, auch wenn es heißt *Keiner ...* oder *Alle ...* braucht man sich nicht persönlich ange-

---

[1] Fraenger 1923, 45.
[2] Wittgenstein 1945 / 1977, 28; vgl. Foucault 1985, 23.
[3] Mieder 1978, 215
[4] Barthes 1957 / 1976, 145f.

sprochen zu fühlen. Susanne Schriber bemerkte in einem Vortrag 2005: „Es ist richtig, *es ist normal, verschieden zu sein*, aber es ist auch eine Nullaussage." Sprichwörter nannte man 1840 „Die Weisheit auf der Gasse" und W. Somerset Maugham schrieb 1892 in sein Notizbuch, dass Sprichwörter „die fantasielosen Leute" mit „Weisheit" versorgen würden.[1] Aber Sprichwörter können auch als das Gegenteil kritisiert werden, als Phrasen und Binsenwahrheiten. Diese Vorbehalte treffen auch die angesprochenen Inhalte. Schlagzeilen greifen auf sprichwortähnliche Stilmerkmale zurück, sind aber erst dann mit Sprichwörtern vergleichbar, wenn sie im Sprachgebrauch üblich werden. In der Regel hat der Slogan ein „zweckverbundenes Sonderinteresse, während das Sprichwort allgemeine Erfahrungen ausdrückt".[2] Am Ende scheint es gerade die anschauliche, aber eher trennende Durchschlagskraft von Sprichwort und Schlagzeile zu sein, die sich verliert in der Vorstellung einer rhetorisch verabsolutierenden Inklusion.

Literatur

Agricola, J.: Sybenhundert und fünfftzig Teütscher Sprichwörter, Hildesheim 1534 / 1970.
Barthes, R.: Mythen des Alltags, Frankfurt a. M. 1957 / 1976.
Benjamin, W.: Gesammelte Schriften, Band III, Frankfurt a. M. 1935 / 1972.
Bleidick, U. (1980): Lernbehinderte gibt es eigentlich gar nicht. Oder: Wie man das Kind mit dem Bade ausschüttet, in: Zeitschrift für Heilpädagogik, 1980, 127-143.
Büchmann, G.: Geflügelte Worte, Frankfurt a. M. 1864 / 1986.
Cloerkes, G.: Soziologie der Behinderten, 2. Auflage, Heidelberg 2001.
Diers, M.: Schlagbilder, Frankfurt a. M. 1997.
Egenolff, C.: Sprichwörter, Schöne, Weise Klugreden, o.O. 1548 / 1967.
Rotterdam, E. von: Adagia, Zürich 1500 / 1985.
Escher, G.: in: Polcy, S.: Unter der Maske des Narren, Stuttgart 1981.
Foucault, M.: Freiheit und Selbstsorge, Frankfurt a. M. 1985.
Fraenger, W.: Der Bauern-Bruegel und das deutsche Sprichwort, Erlenbach-Zürich 1923.
Franck, S.: Sprichwörter / das ist / Schöne / weise vnd kluge Reden, Donauwörth 1541 / 2000.
Göttert, K.-H.: Eile mit Weile, Stuttgart 2005.
Gruntz-Stoll, J.: Es darf gelacht werden (Manuskript), Nidau 2002.
Hörisch, J.: Theorie-Apotheke, Frankfurt a. M. 2004.
Henn, W.: Warum Frauen nicht schwach, Schwarze nicht dumm und Behinderte nicht arm dran sind, Freiburg 2004.
Jantzen, W.: Allgemeine Behindertenpädagogik, Weinheim 1987.
Klee, E.: Behindert, Frankfurt a. M. 1980.
Kobi, E. E.: Grundfragen der Heilpädagogik, 5. Auflage, Bern 1993.
Kobi, E. E.: Kulturhindernde Existenzen und Leiden als kultureller Stimulus, in: Greving, H. / Mürner, C. / Rödler, P. (Hrsg.): Zeichen und Gesten – Heilpädagogik als Kulturthema, Gießen 2004.
Jolles, A.: Einfache Formen, Darmstadt 1930 / 1958.

---

[1] W. Somerset Maugham 1892 / 2004, 103; vgl. Sailer 1840 / 1996.
[2] Mieder 1975, 32.

Kuhlmann, A.: Die Vergesellschaftung des Schicksals, in: Neue Rundschau Heft 1, Frankfurt a. M. 2002.
Lindmeier, C.: Behinderung – Phänomen oder Faktum, Bad Heilbrunn 1993.
Maugham, W. Somerset: Notizbuch eines Schriftstellers, Zürich 1892 / 2004.
Mieder, W.: Das Sprichwort in unserer Zeit, Frauenfeld 1975.
Mieder, W. (Hrsg.): Deutsche Sprichwörter und Redensarten, Stuttgart 1979.
Mieder, W. (Hrsg.): Ergebnisse der Sprichwörterforschung, Bern 1978.
Mieder, W.: Sprichwort – Wahrwort!?, Frankfurt a. M. 1992.
Mönkemöller, O.: Narren und Toren in Satire, Sprichwort und Humor, Leipzig 1912 / 1983.
Radtke, N. / Sierck, U.: Lieber lebendig als normal, in: Wunder, M. / Sierck, U. (Hrsg.): Sie nennen es Fürsorge, Berlin 1982.
Röhrich, L. / Mieder, W.: Sprichwort, Stuttgart 1977.
Röhrich, L.: Sprichwörtliche Redensarten in bildlichen Zeugnissen, in: Mieder, W. (Hrsg.): Ergebnisse der Sprichwörterforschung, Bern 1978.
Röhrich, L.: Lexikon der sprichwörtlichen Redensarten, 5 Bände, Freiburg 1994.
Sailer, J. M.: Die Weisheit auf der Gasse, Frankfurt a. M. 1840 / 1996.
Seiler, F.: Deutsche Sprichwörterkunde, München 1922.
Simrock, K.: Die deutsche Sprichwörter, Stuttgart 1846 / 1988.
Speck, O.: System Heilpädagogik, München 1988.
Waldschmidt, A.: Ist Behindertsein normal?, in: Cloerkes, G. (Hrsg.): Wie man behindert wird, Heidelberg 2003.
Wander, K. F. W.: Deutsches Sprichwörter Lexikon, Digitale Bibliothek, Berlin 1830-80 / 2004.
Weisser, J.: Behinderung, Ungleichheit und Bildung, Bielefeld 2005.
Weizsäcker, R. von: Es ist normal, verschieden zu sein, 1993, http://www.imew.de
Wittgenstein, L.: Philosophische Untersuchungen, Frankfurt a. M. 1945 / 1977.

Autorinnen- und Autorenangaben

Markus Dederich, geb. 1960; Prof. Dr., Lehrstuhl für Theorie der Rehabilitation und Pädagogik bei Behinderung an der Universität Dortmund; Arbeitsschwerpunkte: Bioethik und Behinderung, Ökonomisierung des Sozialen, Exklusionsdynamiken der Gegenwart, Gewalt gegen Menschen mit Behinderung in Institutionen der Behindertenhilfe, Disability Studies; Publikationen u. a.: Zur Ökonomisierung sozialer Qualität, in: Sozialpsychiatrische Informationen 4/2005; Disability Studies und Integration, in: Platte, Andrea / Seitz, Simone / Terfloth, Karin (Hrsg.): Perspektiven inklusiver Pädagogik, Bad Heilbrunn 2006; Der ungeborene Mensch mit Behinderung im Lichte der Bioethik – Kritische Anmerkungen zur Diskussion um sein Lebensrecht, in: Stinkes, Ursula / Weiß, Hans / Fries, Alfred (Hrsg.): Prüfstand der Gesellschaft, Behinderung und Benachteiligung als soziale Herausforderung, Rimpar 2006.

Sigrid Graumann, geb. 1962; Dr. rer. nat., Biologin und Philosophin, wissenschaftliche Mitarbeiterin am Institut Mensch, Ethik und Wissenschaft Berlin; Arbeitsschwerpunkte: Theorie der Medizin- und Wissenschaftsethik, Sozialethik und feministischen Ethik, angewandtethische Fragen im Bereich Gendiagnostik und Gentherapie, Stammzellforschung und Klonen, klinischer Forschung und Gesundheitsversorgung, Ethik und Behinderung; Publikationen u. a.: zusammen mit Grüber, Katrin (Hrsg.): Patient – Bürger – Kunde. Soziale und ethische Aspekte des Gesundheitswesens Lit-Verlag, Münster 2004; sowie: Anerkennung, Ethik und Behinderung. Beiträge aus dem Institut Mensch, Ethik und Wissenschaft. Lit-Verlag, Münster 2005; Sind wir dazu verpflichtet für das Wohlergehen anderer zu sorgen? Eine Kritik traditioneller Ethikkonzeptionen und ein Plädoyer für eine „Care-Ethik", die verbindliche Verpflichtungen ausweist, in: Sonderpädagogische Förderung 1/2006, S. 5-22.

Heinrich Greving, geb. 1962; Dr. phil., Dipl.-Heilpädagoge, Dipl.-Pädagoge, Professor für Allgemeine und Spezielle Heilpädagogik an der Katholischen Fachhochschule NW, Abteilung Münster, Studiengang Heilpädagogik; Arbeitsschwerpunkte: Theorien und Konzepte Heilpädagogischer Organisationen, Heilpädagogische Systematik, Didaktik und Methodik, Professionalisierung; Publikationen u. a.: zusammen mit Gröschke, Dieter (Hrsg.): Geistige Behinderung – Reflexionen zu einem Phantom, Ein interdisziplinärer Diskurs um einen Problembegriff. Bad Heilbrunn 2000; Heilpädagogische Organisationen, Eine Grundlegung, Freiburg 2000; zusammen mit Gröschke, Dieter (Hrsg.): Das Sisyphos-Prinzip, Gesellschaftsanalytische und gesellschaftskritische Dimensionen der Heilpädagogik, Bad Heilbrunn 2002; zusammen mit Ondracek, P.: Handbuch Heilpädagogik, Troisdorf 2005.

Judith Hollenweger, geb. 1961; Prof. Dr., Leiterin Departement Forschung und Entwicklung an der Pädagogischen Hochschule Zürich; Arbeitsschwerpunkte: international vergleichende Sonderpädagogik, Indikatoren zur Steuerung von Bildungssystemen unter besonderer Berücksichtigung von Chancengleichheit, Diagnose- und Klassifikationssysteme im Bereich Behinderungen; Internationale Perspektiven einer Pädagogik für Alle. Schweizerische Zeitschrift für Heilpädagogik, 1, 2004, S. 6-12; Die Relevanz der ICF für die Sonderpädagogik. Sonderpädagogische Förderung, 2, 2005, S. 150-168; zusammen mit Moser, U., Stamm, M., (Hrsg.): Für die Schule bereit? Lesen, Wortschatz, Mathematik und soziale Kompetenzen beim Schuleintritt. Oberentfelden 2004, Sauerländer; zusammen mit Gürber, S., Keck, A.: Menschen mit Behinderungen an Schweizer Hochschulen, Befunde und Empfehlungen, Zürich 2005, Rüegger Verlag.

Emil E. Kobi, geb. 1935; Dr. phil. habil. dipl. Heilpädagoge, em. Dozent und Institutsleiter am Institut für Spezielle Pädagogik und Psychologie der Universität Basel; Publikationen u. a.: Diagnostik in der heilpädagogischen Arbeit, edition szh Luzern 2003; Pädagogische Vor- und Rücksichten auf fort schreitende Fortschritte einer materialisierten Menschenbildung, in: M. Dederich (Hrsg.): Bioethik und Behinderung, Klinkhardt Bad Heilbrunn 2003; Grundfragen der Heilpädagogik, 6. Aufl., BHP-Verlag Berlin 2004; Kulturhindernde Existenzen und Leiden als kultureller Stimulus, in: Greving, Heinrich / Mürner, Christian / Rödler, Peter (Hrsg.): Zeichen und Gesten – Heilpädagogik als Kulturthema, Psychosozial-Verlag Gießen 2004; Skeptische Diagnostik als Konsequenz einer ‚Heilpädagogik für alle', in: Kronenberg, Béatrice & Kummer Wyss, Annemarie (Hrsg.): Heilpädagogik für alle?, edition szh Luzern 2005; Sprachmatt?! in: Gruntz-Stoll, Johannes (Hrsg.): Verwahrlost, beziehungsgestört, verhaltensoriginell. Zum Sprachwandel in der Heil- und Sonderpädagogik, Verlag Paul Haupt Bern 2006, S. 123-143.

Swantje Köbsell, geb. 1958; Studium der Behindertenpädagogik, seit vielen Jahren in der Behindertenbewegung aktiv; seit 2004 wissenschaftliche Mitarbeiterin im Studiengang Behindertenpädagogik der Universität Bremen; Arbeitsschwerpunkte: Behinderte Frauen, Eugenik / Bioethik, Disability Studies; Publikationen u. a.: Gender Mainstreaming und Behinderung, http://www.isl-ev.de/wp-content/KbsellGenderundBehinderung.pdf, 2005; Behinderte Menschen und Bioethik. Schlaglichter aus Deutschland, Großbritannien und den USA, in: Hermes, Gisela / Rohrmann, Eckhard (Hg.): Nichts über uns – ohne uns. Disability Studies als neuer Ansatz emanzipatorischer und interdisziplinärer Forschung, AG-SPAK: München, 2006; Towards Self-Determination and Equalization: A Short History of the German Disability Rights Movement, Disability Studies Quarterly, Spring 2006, www.sds-dsq.org; Mit Anne Waldschmidt: Gastherausgeberin / Editorial des Schwerpunktthemas „Disability Studies in German Speaking Countries" der Frühjahrsausgabe 2006 von Disability Studies Quarterly, www.sds-dsq.org.

Willehad Lanwer, geb. 1956; Prof. Dr., Professor für Heilpädagogik, Studiengangsleitung Integrative Heilpädagogik / Inclusive Education an der EFH Darmstadt; Arbeitsschwerpunkte: Selbstverletzende Handlungen bei Menschen mit einer so genannten geistigen Behinderung; Rehistorisierende Diagnostik; integrierte Therapie; Integration emotional, kognitiv und sozial beeinträchtigter Menschen mit tiefgreifenden Entwicklungsstörungen; Publikationen u. a.: Die Bedeutung der dialogischen Philosophie Martins Bubers für die Behindertenpädagogik, in: Rödler, P. / Berger, E. / Jantzen, W. (Hrsg.): Es gibt keinen Rest! Basale Pädagogik für Menschen mit schwersten Beeinträchtigungen. Neuwied / Berlin, Luchterhand, 2001, S. 65-85; Selbstverletzungen bei Menschen mit einer so genannten geistigen Behinderung. Butzbach-Griedel, Afra Verlag, 2002; Diagnostik. Troisdorf, Bildungsverlag EINS 2006.

Christian Mürner, geb. 1948; Dr. phil., freier Publizist und Behindertenpädagoge; Publikationen u. a.: Verborgene Behinderungen, 25 Porträts bekannter behinderter Persönlichkeiten, Luchterhand Verlag Neuwied 2000; Medien- und Kulturgeschichte behinderter Menschen. Sensationslust und Selbstbestimmung, Beltz Verlag Weinheim 2003; Malerische Kompetenz. Bildende Künstler mit Behinderung, Verlag Murken-Altrogge Herzogenrath 2005.

Peter Rödler, geb. 1953; Dr. phil. habil., Sonderschullehrer und Diplompädagoge, Professor für Allgemeine Sonderpädagogik und Direktor des Instituts für Wissensmedien an der Universität Koblenz-Landau, Campus Koblenz; Arbeitsschwerpunkte: Autismus, Grundlagen der Arbeit mit nichtsprechenden Menschen; Anthropologische, erkenntnistheoretische und methodische Grundlagen der Sonderpädagogik, Dialog (Buber), Konstruktivismus (Maturana), Sprache als relationaler Sprachraum; Arbeitsstruktur einer kritisch-konstruktivistischen Pädagogik, neue Medien in der Hochschule; Publikationen u. a.: geistig behindert – Menschen, lebenslang auf Hilfe anderer angewiesen?, Berlin 2000 (Überarbeitung von 1993); Diagnose: Autismus – ein Problem der Sonderpädagogik, Frankfurt a. M. 1983.

Hans-Uwe Rösner, geb. 1954; Dr. phil., seit 1991 Dozent für Individuelle Schwerstbehindertenbetreuung und politische Bildung an der Zivildienstschule Trier; mehrjährige Tätigkeiten in der Altenpflege und beruflichen Rehabilitation behinderter Jugendlicher; Lehraufträge an der Fachhochschule für Sozialwesen in Emden; Publikationen u. a.: Jenseits normalisierender Anerkennung. Reflexionen zum Verhältnis von Macht und Behindertsein, Frankfurt am Main / New York 2002; Behindertsein als kulturelles Wahr-Zeichen. Umrisse einer dekonstruktiven Kritik, in: Greving, Heinrich / Mürner, Christian / Rödler, Peter (Hrsg.): Zeichen und Gesten – Heilpädagogik als Kulturthema, Gießen 2004, 209-227.

Monika Seifert, Prof. Dr. phil., Dipl.-Päd., M.A., Gastprofessur an der Katholischen Hochschule für Sozialwesen Berlin (Studiengang Heilpädagogik); Schwerpunkte in Lehre und Forschung: Menschen mit geistiger und mehrfacher Behinderung, Lebensqualität, Qualitätssicherung im Bereich des Wohnens, aktuelle Entwicklungen der Behindertenhilfe, Familiensituation; Publikationen u. a.: Zielperspektive Lebensqualität. Eine Studie zur Lebenssituation von Menschen mit schwerer Behinderung im Heim. Bielefeld 2001; Menschen mit schwerer Behinderung in Heimen. Ergebnis der Kölner Lebensqualität-Studie, in: Geistige Behinderung 41, 2002; Teilhabe von Menschen mit schweren Behinderungen – ein Bürgerrecht, in: Fachdienst der Lebenshilfe 4 / 2005; Pädagogik im Bereich des Wohnens, in: E. Wüllenweber, G. Theunissen, H. Mühl (Hrsg.): Pädagogik bei geistigen Behinderungen. Ein Lehrbuch für Studium und Praxis. Stuttgart 2006.

Anne-Dore Stein, geb. 1956; Prof. Dr., Professorin für Heilpädagogik, Studiengangsleitung Integrative Heilpädagogik / Inclusive Education an der EFH Darmstadt; Arbeitsschwerpunkte: Geschichte der Heilpädagogik, Alte und Neue Eugenik, Nationalsozialismus, Bioethik, Integration, Didaktik, Inklusion; Publikationen u. a.: Zum Grundverständnis von Behinderung als sozialer Konstruktion unter Einbeziehung der Bedeutung von Selbstorganisationsprozessen lebendiger Systeme, in: Barth, F. / Narowski, C.: Politik für die Hochschule im Europäischen Haus, Darmstadt, 2003; Integration und Inclusive Education – Aspekte der Entwicklung eines neuen Begriffsverständnisses in der internationalen Diskussion, in: Seelisch, W. (Hrsg.): Soziale Verantwortung in Europa. Analysen und professionelles Handeln in verschiedenen Hilfesystemen, Darmstadt 2004; Be-Hinderung und sozialer Ausschluss – ein untrennbarer Zusammenhang?, in: Anhorn, R. / Bettinger, F. (Hrsg.): Sozialer Ausschluss und Soziale Arbeit. Positionsbestimmungen einer kritischen Theorie und Praxis Sozialer Arbeit, Wiesbaden 2005.

Ursula Stinkes, geb. 1959; Prof. Dr., Sonderschullehrerin, seit 1998 Professorin an der Pädagogischen Hochschule Ludwigsburg, Fakultät für Sonderpädagogik, Abteilung Geistigbehindertenpädagogik; Promotion über „Spuren eines Fremden in der Nähe – Das ‚geistigbehinderte' Kind aus phänomenologischer Sicht", Tätigkeit an Sonderschulen für Geistigbehinderte sowie einer integrativ arbeitenden Grundschule, Lehrtätigkeit an verschiedenen deutschen Hochschulen (Köln, Dortmund, Würzburg); Arbeitsschwerpunkte: Bildungstheorien, pädagogische Ethik und schwere Behinderung, zur Zeit Arbeit an der Publikation „Bildung, Leiblichkeit und Sozialität"; Publikationen u. a. zusammen mit Sautter, H., Trost, R. (Hrsg): Beiträge zu einer Pädagogik der Achtung. Heidelberg 2004, Universitätsverlag Winter; Im Focus einer zeitgemäßen Bildungstheorie: der Andere. Eine polemische Skizze, in: Hiller, G. G., Jauch, P. (Hrsg): Akzeptiert als fremd und anders. Pädagogische Beiträge zu einer Kultur des Respekts. Langenau-Ulm: Armin Vaas, 2005, S. 52-61.

Barbara Vieweg, geb. 1960; Dipl. phil., Bundesgeschäftsführerin der Interessenvertretung Selbstbestimmt Leben in Deutschland – ISL e.V.; Publikationen u. a.: Überlegungen zur Sonderpädagogik der DDR (zusammen mit Kieß, Dietmar), in: Mürner, Christian / Schriber, Susanne (Hrsg.) Selbstkritik der Sonderpädagogik? Stellvertretung und Selbstbestimmung, edition szh Luzern 1993, S. 203-211.

März 2006 · 239 Seiten · Broschur
EUR (D) 24,90 · SFr 43,–
ISBN 3-89806-391-7

April 2006 · 228 Seiten · Broschur
EUR (D) 22,– · SFr 38,50
ISBN 3-89806-407-7

Drei- bis sechsjährige Kinder erleben die Welt auf besondere Weise: noch stark bezogen auf primäre Bezugspersonen und verhaftet in magischen Vorstellungen, machen sie vielfältige soziale Erfahrungen in Vorschuleinrichtungen. Die Beziehungen innerhalb der Familie wie auch zu Gleichaltrigen und PädagogInnen in Kindertagesstätten gestalten maßgeblich das Aufwachsen und somit die psychische Entwicklung der Vorschulkinder. In diesem Band wird aus psychoanalytisch-pädagogischer Perspektive der Frage nachgegangen, wie Kinder die vielfältigen sozialen und institutionellen Realitäten erleben und verarbeiten. Zentral wird diskutiert, wie Vorschuleinrichtungen – als erste Bildungsinstitutionen – den kindlichen Bedürfnissen und gesellschaftlichen Anforderungen gerecht werden können.

Aus unterschiedlichen Perspektiven – der sozialwissenschaftlichen, neurobiologischen, psychoanalytischen und pädagogischen – geht dieser Sammelband der Frage nach, wie Lernen zustande kommt und durch welche Umstände es behindert oder gefördert wird. Der besondere Beitrag der Psychoanalytischen Pädagogik hierzu liegt darin, die für das Lernen wichtigen psychodynamischen Antriebs- und Gefühlskomponenten zur Geltung zu bringen und für die pädagogische Beziehung im Einzelfall handhabbar zu machen.

P⊞V
Psychosozial-Verlag

Goethestr. 29 · 35390 Gießen · Tel. 0641/9716903 · Fax 77742
bestellung@psychosozial-verlag.de
www.psychosozial-verlag.de

1999 · 225 Seiten · Broschur
EUR (D) 20,50 · SFr 36,–
ISBN 3-932133-52-8

2002 · 222 Seiten · Broschur
EUR (D) 19,90 · SFr 34,90
ISBN 3-89806-165-5

Was tun, wenn Eltern mit ihren Kindern nicht mehr zurecht kommen? Wie kann man die Sorgen und Nöte verstehen, mit denen diese Eltern ebenso zu kämpfen haben wie die Kinder?

Dieses Buch zeigt, in welcher Weise die unbewusste Bedeutung von Eltern-Kind-Problemen erschlossen und in die Beratungspraxis Eingang finden können. Darüber hinaus werden die Grundlagen und Grundzüge psychoanalytisch-pädagogischer Erziehungsberatung dargestellt und anhand zahlreicher Fallbeispiele diskutiert.

Nahezu unbemerkt hat sich eine neue pädagogische Leitvorstellung etabliert: die Selbständigkeit des Kindes. Doch wie ist die erzieherische Norm der Selbständigkeit einzuschätzen? Welche Form von Selbständigkeit kann als sinnvolle Herausforderung oder aber als unsinnige Überforderung gelten? Welche Entwicklungsprozesse von Kindern können besser verstanden werden, wenn man sie als Prozesse der Selbstbildung und des Selbständig-Werdens begreift? Sind Kindheit und Kindlichkeit nur noch Störfaktoren auf dem Weg der fortschreitenden Modernisierung oder doch ein Raum der besonderen kindlichen Subjektivität, die des Schutzes und der Fürsorge bedarf?

Goethestr. 29 · 35390 Gießen · Tel. 0641/9716903 · Fax 77742
bestellung@psychosozial-verlag.de
www.psychosozial-verlag.de

www.ingramcontent.com/pod-product-compliance
Ingram Content Group UK Ltd.
Pitfield, Milton Keynes, MK11 3LW, UK
UKHW041947230426
12048UKWH00008B/187